这裏曾经是大海

曲德胜 著

山東文藝出版社

图书在版编目（CIP）数据

这里曾经是大海／曲德胜著．—济南：山东文艺出版社，2023.10
ISBN 978-7-5329-6919-7

Ⅰ．①这… Ⅱ．①曲… Ⅲ．①利津县—地方史 Ⅳ．① K295.24

中国版本图书馆 CIP 数据核字（2023）第 106095 号

这里曾经是大海
ZHELI CENGJING SHI DAHAI
曲德胜　著

主管单位	山东出版传媒股份有限公司
出版发行	山东文艺出版社
社　　址	山东省济南市英雄山路 189 号
邮　　编	250002
网　　址	www.sdwypress.com
读者服务	0531-82098776（总编室）
	0531-82098775（市场营销部）
电子邮箱	sdwy@sdpress.com.cn
印　　刷	山东新华印务有限公司
开　　本	710 毫米 ×1000 毫米　1/16
印　　张	19.5
字　　数	300 千
版　　次	2023 年 10 月第 1 版
印　　次	2023 年 10 月第 1 次印刷
书　　号	ISBN 978-7-5329-6919-7
定　　价	69.00 元

版权专有，侵权必究。如有图书质量问题，请与出版社联系调换。

目录

001　序　李建华

001　河渠篇

002　济漯并行入海
009　渐行渐远的大清河
012　黄河夺大清河入海
015　善治河者必自下流始
021　夏同善奏除铁板梗沙
024　游百川治河三法
027　李鸿章与卢法尔为治河筹策
031　张曜与周馥对尾闾河道的治理
036　土匪扒堤决黄河
038　李方膺《重开小清河详》
041　盛宣怀疏浚小清河

045　渔盐篇

- 046　"渠展之盐"说略
- 055　宋、金、元产盐之地
- 059　名冠山东的永阜大盐场
- 064　海盐运销的黄金水道
- 068　官督商销与红、黑扒票
- 071　"灶户"和"滩汉"
- 074　永阜场衰落，"东北灶"兴起
- 081　河海融汇百鱼之乡
- 085　内河撒网临海采捕
- 088　黄河口渔盐习俗

095　移民篇

- 096　鲁北沿海地区的明初移民
- 109　芦苇深处始有垦户出入
- 112　待要吃饱饭，围着黄河转
- 116　鲁西灾民安置与功劳兵屯垦
- 119　清河区新政

123　人物篇

- 124　山西布政使李益
- 126　古之遗直岳镇南
- 130　伟抱匡时赵长龄
- 134　古泉巨匠李佐贤
- 143　海岱大诗人张铨
- 147　骨鲠之臣王会英
- 152　不畏权贵的魏纶
- 155　陆军上将石敬亭
- 163　学界俊杰李长之
- 175　华裔报人王潜石
- 184　英贤辈出的李布政世家
- 189　父子观察方伯第，兄弟翰林进士家
- 193　书香望族李佐贤世家
- 196　贾光大均田平赋
- 199　季元方镇守叶尔羌
- 201　程余庆及其《史记集说》
- 205　石敬亭将军二三事

213　风物篇

- 214　渠展边城甲下邑
- 217　观澜听涛永利镇
- 220　说不尽的铁门关
- 226　海口灯塔萧神庙
- 230　回涛溯浪牡蛎嘴

235　艺文篇

- 236　岳镇南三访岳家庄
- 239　赵长龄的马嵬诗
- 241　李佐贤和他的同道好友
- 248　张铨竹枝词里的永阜大盐场
- 251　程士范《到任誓告文》
- 253　李神仙传奇
- 256　《五家湾》写作感言
- 258　荒洼野兔
- 261　鲜香甘腴"石榴黄"
- 264　诗人至情倾翰墨
- 267　一件珍贵的礼物
- 270　遥远的"箍镂子"
- 274　这里曾经是大海
- 293　跋　刘汝彬

序

李建华

今年夏初，曲德胜告诉我，欲将过去撰写的一些文章结集出版，我第一个赞成。其积年之作，恰似散珠满地，只待穿缀。此举是好事一桩，大有必要。

文章千古事，得失寸心知。曲德胜这次所集之文，几经斟酌更易，定名为《这里曾经是大海》，这是本书一篇文章的题目，也是开篇首句。因文章篇目众多，内容丰富，涉面广博，只好以此作题虚化处理。这样，在这片天地空间一个历史阶段所发生的一切便可尽数包罗了。曲德胜以文学创作见长，这部文集却与纯文学作品大相径庭。完全是两个路数。文学创作，作者可以凭借生活阅历，素材积累，靠自己的想象任意虚构，演绎、编织，能自圆其说，读者认可也就算功成。而这类如史似志的文章，须是板上钉钉，榫卯相扣，力求严丝合缝，分毫不差。这就极大地增加了写作的难度，对作者是一个考验。

曲德胜曾参与方志写作及区域文化通览编纂，在工作过程中，他心思缜密，眼光独具，在工作范围内外，发现了许多很有价值的历史资料与人物故事，他对这些大感兴趣，于是一一铭记在心，收罗笔下。待日后细细翻检，竟有许多埋珠藏玉，触动灵感。于是一边继续考证探寻，一边着手文章写作，并自辟博客"微波龙鳞"陆续发出。这个过程艰辛而漫长，他为此费尽了脑筋，下足了功夫。累年所积，便有这许多篇章。几十篇文章，计不足二十万字，只不过半部《五家湾》，竟费十余年光阴，至今尚在不时增删修改，足见《这里曾经是大海》成书之不易。正如王安石赞叹张籍诗语：成如容易却艰辛。

在我诸多文友中，曲德胜是一个很有个性的人物，天生一个文学艺术之材。为文而生,与文共老。少年曲德胜因一篇作文被老师作范宣讲而忽生梦想,一支生花妙笔,从此在他脑际挥之不去,写小说、当作家的愿望如影随形,一路相伴走到今天。

卸任内退之后,他如羁鸟出笼,进入了海阔天空的自由境地。他终于可以静坐书案,从事自己少年所梦、终生所愿的文学创作了。于是圆梦行动便飞身上马,一路狂奔起来。戒烟缩酒,闭门谢客,杜绝应酬,整理积年所写散文,结集出版,题为《跟着黄河走》。继之进行长篇小说《五家湾》的创作。两部文学著作出版之后,也算收获颇丰,心稍能安了。本以为他会轻松一下,美美地享受一段消停日子。谁知,忽又梦影浮动,心有不甘,折腾起了《这里曾经是大海》这部浩繁庞杂的著述。

三部作品,三种文体,他居然都能驾轻就熟,比较圆满地把它们完成。我从他身上看到了两种力量,一是热爱家乡,怀恋故土,对家乡的历史、文化、先贤的尊崇和怀念,使他产生了一种不可遏止的强烈的驱动和极大的热情:要挖掘,要考证,要记述,要再现历史,要留迹后人。二是他的学识水平,文字功底充分彰显实力,让一个搞文学创作的人,破门而出,勘史论古,辨伪求真,从形象思维陡转逻辑思维,不能不说是一种挑战,他却能从容转型,把不谙之器也舞弄得有模有样,让我意外惊喜。

说到乡情,这是一个用多少语言都说不清道不完的话题。人生之忆,最忆莫过少儿时。当一个婴儿呱呱坠地,与母体分离,又有另一根脐带与之紧紧联结在了一起,那就是故乡。故乡是生养之所,成长之地,是一生一世分割不开的精神家园,灵魂归宿;是浪迹天涯的游子紧紧揣在怀中、时时捧到嘴边亲吻的那把泥土;是每一个人都会在无助时刻、生死关头大声喊出的那个娘亲!天下有说不完看不尽的美景,然而比之故乡这一道风景,一切美景都黯然失色,怀恋和思念的泪水,会把整个世界冲击得荡然无存!故乡,和生身母亲一样,是生命中的唯一,决然无以替代。故乡,抑或曾经冻我饿我,虐我伤我,然而每一次远离,总也难抑回头张望的泪水。

作家的故乡情结似乎比常人更为深重。古今中外,没有一位作家诗人不是以最深沉的感情、最完美的作品写作自己的故乡。或许他在作品中虚构了另一个地名,但让人一望而知,那就是他的故乡。诸如《百年孤独》中马尔克斯的马贡多,《故乡》中鲁迅的鲁镇,《红高粱》中莫言的高密东北乡。故乡给每一位作家储存了一生都取之不尽用之不竭的文学矿藏，因此，他们最精彩的作品里，一定映现着故乡和亲人的影子。

纵观曲德胜每部作品，竟都是乡土之作。长篇小说与散文集自不必说，就连这部激情荡漾的文集亦尽是乡人乡事。曲德胜是大清河的子孙，是黄河的儿女，他深爱着这片生身养育之地。正如艾青两行著名的诗句所表达的那样："为什么我的眼里常含泪水？因为我对这土地爱得深沉……"乡人最亲，乡音最美，乡愁最深。先人们传给我们的一方水土一方人的说法，也许正是这人类共有的、世世代代传递不息的故乡情结。难怪无论怎样艰苦的穷乡僻壤，抑或如何遥远的天涯海角，总有人不离不弃，坚守在那个属于自己的故土家园。曲德胜半生著述，自提笔写作之日起，文之所及从未离开他的南岭村，他的北岭文化乡，他的利津县，他的黄河口渤海湾，他把所有的创作心血都奉献给了自己的家乡和故土。

随着年龄的增长，阅历的丰富，学识的提高，作者对乡情的感悟和认知已非原始的朴素的乡情乡爱，而是把它放到文学世界里，站在一个新的高度，以一种新的视角给以观照，予以思考，选择取舍，然后用自己独立的思维方式和个性化的语言文字进入写作。故乡情结已经上升到了家国情怀，他所阐发的这种情绪，已经是具有人类通感，能与读者产生心灵感应与思想共鸣的一种情愫。从曲德胜的作品，我们看到了作者深层次的文化思考与高标逸韵的写作追求。他的每一篇作品，每一段文字，无不散发着故乡泥土的气息，既能给人以感同身受的亲切，又能使人产生高远宽广的联想和遐思。

曲德胜对家乡的情之重，爱之切，也便注定了他对家乡的关注、研究、知晓的广度和深度。更何况他曾从事地名普查、方志撰写及东营文化通览的编纂工作多年。难怪有人送他"东营通""利津通"雅号时，他稍许自矜地默然领受。的确，对黄河尾闾的历史变迁、区划沿革、地名由来、文物古迹、名人轶事、风物特产、生活习俗，只要在这片天地空间内的乡人乡事，无论典籍已然著录，还是自己深挖穷究所得，无不烂熟在心，尽在脑际舌端。有人稍一提及，他便开口道来，滔滔不绝，任谁也休想更题阻断。这种"话痨"情状，陌生人深以为怪，朋友们皆习以为常。

《这里曾经是大海》计收文六十余篇，大多文章早已熟读，有些作品新近成稿，这次通读一遍，又有新得。正如《文心雕龙》所言，缀文者情动而辞发，观文者披文以动情。曲德胜为文用心用情，我亦读之有感有思。文章之事，人人都作，却大有优劣高下之分，尤其语言文字，看似简单的汉字串联，欲臻其妙却很是不易。凡久于弄翰之人，自是知晓其中况味。即使此中名人方家，也不敢说自己火候到家，绝顶在即。曲德胜在写作态度上是认真的，他努力要求自己尽力做到严肃对待，严格要求，严谨构思，严密整合，一定要写出自己满意之文才肯搁笔。这在时下文坛，以如此虔敬之心对待文章写作，已是罕见少有了。文界风气不正，已非一日之弊，虎狼文字，草率文章比比皆是。各色人等，无论是否拿得动笔，都来列班凑戏，且连篇累牍，甚至著作罗列，在人前卖弄显摆其作，摇头晃脑以文人自居。岂知满纸文字垃圾，读众唯己一人。更有甚者，有些高端媒体，竟错字频出，病语不绝，令人啼笑皆非。

　　曲德胜在文字上是一把好手。自幼读书入痴，嗜文成癖，与文学结下不解之缘，订立生死之交，念兹在兹，孜孜以求，一条成败未卜之路，却要苦跋终老。当年，他在政府担任秘书，终日伏案疾书。虽系官样文章，也需斟酌字句，修炼文字功夫。所谓文字功夫，就是能用最为简约的文字，把一件事情叙述明白，把一个人物塑造鲜活，把一番道理说得透彻。读曲德胜的文章，可以想见他的写作状态。一部电脑，一杯酽茶，时而静坐凝思，时而飞手字盘，咬文嚼字，引经据典，反复琢磨，仔细推敲，一字安放不妥则寝食难安，偶得神来之笔则手舞足蹈。每有得意之作完稿，必小饮自贺。正所谓敝帚自珍，他对自己文章的舐犊之爱与责剔之苛，亦异乎常人，一如学究夫子做派。《这里曾经是大海》集成，他先行印制成册，分发文友，并责他那两个爱好文学且饱读诗书的大学生外孙，共同为其勘误校雠，大有当年《吕氏春秋》一字千金遗风。我向之提及可否删却部分与标题无甚关联篇目，他闻之在理，当即断然割舍，足见其对文章之事的严谨与审慎。

　　通集读毕，我掩卷沉思良久，思绪纷纭，感慨翻涌，让我对此书整体评价一下，却又觉得一言半语厘之不清。此作是曲德胜第三部著述，前两部一部长篇小说，一部散文集，或可作为其代表作。而这一部作品集却与前两部有别，不算纯文学作品。但作为地域文化读物，诚是一部不可多得的很有特色、很有价值、很有分量的上乘之作。

一条大河，西起昆仑，浩浩东来，从他门前流过。流淌着日月乾坤，流淌着民族悲欢，流淌着千秋万代中华文化的积淀，流淌着他的故乡和先人的历史与故事。而在曲德胜眼中，却是流淌着夺他目光、启他心智、动他情怀的金光闪烁的字句和波连浪接的文章。他的全部作品皆源于此，以利津历史及乡土风情为基本素材的《这里曾经是大海》也莫能外。

说到利津，有三处不可不提及的重要遗存：渠展之盐、铁门关、大清河。文集对三处遗存多有阐述，其中有三篇文章分量尤重。

其一，《"渠展之盐"说略》。渠展一事应为利津最值得深入探讨研究之史迹，我认为此文是文集中含金量很高的一篇文章。渠展之盐，《管子》始有此说，尔后史籍亦有提及。然皆语焉不详，至今渠展之址仍扑朔迷离，无有定论，且争论分歧颇大。从乾隆年所修《山东通志》及后来诸多出土文物判断，渠展其地应在渤海西南岸，由莱州湾向两端延伸无疑。近年，利津南望参一带出土大量盔形熬盐器物及盐灶，以此为断，利津极有可能即渠展所在。《"渠展之盐"说略》正是在这些史料与出土文物的相互印证下，对"渠展之盐"展开了极为详尽的研究和推理。曲德胜是文学创作里手，论文非其所长，然此篇之论，绝不亚于专家学者，立论鲜明，论据充分，考证翔实，结论得宜，征引有力。无一字无出处，无一语无来历，很有史家必备之良习，编纂谨守之成则。读来令人膺服，是一篇很有学术价值的文章，极为难得。

其二，《说不尽的铁门关》。这是作者小有得意之文，读之信然。利津千年之传，先有铁门关，后有利津县。设关与立县于金明昌三年（1192）的年初与岁尾，然铁门关在外声名远超县名。此关始建于宋金，兴盛于明清。光绪年间为黄河决堤所毁，淤埋于地下。因利津地处沿海，自古便盐业发达，及至明清更达鼎盛，其中铁门关周边的永阜大盐场，曾高踞山东八大盐场之冠。铁门关连河通海，有水陆码头，装盐卸货，商来客往，舟车如云。丰国镇十里长街、千家万户，盐司兵营，戏楼庙宇，茶坊酒肆，商铺客栈，应有尽有，其繁华景象不亚于都会名城。此文中颇有几处神采飞扬之笔，写到关毁人散的荒寒景象，曲德胜不禁怆然叹曰：繁华尽处，沧海归于桑田；梦魂醒时，往事却已随风，憾哉！

其三，《渐行渐远的大清河》。大清河继之济水，混行汶泺诸河，贯穿利津注入渤海。因所纳之水多源山地，水尤清洌。无有泥沙沉积加长年冲刷，河道竟深达数丈。且外通渤海，内接运河，极利海内外通航。当年利津盐运，多赖此河。大清河极为发达的内外航运，给利津带来了空前繁荣。一条千年之河，与一个千年之县，相生相伴，纠葛缠绕，在这片土地上所留下的这千年之久的划痕，其深刻厚重可想而知。从历史渊源说来，大清河才真正是利津的母亲之河，生命之水。然而，造物无情，世事难料。咸丰五年（1855），黄河自河南铜瓦厢一决而溃，千里奔袭，夺清入海。自此，大清河便不复存焉。细细想来，这个时间节点也颇耐人寻味，大清河没了，大清朝也日渐衰微，仅存五十六年便寿终正寝了。大清河之殁，是利津人心头永久的痛，年久益深，永难磨灭。自此，利津百姓便失去了往日富足安逸、清静恬淡的日子，转而生活在黄河的淫威之下，灾祸连绵不断，苦难无休无止。此篇是作者用情之作，写到大清河航运繁忙一节，遣词讲究，造句生动，妙语连珠，精彩纷呈。说到大清河之亡，则黯然神伤，如泣如诉，那种幽幽隐隐的哀伤，那种无以言表的苦痛，让人感同此心。

  此外，还有一篇不可不提的重要文章，即《鲁北沿海地区的明初移民》。过去，由于种种历史原因，鲁北地区居民之迁徙时间与真实状况，大都凭据无考。或大而化之，或以讹传讹，因时间久远，又难获新证，有些史料也便将错就错了。二十世纪八十年代初，曲德胜参加第一次全国地名普查工作，对本地移民皆来自山西洪洞与河北枣强之说甚是疑惑。他将疑点一一记下，数十年之中，始终将此挂记在心，时时探究，处处留心。执着用心延至今日，心血没有枉费，所获甚是可观，资证尤为宝贵。鲁北地带，元末明初，恰是元明征战之界，义军祸乱之地。数十年兵连祸结，民生无路，或死或逃，十室九空，基本沦为赤地荒野。大局稍定，方有移民进入，人烟渐稠。作者为考移民来历，一是广参史籍，二是借阅家谱，三是参照外埠同宗谱系。为了征引一处实证，走城串乡，访谈披阅。四考唐头营，三访曲家庄，频频进出文史馆所。数日之劳，万卷之阅，有时也未必能获堪用之证。细细考来，终于脉络渐清。移民来源，大致有四：一是军户世代留居；二是盐丁灶户袭籍；三是流民落户垦殖；四是旧户返土归乡。至此，一笔误传误信六百余年的糊涂老账也算由他厘清。此文于当地史志，也算补天一阙，功莫大焉。

  人物篇又是一片文章峰岭。写人即写己，作者往往会借笔下人物之言行抒发自己胸臆，文学作品犹然。人物文章最能体现作者情怀肝胆。曲德胜写人物，一重选人，二重为文。选人上宁缺毋滥。我写之人，须当我一写，不是什么人都能入得了他的法眼。史者，乃一素颜少女，任人装扮，只凭作者立场居心。官有忠奸，人有善恶，事有是非，理有曲直，褒贬扬弃，见仁见智。曲德胜怀揣客观公允，坚持标尺准绳，反复翻检史志典籍，广泛收罗民间传闻，然后再做比较筛选，方得十数余人。抑或惺惺相惜，抑或灵心共鸣，他所选取写作对象，皆清廉之官，饱学之士，有为之人。看其所写人物，的确识见卓然。在为文上，在人物篇章上，作者可谓殚精竭虑，用心良苦。所书人物，多为当地历史名人，出身经历，业绩作为，史籍家谱记录翔实，若要写出新意，难度可知。曲德胜属虎，非要迎难而上，虎山而行。他不袭史籍成文，不蹈前人窠臼，另起炉灶，重建文章架构。至于人物事迹，亦另辟蹊径，旁征博引，多方获取。如写李佐贤，他旁及潍县陈介祺、湖南何绍基、无棣吴世芬、安徽鲍康等人，从他们书信往来、交游记载又获不少新的史迹履痕。在文章侧重上，也并不繁繁赘述已为人知的传略史迹，而是从人品风范、心胸情怀上挖掘开发，从而使人物更加丰满鲜活，从精神层面加深对他们的了解和认识。以此道德文章，可为后人树楷立范，也便不同于故往旧文，这也是作者愿心所乞。

明代曾任山西布政使的李益家族，乃利津望族，诗书传家，英贤辈出。李益其人及其后代行止状况，过去利津知之甚微，乃曲德胜借阅李氏宗谱方知其详，旋撰《英贤辈出的李布政世家》一文，也算补史一遗。

在利津诸多历史人物中，作为中国钱币史上声名赫赫的扛鼎之人，李佐贤当得起利津最应该青史留名之人。曲德胜对这位古泉巨匠，推崇备至，偏爱有加。此因一九八五年县文化局修文化志，他奉命去省图书馆查阅李佐贤资料，见其著作堆积盈案，高及屋顶，大为惊骇，故乡竟有这等顶级学术人物，实堪为傲。自此便留心其人，集累其事。《古泉巨匠李佐贤》与《李佐贤和他的同道好友》两文，可谓行独到文字之述，作真知灼见之评。

他浓墨重彩长篇作记的还有三位人物，一位是利津走出去的西北军儒将石敬亭，追随冯玉祥南征北战，参赞军机，整训部队，积极抗战，功绩卓著；另一位是国学名人，鲁迅研究方家李长之；再一位是生于利津，名于台湾，终于美国的著名报人，人称天下第一名编的王潜石。后两位是著名文化人士，顶级报人学者，然却身世飘摇，屡遭磨难，抱憾而终。曲德胜怀着崇敬而悲悯的心情，用巨大的篇幅，将漂泊异乡的这三位乡贤记录在册，也算让他们游魂得归。

这部文集所涉人物众多，有些于史籍志书鲜见少闻，乃作者闻风而动，按图索骥，穷追不舍得获史料真颜，遂成篇章。如《父子观察方伯第，兄弟翰林进士家》《季元方镇守叶尔羌》等。

文集篇目所涉极其广泛，逐篇读来，皆有可观。我读文章，渐成陋习，即每遇可读之文，辄分三类：其一，能入人之目者，可令入读，且能通篇读完；其二，能动人心者，读至会心处，能为之动，且有所思；其三，能感人情者，或故事，或情节，或人物话语，能令人同悲欢，同啼笑。集中作品，不乏美文佳作，不少读后颇有心得，颇有感悟，如岳镇南岳家庄寻根认祖、赵长龄收复舟山、李佐贤琉璃厂地摊收宝、张铨暮年思友、石敬亭重庆见张自忠、李长之奋发著述、王潜石白发还乡等皆行文细腻，情节生动，真情感人。

曲德胜在写作过程中，为了力纠过往虚妄不实之述，再现历史真实，他研读相关史志典籍，又参阅不少名门望族家谱族史，再旁征远引外地及国家馆藏文献资料，多方比对，方得一心安之果。但凡存疑，决然不录，必重新检索求证，正误匡失。这正是此书价值所在。他宛如一部利津历史文化卷宗，一册在手，基本可窥东津古今全貌；如史如志，查证可据。如移民篇，河海进退变迁过程，从新而证，令人信之不疑。文章论述之紧实，佐证之严谨，甚有可圈可点之笔。编史修志，代不乏人，能把历史遗迹、人文事略，穷究力证，去伪存真到这般地步者，实在不可多得，难能可贵。

仔细斟酌，文集亦有可以商榷之处，《文心雕龙》言：文约为美。文集中尚有重复章句，可作删并。一事多叙之笔，似可以裁减约略。此弊会令读者产生拖沓之感。

曲德胜在古稀之年，不辞苦辛繁难，将自己往昔文章增删修改汇编成集，当得起老骥伏枥志在千里。作为老友，写就这点文字，谨表贺忱吧。

搁笔之际，心中忽然跳出板桥诗句，恰恰曲德胜造形画像写照也："咬定青山不放松，立根原在破岩中，千磨万击还坚劲，任尔东西南北风。"一竿高高瘦瘦，坚坚挺挺，青青清清之竹，跃然眼前。

2022 年 8 月 6 日

He Qu Pian

济漯并行入海

这里曾经是大海。上苍眷顾，让那浩瀚的汪洋，成为我们脚下这片神奇的土地。华夏疆域，无际无涯，也仅有江、淮、河、济四渎。而这块方圆百里的土地上，竟有四渎中的河、济二渎（可看作当今东营市域内黄河与小清河的前身），在这里同向入海。它们像同胞姊妹，携手并肩，徐徐而行，不经意间，拉开了填海造陆的序幕。在这场亘古至今的漫长运动中，大河支流漯川厥功至伟。另有济水清流，三隐三现，与漯川亲密相伴，缓缓注入大海，也有润泽万物的功德——这是祖先在他们的典籍里给我们讲述的一个神奇故事。在这个故事里，有许多生动的情节，让人不能忘记。

"乃厮二渠"

唐尧在位时期发生了一次大地震，山崩地裂，洪水暴发。《尚书·尧典》载："汤汤洪水方割，荡荡怀山襄陵，浩浩滔天。"鲧、禹父子二人受命于尧、舜二帝，任崇伯和夏伯，负责治水。鲧用壅障之法，虽经九年的努力，但终因"功用不成，水害不息"而败下阵去。

大禹反其道而行之，采用疏导之法，凿开龙门，斩断荆山，疏通熊耳和鸟鼠，引导河水自积石山经过龙门，南行到华阴县，东下经砥柱山和孟津，来到大邳山。大邳山以上大河流经之处地势高凸，水流湍急，难以在山以东的平地经过。于是大禹在这里抖擞精神，将大河一分为二，一为正流，一为漯川。用漯川来减弱水势，引大河向北流。

《孟子·滕文公上》记载了大禹这次大刀阔斧的壮举："禹疏九河，瀹济漯,而注诸海。"九河者,徒骇、太史、马颊、覆鬴、胡苏、简、絜、钩般、鬲津是也;"瀹济漯",意为疏导济水和漯水也,随之出现了一个宏大场面——流经青、兖、冀三州的诸多河流,共迎滔滔河水,分别东流入于渤海。

此即《史记·河渠书》所载"乃厮二渠以引其河"也——谁能料到,这一远古的大河分流壮举,影响无比深远,历经四千年之后,终于让渤海西南岸上出现了一个生机盎然的黄河三角洲。

《禹贡》记载的"禹河",是历史上最早见于文字记载的黄河河道。"禹河"的上游,从积石山到孟津一段,河在高山峡谷中穿行,河道与现行黄河没有大的变化。下游河水东过洛汭以后,自今河南荥阳广武山北麓东北流,至今浚县西南大伾山西边的古宿胥口,然后沿着太行山东麓北行,进入大陆泽后,又分出数条支流向东偏北入于渤海,主流入海位置大致在今天津东南。

从《水经注》可以了解,延至东周的黄河流路,"乃厮二渠"依然分明。当初大河在北方分为两道,一为北支,即邺东故大河,越过邺县(今河北省临漳县西南),汇合浊漳、清漳向章武(今河北省沧县东北)流入渤海,此为主流;又一为东支即漯水,亦称漯川,东出长寿津(今河南省滑县东北),经高唐至千乘县入海。

大禹治水是神话传说吗?由于先秦时代许多典籍都记载有"大禹治水"的故事,经过现代考古学家和地质学家们的不懈研究,已经确定了四千年前确实有一场足以毁灭华夏大部分聚落的大洪水的存在。

二〇一六年五月发表在学术期刊《科学》上的一篇题为《公元前1920年的洪水暴发为中国传说中的大洪水和夏朝的存在提供依据》,第一次为大禹治水的故事提供了科学证据。文章中说到,通过采自黄河上游积石峡中溃决洪水沉积物中的大量炭屑样品的碳十四加速器质谱法测定,研究者们将这场洪水的发生时间限定在了公元前二一三〇——七七〇年之间。通过对同样一场地震中丧生的喇家遗址中的三名儿童遗骸的骨骼样品的碳十四定年,研究者将这场洪水的发生时间确定在大约公元前一九二〇年,属于齐家文化时期。

这样看来,"大禹治水"有可能是一段真实的历史。则此,论及济漯并行入海,就有了新的意义。

漯川注海

漯水从河南滑县至山东千乘流入渤海，逶迤流经一千二百里。自夏禹至宋初，先后称漯川、漯水、㶟水、会水等。民国《重修滑县志》把东周时期的漯水情况记载得很清楚："周定王乙未五年，河东徙漯川，径长寿津与漯别行东北，至成平复合于禹河。"史学家岑仲勉在《黄河变迁史》中为禹河及其"二渠"做了如下辨析：禹河就是东周时黄河所徙的河道，初时在北方约分为两道，即"二渠出海"。一为北支，即邺东故大河，越过邺县，汇合浊漳、清漳向章武流入渤海；又一为东支，东出长寿津，经高唐至千乘县入海，此即漯水也。缘此，漯水入海处的利津域地，曾有县名漯沃。

西汉大河，与先秦时期已有了明显变化。主河道经今河南荥阳北、延津西、滑县东、浚县南、濮阳西南、内黄东南、清丰北、南乐西北、河北大名东、山东冠县西，过馆陶镇后，经临清南、高唐东南、平原南、绕平原西南、由德州市东复入河北，再从河北吴桥西北流向东北，至沧州市折转向东，在黄骅县一带入于渤海。

这条汉初主河道的旁侧，漯水依然流淌在"渠"中，保持既定的方向，一心一意地来我们这里入海。到汉武帝元光三年（前132）春，黄河自顿丘西南冲开另一条北渎，正流走北渎，向北偏东自天津东南入于渤海，余波仍入漯水。

汉武帝元光三年（前132）大雨连月，黄河中下游的瓠子口南岸决口，有汉以来最大的洪灾暴发，因为丞相田蚡"江河之决皆天事，未易以人力为强塞，塞之未必应天"这句话，汉武帝放弃了堵口，二十三年后才亲督群臣堵塞了瓠子溃口，《史记·河渠书》有载："道河北行二渠，复禹旧迹"，漯水无恙，继续东流。

"漯水，东北至千乘入海，河盛则通津委海，水耗则微涓绝流。"这是东汉大学者应劭撰写的《地理风俗记》的记载，说漯水作为黄河支流，水流较弱，但又具有分减主河道洪水、减轻洪水危害的作用。

东汉永平年间王景将河、汴分流，筑堤自荥阳至千乘海口一千里，这一时期黄河下游流路自今濮阳西南改道东流，循漯水流路经今范县南，在阳谷县西与漯水分流入海。打开谭其骧主编的《中国历史地图集》可以看到，东汉之后五百多年里，漯水一至与大河并行东流，在大河入海口之南注入"马常坈"。谁知翻到隋唐两页，却不见了漯水与"马常坈"的踪影。

漯水在隋唐时期的地图上失踪，在时间上可能并不准确。据清代地理学家胡渭的《禹贡锥指》记载，漯水的消失，是在宿卫之变，火烧禁宫的宋仁宗庆历八年（1048），这一年黄河在澶州商胡埽决口，漯水改道北流，在今天津东南入海。自此之后，漯水故道逐渐变为黄河入海流路。

始自大伾山，遥遥一千里，悠悠数千年，初始为支津，最后成正流。在历史长河中，漯水通津委海，竭尽忠诚，好似一颗彗星，一直闪耀在辽阔的夜空，当陨落的时候，更是大发光华，照亮苍穹。

千乘海口

早在商周时期，利津的部分地域就呈现在海岸线上。自今利津城向西北，海岸线经南望参遗址南，进入沾化、无棣县境，直到徒骇河口；向东南经今垦利区董集、东营区辛镇，沿广利河北岸至支脉河口。利津城的位置就在千乘海口即"马常坈"西北边的一个土岭子上。

打开《中国历史地图集》，可以清楚地看到，自西周以后，今利津城东南到今东营区史口镇之间有一个"U"形的自然海湾，底部在今滨州市滨城区小营镇一带。流经大伾山南的漯水浩浩西来，自海湾底部缓缓注入。这个海湾俗称"海袖子"，也叫"长河口"，《水经注》称它为"马常坈"，此即千乘海口是也。

《水经注》卷五"河水"篇中，对于"马常坈"一带有细致的描述："伏琛曰：千乘城在齐城西北百五十里，隔会水，即漯水之别名也。又东北为马常坈，坈东西八十里，南北三十里，乱河枝流而入于海。河海之饶，兹焉为最。"从以上描述来看，漯水尾闾一带河流交错，沟岔纵横，最终汇入"马常坈"与渤海相通。从战国地图上辨析，当时济、漯二水相距仅二三十里，在今东营区六户镇南北两端并行入海。

上下五千年，泱泱治水史，有一个生于朝鲜的山东人，能与大禹相提并论，他就是让黄河千年无恙的王景。王景原籍为琅邪郡不其县（今山东即墨西南），其祖上举家渡海到乐浪郡沿邯（今朝鲜平壤西北）定居。他们不是出国，应属于国内迁徙移居。因为在西汉、东汉、魏、西晋时期，朝鲜半岛北部乐浪郡这一行政区划属于中国。

东汉永平十二年（69），王景受命主持大修水运交通命脉汴渠和黄河堤防，他怀揣汉明帝赐给他的《山海经》《河渠书》和《禹贡图》，豪情激荡地测量地形，打通山陵，清除水中沙石，直接切断大沟深涧，在要害之处筑起堤坝，又疏通引导阻塞积聚的水流。最让人震撼的是，他率领数十万兵民，只用了一年的时间，就修建了一条从荥阳到千乘海口的千里长堤。浊浪滔滔的河水，在王景治下开始乖乖流淌，成为东汉大河，也就是《水经注》以及唐《元和郡县志》所载的大河。从此大河正河下游流路与漯水并行入海，千乘海口开始被称为千乘河口。

主张变法革新，提出"师夷长技以制夷"的清代思想家魏源，在他的《筹河篇》提到王景治河时这样说："王景治河，塞汴归济，筑堤修渠，自荥阳至千乘（汉千乘即今武定府利津县）海口千余里。行之千年。"

东汉大河的位置较西汉大河偏东，从长寿津自西汉大河故道别出，循古漯水河道东行，复蜿蜒于今黄河与马颊河之间，至今滨县之南入海。距海里程比西汉大河短，河道也比较顺直，出于种种原因，大河稳定了八百多年，少有决溢发生，一直没有大的变动。就在这八百多年里，黄河三角洲以千乘海口为顶点，加快了向大海延伸的速度。

黄河就像一条巨大的输送带，按照王景给它"量身定造"的千里堤防，"一石水而六斗泥"地将黄土高原肥沃泥沙输送到渤海之畔，岁岁年年游荡在千乘河口，朝朝暮暮填充着汪洋大海。在漫长的岁月里，黄河行漯水之路，至隋唐时期，漯水入海的海湾"马常坑"已经淤垫成陆，而大河那浑浊的黄色渐渐被清新的绿色所替代。这里的陆地和大海，在近千年的时间里都处在神奇的变幻之中。气魄宏大的填海造陆运动，自西而东使茫茫沧海变为沃野桑田、天然苇荡、沼泽湿地、浅海滩涂，色彩斑斓，蔚为壮观。

处于利津域地上的"千乘河口"，就是现行流路上古代黄河三角洲的顶点。河口地区的三角洲，首先是济水、漯水、徒骇诸河乱流入海养育的一个嗷嗷待哺的婴儿，然后是黄河裹泥携沙，频频摆尾，把它装扮成一位风姿绰约、在河之洲的窈窕淑女。

济水隐现

济水是一条古老的自然水系，若水细流特立独行，绵延一千八百里。古籍中对其描述大多带有神秘色彩。说济水源头为沇水，是王屋山中升起的一种云气，落于天坛峰上，化而为水，滴到了天坛峰西崖下的太乙池里，至平原涌出为泉。这股泉水自西而东，置大河阻隔而穿越不顾，千难万阻百折不挠，一路惠泽万物，孕育文明，经河南过山东，至千乘而归大海。

济水发源神奇，很少有人说得清楚。北宋科学家沈括在《梦溪笔谈》中这样记载："古说济水伏流地中，今历下凡发地皆是流水，世传济水经过其下"；清代文学家蒲松龄在《趵突泉赋》中开篇就说："泺水之源，发自王屋；为济为荥，时见时伏；下至稷门，汇为巨渎；穿城绕郭，汹汹相续"；当代著名历史地理学家史念海教授认为，济水分河的地方在荥阳石门。石门在今荥阳市城东北，即广武一带。从石门流出来的水循着广武山北麓东流，并容纳了从广武山流下的柳泉和广武涧水，一并流入荥渎。荥渎经荥阳县北，和荥水汇合，形成荥泽。荥泽是古老的湖泊，位置在今郑州市西北一带。

《禹贡》载："导沇水，东流为济，入于河，溢为荥。东出于陶丘北。又东至于菏。又东北会于汶。又北东入于海。"可以看出，济水流入黄河后又从黄河南岸的荥阳这个地方流出来。书中又载"东出于陶丘北"，陶丘在今山东省定陶县，和荥泽有数百公里之遥。由于《禹贡》没有说清楚，后人就用"伏流"的说法来解释，说是荥泽水渗入地中，在地下东流，到陶丘之北又流出地面。

济水流经这一带的走向，郦道元《水经注》的记载比较清楚，但是涉及的古地名很多，而沿用到现在的只有几处。从现存的地名可以确定，东平湖是济水故道所在。东平湖以下的济水，从鱼山南东流，历经谷城等九县镇，最终在东营区与广饶县之间入海。这一段济水曾经汇入很多支流，主要的是历城西南的泺水和历城与长清县之间的玉符河。后来由于济水的淤塞变迁和水名的变化，济水故道脉络已不太清晰，但济南至入海口的小清河，大体上就是几经修整疏浚的济水故道。

《水经注》所记的济水，在下游地区基本走向是由西南向东北直奔渤海。古济水在今滨州、东营地区所流经的地方有：济水所汇的渊渚（即今高青县、博兴县交界处的马踏湖），汉千乘郡所辖的高昌县城西（故城在今博兴县西南），汉乐安郡所辖的乐安县城南（故城在今博兴县北），汉齐郡所辖的利县城西（故城在今博兴县店子镇一带），汉千乘郡所辖蓼城县的甲下邑南（甲下邑为原东汉大河最下游的一边城邑镇），汉千乘郡所辖琅槐县城北（故城在今广饶县丁庄镇一带），再向东北入于渤海。

清雍正年《乐安县志》记："济水，迳城西北，七十里入海，俗名小清河，即济水故道也。"依谭其骧《中国历史地图集》所标，古济水下游入海处的河道大致在今东营广饶县境内小清河下游流路偏北三十里的地方。

千百年来，许多人纳闷，济水干涸，几近消失，为何能位列四渎？唐太宗对此就有些不明白，大臣许敬宗这样回答："渎之为言独也，不因余水独能赴海也，济潜流屡绝，状虽微细，独而尊也。"这位被称为"千古阴人"的大臣还曾这样描述济水："济水自王屋太乙池出，以地下河潜流七十里露出地面，东至温县再潜入地下，并从黄河底穿越，到荥阳流出，经原阳又隐没，至山东定陶现身，于北济汇成巨野泽。三隐三现，贯穿黄河而葆其清。"

相比而言，黄河穿山越涧，水流湍急，泥沙俱下，经常泛滥成灾；而济水"自今称一字，高洁与谁求。惟独是清济，万古同悠悠"①，则为古人视作理想之地；"一派平流滋稼穑，四时精享荐蘋蘩。未尝轻作波涛险，惟有沾濡及物恩"②。从这两首诗中也看得出来，一脉济水，三隐三现，却至清远浊，坚守其节，这种情操是古代文人追求的境界；位尊四渎，却波澜不惊，温文尔雅，这种润泽万物的品德，恰如君子必备的恩泽天地、不求闻达的秉性。所以自古以来，人们通常把品德高尚，不慕荣华的知识分子称为"清流"。

行文至此，突然有所参悟——济水是思想之河，是精神之河，不论它从哪里来，也不论它到哪里去；如果说黄河给我们带来的是赖以生存的坚实土地，那么济水送给我们的就是不可或缺的清新空气。所以这条早已消失的涓涓细流，将会永远在人们心中流淌不息。

2022年6月23日定稿

---

① 〔唐〕白居易《题济水》。
② 〔宋〕文彦博《题济渎》。

渐行渐远的大清河

大清河在济水故道里流淌，水天连碧，清波荡漾，自五代后晋迄清咸丰朝，润泽渤海西南岸近千年。大清河乃济水故道，而济水源于荒古，盛于春秋战国至秦代，在这个中华文明勃发之初的历史时期，流经山东的河流主要是济水而非黄河。

说起大清河则绕不过济水，济水出王屋，其源来不穷，停聚而成荥泽，荥泽与济水如连体弟兄，息息相连。从东汉初年到两晋，黄河泛滥，泥沙填淤了济水从黄河底下穿过的空窦，地中伏流不能上涌，荥泽无法补水而干涸。济水随之于豫北博浪分为南济与北济，再汇入大野泽。济水入泽后，由于沉淀的作用，水质变得清澈，济水出泽后也不再分南济和北济，豫省境内济水渐至湮没，而其名不废。大野泽以东济水支流汶水和泺水皆清澈见底，遂改名为清水。

迄至五代时期，黄河屡次决口冲击，大野泽也逐渐淤塞，清水至东阿会于汶水，合流北注，又改名为清河，清河由东北入蒲台县永利镇，自南迤东北折而朝宗入海，利津系五代蒲台县地，为清河入海尾闾。南宋绍兴初年，伪齐刘豫为通海运导行，在泺水入济处筑下泺堰，堰南之流源于济南诸泉，称之为小清河；堰北之流以菏泽、汶水为水源，其名则为大清河也，因在古济水之北，亦称北清河，或沿旧称之沇河、济水者。

元明两代，大清河自东平州济汶合流处北入东阿县，迤逦东北行，过泺口向东，自齐东县史家庄进青城县界，东至韦家口到蒲台县，又东经曹家店入利津县境，从县城南关统至北关折而向北，经永阜场西滩丰国镇至牡蛎嘴入海，贯穿山东，全长一千里。大清河源自汶水，武定府境内所行

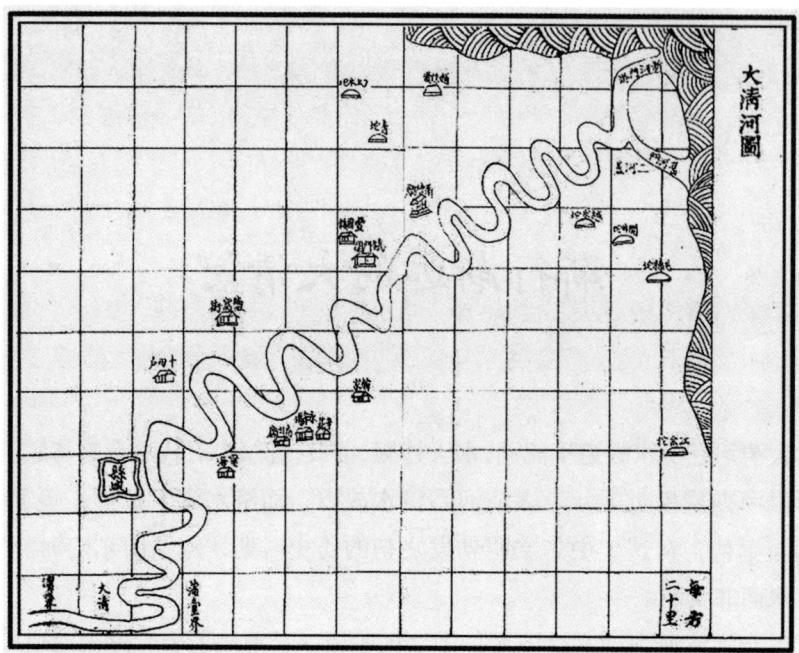

清光绪九年绘　大清河图

之道即漯水故道。

　　大清河槽深六丈，弯道相连，水流清澈平缓，航运便利，河里舟行如梭，桅杆如林，帆白似云，橹声欸乃。河道内接大运河，南通江、淮、两广，北达京师，外连诸海，东可至蓬莱，北可达天津。利津永阜大盐场所产之盐，大都由大清河运至泺口，再从此转运各地，是故大清河也称盐河。邑人刘学渤有诗曰，"济流行曲赴东津，万壑朝宗汇海滨。岸阔潮平飞野鹜，帆悬风静照游鳞。青齐车毂争先渡，吴越艨艘列异珍。此地由来似都会，千村河润泽斯民。"大清河里航运繁忙之景象如在画中。

　　有明以降，大清河始终是一条举罾而得鱼鲜、泛舟则获盐利的清流。大清河清波潋滟，棹影横斜，两岸风景如画。自顺治、康熙以来，黄河决口大都发生在北岸，黄河水间或进山东由大清河入海，一有决溢，则淹野弥原。乾隆十年（1745），孙嘉淦提出黄河改道大清河之议，道光二十二年（1842），魏源在《筹河篇》也提出用人工使黄河改道北流大清河的主张。

咸丰五年（1855）六月十九日，黄河在河南兰阳北岸铜瓦厢决口，黄水将口门刷宽达七八十丈，一时间黄水浩瀚奔腾，水面横宽数十里甚至数百里不等。水势叠长，滔滔下注，从张秋镇、阿城一带穿过运河，漫入大清河，水势异常汹涌，运河两岸堤埝间段漫塌，大清河之水有高过崖岸丈余者，菏濮以下，寿东以上尽遭淹没，凡系运河及大清河所经之地均被波及，最后由利津铁门关北萧神庙以下二河盖牡蛎嘴入海。

黄河夺大清河入海，像神龙摆尾，从千里之外的江苏淮阴，一下子甩了过来。这千年一甩，淹没了五府二十余州县，截断了贯通南北的大运河，扫荡了渤海南岸——这个素称"四至袤广、村镇毗连，北枕巨海、东瞰清河"的"隩区"。大清河岸高水深，河道弯曲狭窄，咆哮的黄河哪能受这等束缚？水涨数丈，横冲直撞，湍急的水头在平地里突然散开，水柱激射，像万箭齐发。那浑黄的浪涛一路卷了过来，大清河顿时面目全非，迅即成为历史遗迹。原先树木葱茏，流水潺潺，滩池雪海，盐堆冰山的美好家园，在滚滚洪流中天翻地覆，乾坤挪移，成为一片茫茫泽国，从此这里水漫潮淹，灾祸连连。

大清河为黄河替代，于今一百五十余年矣。渐行渐远的大清河，曾经承载了黎民百姓太多的痛苦和欢乐，托起了山东八大盐场之冠的永阜大盐场，建造了瞰海锁浪的铁门关，见证了无数仁人志士的成就与辉煌，演绎了黄河三角洲的灿烂文化。眺望早已远逝的点点白帆，水面蜿蜒流过的是河海交汇的千年沧桑，河底沉淀的则是一部黄河儿女的凝重历史。

2009年5月9日定稿，见同日"微波龙鳞"新浪博客

黄河夺大清河入海

铜瓦厢决口之前,清廷腐败日甚一日,治黄陷于无策状态。当时黄河的祸患,同鸦片走私造成的白银外流一样,是严重危害国计民生的大患。道光二十二年(1842),魏源写成《筹河篇》,痛切陈述清代二百年间治河策略的失当和河工管理的种种弊端,总结了自汉代以来治河的历史经验,集中论述了黄河改行大清河,由山东利津入海的主张,认为当时的黄河河道不会维持很久,大改道已成必然趋势。他分析了当时的河流趋势,指出自封丘东北流于山东利津入海,将成为黄河的一条好去路。"惟东道(张秋以东,下至利津)天然大壑深通,且为历年北决之正溜,天造地设,更无善于此者。"他还指出,旧河道既难以维持下去,不如人工有计划地改道为好,否则黄河就要自找去路:"使南河尚有一线之可治,十余岁之不决,尚可迁延日月。今则无岁不溃,无药可治,人力纵不改,河亦必自改之。"这一论断,是治黄历史经验的科学总结,体现了魏源的远见卓识。

如魏源所见,咸丰五年(1855)六月十九日,黄河在河南兰阳铜瓦厢(今兰考县东坝头以西)决口,洪水分为三股向北倾注,汇于张秋(今阳谷县张秋镇)横穿运河,在东阿鱼山(今东阿县鱼山镇)夺大清河入海。从此,由豫皖苏鲁四省共同承担的黄河下游水患,几乎全都集中在山东境内。而大清河入海口地区,更是蒙受了长期的灾难。

黄河夺清入海影响深远,是中国近代史上的重大事件。河决之后,洪水将口门刷宽达七八十丈,渐至一百七八十丈。一时间黄水浩瀚奔腾,水面横宽数十里甚至数百里。一夜之间临近决口处的东明县与菏泽县,平地水势陡长四五尺。洪流势如奔马,波及五府二十余州县,吞没了成千上万的良田、农舍及村镇，夺走了无数生命财产。决口后不到半个月，洪水大溜顺大清河道抵达利津，最后由铁门关北萧神庙以下二河盖牡蛎嘴漫流入海。

同年七月二十一日，山东巡抚崇恩奏报灾情，描述的几乎全是大清河沿岸的情形，从中可以看出形势十分严重：

> 近日水势迭长，滔滔下注……水势异常汹涌，运河两岸堤堰，间段漫塌。大清河之水，有高过崖岸丈余者，菏濮以下，寿东以上，尽遭淹没。其他如东平、汶上、平阴、茌平、长清、肥城、齐河、历城、济阳、齐东、惠民、滨州、蒲台、利津等州县，凡系运河及大清河所经之地，均被波及……且大河秋汛方长，而八月海潮正涨，利津海口不能畅泄，则横流旁溢，更无止境。

黄河横流旁溢，大清河面目全非，不复昔日模样。铜瓦厢决口之前，大清河水行地中，水流平缓，弯道相连，往来舟楫浮于河上，盐商遍于齐鲁，自古就是山东盐业生产的主要水运通道，长期以来被称为"盐河"。万历年间山东盐运使甘一骥在他的《盐河议》中就记述过大清河的盐运盛况：

> 国初山东盐河有东、北二大支。其北一支属泺口、蒲台二批验所，为大清河。泺口上流自东平坎河口、东阿、平阴、长清、齐河而东入泺口，下流经齐东、蒲台、滨州、沾化、利津入海，以通宁海、永阜、丰国、永利、利国、富民、丰民、王家冈等场，运盐出入八场，过蒲台、泺口二关而达运河。

黄河夺清入海，使鲁北沿海的盐业生产受到重创。当时洪流漫溢，抵达武定府境内后，向南流入小清河，向北决入徒骇河，致使这一区域的盐滩十之六七被淹没。利津盐业遭受的损害尤其严重，洪水从著名的永阜盐场中间奔腾而下，分列大清河两岸的四百八十副盐滩大部分被冲毁或塌入河中，最后只剩下一百六十副。盐场被淹，河道亦无法运盐。咸丰五年（1855）以后，碧波荡漾的大清河变得浊浪滔天，河口不断淤积，河道时常变迁，盐场不能顺利运出食盐。河中船舶日渐稀少，盐运由繁忙而萧条。随着铁门关在洪流中消失，盐业生产的繁盛也一去而不复返。

黄河夺清的初始阶段，上游堤防溃决未得及时修复，泥沙多淤积在运河附近的三角地带。光绪初年（1875），张秋镇以上有了连贯的堤防，黄河在鲁西南漫流时代结束。不料上游刚近安定，下游又出祸端。因为原本漫流的河水汇注大清河后，大量泥沙涌向下游，迅速淤积在河门处，以致河尾翻摆滚动，河道险情不断，灾害接踵而来。

2011年5月4日定稿，见同日"微波龙鳞"新浪博客

善治河者必自下流始

黄河以"善淤、善决、善徙"而著称，向有"三年两决口，百年一改道"之说。无论是决口，还是改道，不少是河口入海流路不稳所造成。河口畅则水沙顺利下泄，安流无恙，河口塞则滞沙壅水，为患无穷。因此历代治黄，总是关注黄河口。相传大禹治水，即改"围堵障水"为"疏川导滞"，这一方略为历代治黄者所推崇。汉代以来，历代朝廷及治河官员对治河已经有了深刻的理解和经验，逐渐形成了一系列的治河制度。西汉贾让的"治河三策"、明末潘季驯的"束水攻沙"、清初靳辅疏浚海口的主张等，大都包含了"治河之策，必自下河始"的策略。清同治到光绪年间，朝廷和地方有不少官员，在治理黄河口问题上表现出了为国分忧、敢于担当的积极态度，如勇于任事的山东巡抚丁宝桢、逝于治河任上的张曜，以及为民请命、先后弹劾两任山东巡抚的骨鲠之臣王会英等。进入民国时期，位卑职小的利津议员李凤翯与普通河务稽查胡枚勋等，也提出了切实可行的治河建议和办法。长期以来，黄河入海口地区的人民，在防汛、抗洪、修筑堤防以及稳定黄河尾闾流路等方面，也积累了丰富的经验，形成了许多实用的治黄方略和实施办法。黄河自古"一石水而六斗泥"，每年携带大量泥沙输往河口，致使入海口长期处于淤积、延伸、摆动、改道的变化状态。唐宋以来，黄河下游不断改道，灾患波及范围扩大。铜瓦厢决口之后，黄河尾闾河道摆动变迁日益频繁，河口治理成为治黄重点。

一、修渠筑堤，束水攻沙

先秦时期，济水与漯川作为黄河的两条重要支流，在今东营域内并行入海，对于黄河下游水系的发展，有过平衡、分流等正面作用，对本地区的文明发展也有过重要的影响。新莽始建国三年，黄河在魏郡（今河南省濮阳市境内）决口，改道东流，在今东营市利津县境入海，史称"千乘海口"。东汉永平十三年（70），王景"修渠筑堤，自荥阳东至千乘海口千余里"，治理后的黄河河道，史称"东汉大河"。这次治河，不仅平息了长达六十年的黄河水患，而且从此以后，河流规顺，八百多年间千乘海口没有大的改变。

经过近千年的淤积，至唐末开始，黄河下游河口段逐渐抬高，此后开始进入变迁紊乱的时代。唐景福二年（893），黄河"自厌次县（今惠民县）界决而东北流"，从此离开千乘海口。不过，在近千年的岁月里，黄河还是通过东汉大河故道（亦称东道），不间断地光顾和浸润这方故土。从金大定年间开始，黄河出现了"两河分流"的局面，以后又分成三股，或东流入泗，或南流入淮，时而又东北决入马颊河、徒骇河、北清河（今东平以下黄河）入海。经常数股并行，迭为主次，变迁极为混乱。

黄河河口演变的复杂性，使其成为世界上最难治理的河口之一。明代后期主持治理黄河的潘季驯，根据河流底蚀的原理，提出了束水攻沙的治河方针，主要是在黄河下游两岸修筑坚固的堤防，束水以槽，加快流速，以期"海不浚而辟，河不挑而深"，由此减少河床沉积，保证河口畅通。康熙十六年（1677）靳辅主持河政，延用潘氏"束水攻沙"方案，同时又在疏浚海口有所发展。

明清两代对于黄河口的治理高度关注，也取得了一定成效。但受社会、经济和科技的局限，一些治黄打算未能实施，即使实施了也收效甚微，有些甚至倒行逆施，加重了黄河忧患。

二、铜瓦厢决口后的灾患与对策

咸丰五年（1855）六月十九日，黄河于河南兰阳铜瓦厢决口北流，穿运河夺大清河至利津牡蛎嘴入海，结束了七百多年来南流入海的局面，形成黄河变迁史上的又一次重大改道。

迫于内忧外患、国运衰微，咸丰皇帝权衡利弊，很快改变了"兴工堵筑"的初衷，决定采取"因势利导"的方策，谕令地方官，就漫水所及，"设法疏消，使横流有所归宿，通畅入海，不致旁趋无定"，而"兰阳漫口即可暂行缓堵"，只是采用河督李钧提出的"补苴之术"，即劝导"富户出粮，贫户出夫"，顺河筑堰、遇湾切滩、堵截支流，以期"拦得一边漫水，则一方之耕凿可安；断得一股分支，则一路之室家可保"。

利津博物馆现存一方咸丰八年（1858）的石碑，详细记述了当时黄河夺清入海形成的祸患以及民众自发筑埝自卫的情形："利邑系济下流，黄水所趋，自嘉庆年间屡有泛滥。因立刘工堰（在今利津北宋镇后刘村南侧处）以当其冲。然皆出自民为……咸丰五年水复大作，冲决北下，绵延百有余里，漂没村庄、房屋、禾田、人畜无算。六年更剧，横流洋溢，八月间犹未稍息，势不能麦。"碑文中还记述了地方官吏倡导"绅民铺家等众，度尺丈量地势给财"及先后修筑杨家堰、刘家堰、东河堰等民埝的经过。

从此以后近十五年之久，与国内大规模的农民起义相始终，除"乡民荷锸携筐，自筑小堰以卫田庐"外，新河道一直处于"无防无治"的状态，山东等地长期处于巨浸之中，朝廷一无所为，任由黄水四处横流，使得这次黄河改道的危害极为惨烈。

就在这一时期，朝廷内部围绕"改道"（主张黄河改道山东）与"复道"（主张黄河恢复从江苏入海）展开了一场旷日持久的论争，这场争论时起时伏，但最终没能改变铜瓦厢决口造就的改道事实。同治十年（1871）八月，黄河在郓城侯家林决口，东注南旺湖，又由汶上、嘉祥、济宁之赵庄、牛朗等河直趋东南，入于南阳湖。朝廷命新任河东河道总督乔松年会同山东巡抚丁宝桢勘办此事。同治十一年（1872）二月，侯家林决口堵复，但不久又决，乔松年和丁宝桢在如何治理黄河问题上意见不合。此后，兵部主事蒋作锦呈递治河条议，建议"束水由利津入海"。

侯家林决口再次堵复之后，乔松年向朝廷提出了自己的治河主张。他首先赞成蒋作锦所上条议，认为"作锦所陈，卓然有见，可以采用"，然后提出为解除山东境内黄河水患而"宜筑堤束黄"的主张。他认为，应先堵塞黄河旁决的霍家桥等各口门，并修南北两岸长堤，使水势专注张秋一处，再疏浚淤塞的河道，修建闸坝，以利于漕运。乔松年属于"改道派"，主张因势利导在"夺清入海"的新河两岸"筑堤束黄"。朝廷认为乔松年的主张有一定道理，于是要求山东巡抚丁宝桢和护抚文彬详加议论，并拿出一个详细的实施方案来，并嘱咐丁宝桢不要固执己见。

此时的山东巡抚丁宝桢是不同意河走山东与"筑堤束黄"的。虽说同治七年（1868）他曾与当时的东河总督苏廷魁等九人联名上书反对挽河回归故道，但事过境迁，经再三思考，他认为筑堤束黄，继续让黄河由山东利津入海有诸多弊端，因此坚持让黄河回归淮、徐故道。为此，丁宝桢向朝廷上《疏陈束黄由利津入海不便数端》奏折，力主"以堵合铜瓦厢使河复淮徐故道为正办"。他认为复归故道有旧制可循，改道山东则会造成非常严重的灾难。而在坚持改道的李鸿章看来，让黄河走大清河河道应该是最安全的流路："查北岸张秋以上至开州（河南濮阳）境二百余里，有古大金堤可恃为固，张秋以下抵利津海口八百余里，岸高水深，应由山东抚臣随时饬将原有民埝保护加培。南岸自安山下抵利津，多傍泰山之麓，诚为天然屏障。"

当时山东、江苏民众都希望黄河从对方境内入海，而两省地方官也难以摆脱"异地之官竞护其境"的考虑，确实，在当时的政治、经济和技术条件下，黄河无论从山东还是从江苏入海都会带来深重灾难。

同治十一年（1872）六月，朝廷有了定论：河流趋重山东，自应增立堤防，著丁宝桢酌度情形，将张秋、利津一带旧有民埝加培坚固；并著将侯家林上下民埝仿官堤办法一律加高培厚，设法守护，铜瓦厢以下兰仪、东明一带地势平衍，不可无遥堤以防泛滥，著乔松年就近察看，量筑堤埝。

三、河口铁板沙的形成及治理措施

黄河入海时受海潮顶托，河水溜势趋缓，淡咸交汇后，水走沙停，泥沙絮凝如粥，团团搅翻，深达数丈，沉积河口，形成一个新月形沙坝，凝结细密，坚硬如铁，无法疏通。清代把它称之为"铁板沙"，这铁板沙堵在黄河口门上，致使泄沙不畅、淤积加快、水位抬高，迫使黄河在尾闾上摇摆翻滚，其主要危害是壅高上游水位、加快河床淤积、增加封河机遇、引发分流改道。

采用拖淤疏浚河道由来已久，也收到了相应的成效。北宋神宗熙宁六年（1073），在王安石设置浚河司前后，候选官员李公义献"铁龙爪扬泥车"法疏浚河道。其法：用铁数斤为爪形，以绳系舟尾而沈之水，篙工急棹，乘流相继而下，一再过，水已深数尺。这是利用水力机械拖淤的开始。元末有了疏导下游及海口的混江龙、铁扫帚等拖淤机械，明清时期曾屡经使用。明嘉靖间总理河道刘天和创"平底方舟长柄铁耙浚河"法，疏浚济宁至徐州运道之淤；清顺治九年（1652），采用"铁罱子吸泥"之法；到康熙年间，靳辅创"浚船铁犁"浚河；后在乾隆、嘉庆及道光年间均推行过拖淤，并创设翻泥车锁船逼溜等，出现了长柄泥合、九齿耙、空心锹等专用浚淤工具。

光绪五年（1879），兵部右侍郎夏同善奉旨勘察黄河下游。他在随后的《疏治黄河下游奏议》中，提出"海口宜疏浚""河湾宜开直""支河宜开通"等三项措施，特别提出了治理铁板沙的主张。他说，现在牡蛎嘴淤至七八十里之遥，并且铁板沙与牡蛎嘴淤积在一起，质地最为坚硬，治理起来绝非易事，仅使用混江龙、铁箄子、铁扫帚等机械，用普通的爬沙船拖沙，恐怕只能清除新淤而不能清除坚硬的铁门沙。他认为，应该调二三十马力的小火轮船，拽着加重后能钻动铁板沙的拖淤机械，像织布梭子一样上下来往，每天在海口往返拖淤，数月之间就能使海口日渐宽深。

接下来，山东巡抚周恒祺奉旨筹议疏治黄河下游等事宜。他在一年后的复奏中认为夏同善原奏三条难以实施，而河口拖沙"卒以笨重难行，未能见效"。海口铁板沙得不到及时有效的治理，黄河入海受阻，以致酿成接连不断的灾难。

光绪初年（1875），随着张秋以上两岸堤防的形成，黄河在鲁西南漫流时代结束，同时，河患也转移到下游河道。由于"铁门关出海口之处生有铁板沙横拦其间，一遇盛涨，河槽既难容纳，海口又难宣泄，是以泛滥旁决，为害生灵"，因此黄河尾闾的灾难接踵而至。光绪九年（1883）正月，黄河山东段发生了自铜瓦厢决口以来最大的决溢灾害，"是年春初，沿河十数州县因凌汛大涨，漫口林立……大者或数百丈，小者亦数十丈"。

利津境内河道受灾最为严重，右岸南岭、北岭、韩家垣、辛庄和左岸左家庄次第决溢。这一年，齐河至利津沿黄河七县决溢五十三处，"利津近海村庄，死伤居民甚众，有一家全毙者，有淹死仅存数口者，有房屋倒塌压死者，惨苦情况不堪言状……已救出数千口,惟无安身之处,大半露宿荒郊"。

黄河尾闾的这次灾难惊动了朝廷,仓场侍郎游百川奉旨来山东勘察河工。他实地察看了决溢情形,在给皇帝的奏疏中提出了"疏通河道""分减黄流""亟筑缕堤"的治河三法。其主张与夏同善相近,尤其是在治理海口铁板沙方面,更趋一致。

此后有关黄河治理工程的奏议,大都提到海口铁板沙,并且在河口疏浚工程中,也采取过许多相应的治理措施,但往往收效甚微。光绪二十五年(1899)二月初十日,李鸿章向朝廷提出了有关山东河段的《勘视河工筹议大治办法》,其中提到"下口不治,全河皆病",一直到宣统元年(1909),山东巡抚孙宝琦依然主张"藉束水为攻沙之计,再酌购外洋挖泥轮机,往来疏浚,尾闾可望深通,全局皆受其益"。鉴于当时的社会经济条件和技术水平,人们没有也不可能对黄河拖淤疏浚进行系统深入的研究,但从长期的拖淤实践中得出一个基本的结论,即拖淤对于解决黄河尾闾铁门沙是有功效的。

2011年12月2日初稿,见同日"微波龙鳞"新浪博客

夏同善奏除铁板梗沙

黄河入海时受海潮顶托，河水溜势趋缓，淡咸交汇后，水走沙停，泥沙絮凝如粥，团团搅翻，深达数丈，沉积河口，形成一个新月形沙坝。这道沙坝凝结细密，坚硬如铁，无法疏通。清代文献将其称为"铁板梗沙"，本地人称铁板沙。铁板梗沙堵在口门上，水流不畅，黄河在尾闾上摇摆翻滚，大溜回溯，上游河段水位暴涨，导致利津县境内一年数决，百姓苦不堪言。

近来翻阅史料发现，清廷对治理黄河还算重视，修防制度还挺完备，河决堵口动用国帑也很大方，每次达数百万乃至一二千万两白银。可是到了清末，任你太后、皇上"宵衣旰食，朝乾夕惕"，都是白费力气。相关职司河决慌乱无策，河督贪婪腐奢，瞒上凌下，虚应故事。尽管也采用过西方的先进科学技术，购买了法国的两艘挖泥机器船试验挖沙，并且用大船拖了铁篦子、混江龙（见下页图）在河门上疏刷铁板梗沙，却都是空耗财力，无功而返。

光绪五年（1879），兵部右侍郎夏同善出京考察黄河，来到山东利津县境内的黄河尾闾，得悉铁板梗沙阻河入海情状，也了解到地坍河中，州县官吏仍逼民缴赋之事，写出了治河治贪的《疏治黄河下游奏议》，上达朝廷。

夏同善是浙江乌镇人，官屡迁而清贫如寒士。这个清代翰林是"学而优则仕"的典范，作为清光绪年间平反一冤案的关键人物而名满天下。此案即清朝四大奇案之一的杨乃武与小白菜案。案发同治十二年（1873），案情曲折，七审六决，屡审屡覆，历时三载，轰动朝野。卷入此案的有升斗小民，有朝廷命官，还有清廷皇帝和太后。光绪二年（1876），夏同善和二十八位浙籍京官联名奏请交刑部复审，经慈禧太后准许，重开棺新验尸，冤案终于大白于天下。

说到治理铁板沙,也真难为夏同善了:"海口宜疏浚也,现在牡蛎嘴淤至七八十里之遥,且铁板沙与牡蛎嘴淤成一片,其质尤坚,治之诚非易事。仅使用混江龙、铁篦子、铁扫帚等物,恐只能去新淤而不能入坚土。"——那怎么办呢?

夏同善在《疏治黄河下游奏议》中提出治理"铁板梗沙"的办法,简而言之有以下三条:

首先,加重混江龙等铁质耙具,使其力能起板沙,调二三十马力的小火轮拽之,于海口中流每日往返如穿梭,就不信捅不开这铁板梗沙!

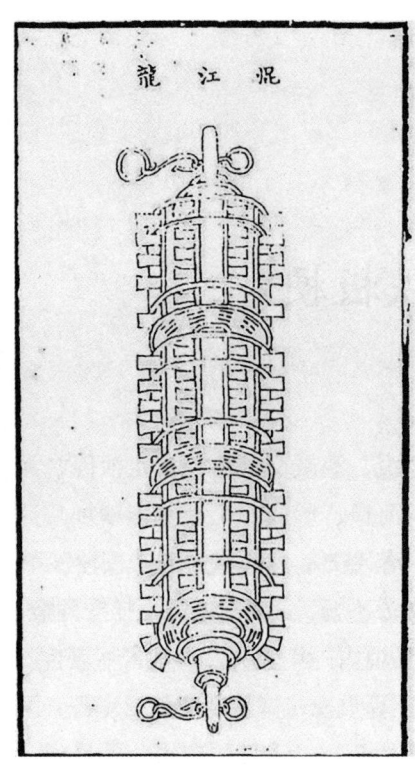

混江龙

其次,河湾宜开直。利津以下地广人稀,即有少数居民,给他们点银子搬迁掉算了,利津至海口二百里区间,大水漫灌,沛然莫御,直流诸海,还怕它这个铁板梗沙干什么!

再其次,利津者,古千乘也,所少者是《禹贡》所提到的那八条河呀。要是这样还不行,再将沾化的徒骇河统统挑开,分流入海,这黄河还能决口吗?

二十几年来,河患频频,治黄已成天下难题。身为朝廷大臣,夏同善虽不谙河工,却是治河情切,知无不言。就当时的综合条件而论,此三条治河之策,属思患预防之言。譬如后两条,相比康熙朝采用明代潘季驯的"筑堤束水、借水攻沙"之术,以及治河能臣靳辅著的《治河方略》,明显有些书生气。不过面对铁板梗沙这样的新情况,亦无可厚非。

大清官腐吏贪,亦如铁板梗沙般难以除治。在这篇奏章里,说到官吏贪酷、黎民灾难,夏侍郎义正词严,令人赞服:"自黄河北徙以来,大清河两岸民地坍入河中者不知凡几,沿河居民殊形困苦。粮由地出,无地何以有粮?

而尤以有名无地之粮征粮，民何以堪！"这样的官吏还有人味吗？他在奏章里向朝廷大声疾呼："再有含混征粮者"，"一经查出，即予严惩"！

是啊，田地已塌入河中，为什么还要征收这些已不存在的田亩的赋税呢？体察民情，关注民瘼，诉民之苦，夏同善亦不失古君子之风矣。

尔后山东巡抚周恒祺之相关奏疏，在无地征粮弊政上，搪塞支吾，在河口拖沙事宜上，虚应故事，后来奏称"（混江龙等铁质耙具）笨重难行，未能见效"了事，完全否定了夏侍郎的奏议。此乃清末官场中惯技，无须赘述。

一百多年后，一九七七年十月，水利电力部在天津召开河口拖淤现场会，时任副部长李伯宁建议在黄河河口进行拖淤试验。利津修防段雷厉风行，由宋呈德等负责具体实施。从当年的十一月二十一日至二十九日，他们用二百四十马力拖船一艘，一百二十马力拖船两只，拖带铁质耙具五个，在三百米的河段内往返二百八十八次，拖走泥沙一万八千立方米。河底刷深三十一到四十七厘米，溜势有明显变化，河门大为畅通。由此观之，百年前夏同善之奏议，亦不缪也。

2008年8月4日初稿，见同日"微波龙鳞"新浪博客

游百川治河三法

光绪八年（1882）秋汛，黄河在历城县决口，河水由济阳县入徒骇河，鲁西北、鲁北地区数十个州县遭受水灾。灾祸蔓延，流民百十成群进入北京，五城巡察御史交章告急，朝廷为之震动。慈禧召见大臣，要求各大臣保举治黄能臣。游百川上奏章，举荐浙江巡抚陈士杰任山东巡抚。是年底，朝廷连发两道圣旨，革去任道镕山东巡抚一职，谕"山东黄河工程关系至为重要，亟应统筹全局设法疏浚，以弭后患。著派游百川驰驿前赴山东查看情形，妥筹具奏"。当年腊月十九日，光绪召见仓场侍郎游百川，面谕查勘黄河机宜。

游百川，字汇东，号梅溪，山东滨州游家庄人。同治元年（1862）中进士，选庶吉士，授编修。同治六年（1867）迁御史。宗室宽和、宽亮等所行多不法，游百川不避权贵，奏劾惩治。同治七年（1868），上疏严禁各省栽种罂粟，又上疏论内外官场积弊，主张"除吏弊在肃官方，尤在扬士气"，是同光朝声名赫赫的诤臣。

光绪九年（1883）正月初二，游百川急如星火，冒雪启程。他过平原，走禹城，沿着马颊河、徒骇河河道考察。正月初五，到达济南桃园黄河堵口之处。第二天进济南山东巡抚衙门。本想沿河巡查下游，因连日雨雪纷飞，济南以下，水路、陆路皆不通，于是改变行程，十七日从济南溯河而上，经过长清、平阴、东阿等县，二十六日到达黄河夺大清河的决口处——河南兰阳北岸铜瓦厢。

游百川一路考察，询问民情河情，感叹不已，特别是他在铜瓦厢一带仔细探究后，发现因黄河流途的反复无常、淤垫和冲刷，地形地貌年年都有很大变化，与各地奏折上报情形迥异。

在铜瓦厢考察了一天，游百川北渡黄河，沿着黄河北大堤细细察看，一路下行。二月初九日重返济南。十一日，游百川从济南的黄河北岸走起，查勘历城、章丘两地被凌汛冲毁的数处缺口，心情非常沉重。

十五日中午，当他到达惠民县清河镇时，发现这里的民房倒塌很多，当即命令惠民县知县沈世铨立即清查户口，发放救灾银两。此后两天，游百川马不停蹄地沿河巡查。十八日，到达利津县，与山东巡抚陈士杰会合，一起由铁门关乘船入海考察黄河入海口。在黄河入海口，游百川发现"出路倍窄，河底倍浅"，情况非常危急。

游百川从黄河北岸入海，在海上回看黄河，从南岸登陆，再由河口启程，一路上行。他亲临所有的决口处，查勘每一处险工，督促各州县地方官员赈济灾民，以工代赈堵复决口或修筑新的堤坝。他察看河防营，与河工和沿河百姓交流，获得了大量翔实情况。

直到二月二十四日，游百川才与陈士杰由南岸返回济南。至此，游百川绕着黄河夺大清河决口处至入海口，遍察两岸，历时两个月，来回渡河七次，行程六千里。经过一番深思熟虑，写出一篇三千余字的奏章《遵旨察看黄河，谨将大概情形酌拟办法事》，提出三条治理河口的办法。

一、疏通河道。黄河改道北流之初，大清河尚能容纳，后来淤垫增高，海口淤塞尤其严重。沙淤水底，人力难施，最好的办法就是多用船只，各带铁篦子、混江龙，上下拖刷，让泥沙不能停蓄，并且越刮越深。疏导的方法，好像没有比这更好的了。

二、分减黄流。大清河自黄河夺流以来，常常朝不保夕，危急万分，详查大清河北岸，距离徒骇河最近，距马颊河较远，鬲津河还在更远的北边。大清河与徒骇最近处在惠民白龙湾，相距不过十里。要是从这里修建一座建水大坝，分水入徒骇河，很是简便。然后再继续疏通其间的沙河、宽河、屯氏等河，把水引入马颊、鬲津，从而广泛分流入海，就不必再担心河水暴涨出槽。

三、亟筑缕堤。历来防御洪水，主要依靠筑堤防守。缕堤是民间自行修筑的挡水小堤，且大多单薄，又断断续续，经常塌陷，一筑再筑，民力困竭。如解燃眉之急，必须上自长清，下抵利津，约长六百余里，南北两岸先筑缕堤，原来的堤坝，加高培厚，没有的地方，一律补齐。折转顶冲的险要河段，再加筑一道重堤。其顶冲处再筑重堤。筑堤防洪，为民做事，老百姓是乐意参与的，可以借助他们的力量，加上适当的补贴，很快就能成功。历来治水，重要的是不与水争地，第二重要的，就是再普遍筑一道遥堤。遥堤的修筑，是平稳之策，长久之谋。

游百川与陈士杰会衔上疏后，光绪皇帝立即下发谕旨："据游百川、陈士杰奏称，拟亟筑缕堤，借资保障；开徒骇河、马颊河以分水势。著户部、工部速议具奏。"

游百川三法中的"疏通河道"得以实施，"亟筑缕堤"的奏议也得到"议准照办"的批复，而"分减黄流"之说却招来几位重臣反对，直隶总督李鸿章上《议覆马颊河不宜开挖分流疏》，以"地势未宜，民情不顺"为由极力反对。礼部侍郎洪钧亦力言不可。随后朝廷命直督李鸿章偕陈士杰会勘，最后定议筑两岸长堤，分减黄流之法搁浅。可怜忠心耿耿的游侍郎，还以为自己披肝沥胆写就的治河办法，会得到朝廷重视而得以实施，没想到却被兜头浇了一瓢冷水。

2008年10月25日初稿，见同日"微波龙鳞"新浪博客

李鸿章与卢法尔为治河筹策

光绪二十四年（1898）伏汛，黄河在济南历城决口，河水挟裹小清河而行，纵横泛滥，各州县平地水深四五尺至丈余不等。境内洪水肆虐，百姓流离失所，慈禧命李鸿章去山东治理黄河水患。此时的李鸿章已是七十五岁高龄，老态龙钟，步履蹒跚。懿旨颁下时值初冬，接下来必然是在冰天雪地中对黄河实地勘察。如何在这个时候长途奔波，去完成圣慈之命呢？老迈年高的李鸿章接到懿旨后，很是惶恐，立即向慈禧请辞："臣年将八十，精力衰颓，步履蹇滞。全河工段过长，处处必须亲历……可否吁恳圣慈责成山东巡抚一手经理，抑或另行简派大臣前往会勘之处。"

李鸿章这些话说得有情有理，毕竟年纪大了，有些事确实是难以胜任。但是慈禧对他在"戊戌变法"中态度暧昧十分不满，因此不讲情面，对李鸿章的恳求一口回绝。李鸿章心里明镜似的，哪敢违拗——这位老佛爷从垂帘听政近四十年了，有哪位王公大臣不被她玩弄于股掌之中？事已至此，李鸿章也只能豁出这副老骨头了。

当年十月十六日，李鸿章陛辞时面奉懿旨"考求西国治河新法"。当时，"适有比利时驻京使臣费葛保荐，有该国工程师卢法尔谙悉水学，来华游历"（《李鸿章全集·奏议十六》），李鸿章遂聘其为勘河监工，调派天津武备学堂学生作为测量差遣员弁，顶风冒雪，上起曹州府，下至利津海口，历时三个月，沿黄河徒步跋涉千里，详细勘察测量了一遍。

晚清经世思潮的涌起，让诸如李鸿章这样的朝廷重臣，开始接受西方先进思想，在治理黄河的行动中，已经采用西方测绘技术进行测量。尽管在同治年间时人对于聘请洋人帮助治理黄河并不感兴趣，但是这次李鸿章却态度迥异，对卢法尔十分器重。

光绪二十五年（1899）二月，勘河归来，李鸿章将卢法尔拟具的勘河情形报告及提出的治河方案，冠以《办河新法》之名，与他本人提出的《勘视河工筹议大治办法》，一并上奏朝廷。

李鸿章在这份奏章中提出十条治河办法，重点放在解决当下河患问题上，内容分别是：一、大培两岸堤身以资修守而垂久远；二、下口尾闾应归复铁门关故道，以直达归海而杜横溃。挑引河三十余里，两岸筑堤各八十里，并筑大坝一座，又将两堤内各庄民拨地盖屋，迁于堤外；三、建立减水大坝以泄异常盛涨而保堤工；四、添置浚船以疏积沙而保险工；五、设迁民局以便随时办理迁民等事以恤民情而裨河务；六、两岸堤成应设厅汛武职官缺以专责成；七、设立堡夫以期永远保护堤工；八、堤内堤外十丈地亩及堤身续压地亩统应给价除粮归官管理以清界限；九、南北两堤设德律风（电话）传语以期呼应灵通，并于险工段内设小铁路，以便取土运料；十、两岸清水各工，俟治黄要工粗毕，量加疏筑，以竟全功。

卢法尔《办河新法》上达朝廷，让人耳目一新。他在这份条陈中指明"由山东视黄河，黄河只在山东；由中国视黄河，则黄河尚有不在山东者。安知山东黄河之患非从他处而来？故就中国治黄河，黄河可治；若就山东治黄河，黄河恐终难治"，其视野之广阔，思想之高远，可见一斑。

《办河新法》简洁明了，一、二两篇是报告勘河情况，分别为"洛口至盐窝沿河情形""盐窝至海口尾闾情形"；三、四两篇陈述治河办法，分别是"酌量应办治河事宜""现时应办救急事宜"。特别说明"现在所勘者，皆据事直书；将来应办者，系据理立论。伏维采择施行，不胜荣幸"。

他对造成黄河水患的根源有全新的认识，明确提出了下游水患的源头是上中游的黄土高原。他认为黄河的泥沙来自两条途径，一是黄河下游堤岸植被遭到破坏，二是上游土山坍塌入水，黄土高原泥沙入河。鉴于对黄河泥沙的这种认识，卢法尔认为治理黄河应从上中游入手，在防止泥沙入河问题上下功夫。最好的办法是在黄土高原和黄河两岸植树种草逐步恢复黄河流域植被，保持水土，改善生态环境，使河水逐渐变清。他认为这是治理河患的"一劳永逸"之策。

《办河新法》中恢复植被的措施有两项，一是沿河堤岸遍栽柳树，种植草片，严加保护禁人糟蹋；二是上游之山，宜种树者应遍种树木，不宜种树者亦应种草。卢法尔提到，恢复黄河流域植被是一项长期的浩大工程，而当下解决黄河决堤泛滥的问题却是迫不及待："前篇治河应办各事，既非旦夕之功必俟全河测量，估计工料妥筹办法方臻美备。诚恐河流汹涌，迫不及待，亟应先办救急事宜，庶几现时灾患不生，将来治理较易。"接着他简单概括当下救急要做的三件事："救急之事维何？曰培修堤岸，固筑险工，并疏通尾闾而已。"

读到民国《利津县续志》所载的这篇条陈，禁不住为这位一百三十多年前的西方水利师击节赞叹，深感这种严谨的科学态度，可为现今治黄学者的榜样。几千年来，中华民族都在坚持根治黄河水患的道路，但始终没有找到行之有效的方法。李鸿章此次聘请的勘河工程师卢法尔，首先提出了恢复黄河流域植被、保持水土、让河水逐渐变清的治黄思想，在中国治河史上打开了一条新思路，对于治黄实践具有长期的指导意义。

李鸿章与卢法尔的治黄思想有不小差距，当时他也没有明确表示支持卢法尔的治河主张。他对《办河新法》有这样的评论："所论沿河应办事宜，以测绘全河形势为先，以算学为本，洵是至当不易之义。其欲穷究来源，沙从何生，水由何减，而思所以治之。向未经人办过，亦非克日所能成功。"

但是细读他的《勘视河工筹议大治办法》，可以看出他也受到了卢法尔《办河新法》的不少影响，二者之间存在着一定的联系。他主张设置小铁路取土筑堤，购置新式机轮以疏积沙，属于选择先进手段来治理黄河口，因此可以说他的"大治办法"不只是采用传统办法对黄河进行修补，已经或多或少地带有了一些现代气息。

收到李鸿章的奏折和卢法尔的条陈后，朝廷发上谕："李鸿章所筹十策，及比国工程师卢法尔拟具治河新法，并奏迁民修堤之举，烦琐委曲，断难克期告成。而频年决溢，河底积淤，如再节次决口，不特一切工程种种棘手，两岸灾民何忍再罹昏垫。为今之计，唯有择要加修两岸堤埝，疏通海口尾闾，即为目前救急善策，亦及治标以待治本之要图。"

圣旨颁下，李鸿章又呈奏《筹议山东河工救急治标办法折》，请拨修防银一百零五万两，用于择要加高加培堤岸，另拨二百万两，用于移民以及疏通铁门关海口。他的这一呈奏得批复。卢法尔《办河新法》却被朝廷冷落，当时上海的第一家英文报刊《北华捷报》，却将卢法尔的勘河报告译成英文出版，并发布广告出售。

随后山东开始采用李鸿章的一些大治办法。光绪十六年（1890），巡抚张曜奏"铁轨运土，最为迅速，河口堵口压土之时，深资得力"，疏浚海口，开始使用挖泥船。当年，张曜又向德华银行借款四十万辆，作为山东河工用款，购置挖泥机轮，继后又采取黄河两岸架设电话线等重大举措，山东的治河史册翻开了新的一页。

2022 年 7 月 13 日定稿

张曜与周馥对尾闾河道的治理

从咸丰五年（1855）至一九四九年，在不到一百年的时间里，黄河尾闾河道发生了七次大变迁。尾闾河道的每一次变迁，都交织着错综纷纭的自然因素与社会原因，凸显了治黄文化的地域特色和历史凝重感，与近代黄河三角洲的形成更是息息相关。

一、连续三十年决口不断

黄河改道初期的二十年，无固定河道，河水在北起北金堤、南达砀山、东到运河的三角地带漫流，泥沙多淤积于此，而下游河道水流缓慢，泥沙不多，决溢较少。即使如此，"利津以一县之壤地，纳千里之洪波"，受灾情况也很严重。永阜盐场自从黄河改道以后，大股河水由该场附近奔腾而下，"以致滩池节年被淹，堤坝冲决，且复顶托纳潮，卤气不升"，而使产盐减少；岸高水深的大清河，原来水流清澈，既无水患，且饶水利，却很快变成了滔滔黄水。由于河道不固定，加之河水流速过快，一般船只难以航行，无法顺利运出食盐，昔日的盐运通津不复存在。

但这仅仅是灾难的开始。黄河改道与一般的自然灾害有所不同，一般的自然灾害大多是一过性或间断性的，受灾的民众在灾害过后或两次灾害之间有喘息的机会，可以积累一些抵御下一次灾害的物力和财力。而黄河改道不可能在短时间内完成，它要经过若干年的冲刷或人为的约束才能形成新的河道。

从咸丰五年（1855）决口到光绪十年（1884）山东黄河两岸堤防修整完成，这近三十年间，除咸丰十一年（1861）、十二年（1862）、光绪二年（1876）

这三年没有黄灾外，其余年年黄水泛滥。光绪八年（1882）"桃园决口，黄水源源不绝，前涨未消，续涨骤至。村落被冲，瞬成泽国，极目所至浩淼无涯。灾民皆散处山麓高原，搭盖窝棚，暂为栖止"。还有"光绪癸未，河决山东桃园，灾民四十余万"的记载，山东巡抚陈士杰也先后奏报："核计历城、齐东、章丘、齐河、济阳、长清、邹平、惠民、滨州、沾化、商河、利津、乐安、临邑等十四州县大小灾黎共折实人口七十五万五百余名。""山东灾民就食省垣者十余万口，或在山冈搭棚栖止，或露宿附近关厢，归耕无期，日日待哺。"

黄河改道给山东带来的不光是水灾，还加重了蝗灾和旱灾。因为黄水所经之处，形成大面积的河滩和洼地，极有利于蝗虫的繁殖和生长，由此造成的蝗灾也极为严重。据山东巡抚崇恩在咸丰六年（1856）八月二十七日奏称："东省上年黄水为灾，漫淹甚广，鱼虾遗子所在皆有。交春后，臣恐遗子化为蝻孽，节经严檄各州县督率乡民实力搜挖，而地方辽阔，水灾遍野，搜不胜搜，遂有遗孽未尽之处。适值五六月间，连日亢旱，此虫因水而生，因旱而长，蔓延甚易。泰安、兖州、沂州、济宁及济南、东昌等所属各州县俱报有蝗孽。"

黄河改道对所经之地的河湖也产生了严重影响。据山东巡抚陈士杰光绪十二年（1886）奏报："查黄流东徙以来，三十二年中南决入小清河者四次，北决入徒骇河者三十余次。"原来的小清河"绵长四百余里，上通黄台桥，下达海口，为沿河各属水利农田所关，且为盐船、货船往来必由之路"，由于黄水多次直灌，到光绪二十四年（1898）"水过沙停，节节淤饱，舟楫不通，商民病之，税厘来源顿塞"。由此可见，黄河洪水破坏了天然水系和灌溉系统，造成了水系紊乱、河湖淤浅，严重削弱了河湖的容泄能力和灌溉能力，形成了"非涝即旱"的恶性循环。

这一时期，黄河由宁海东北流，经盐窝、薄庄南、韩家垣子北、铁门关南，至萧神庙以东牡蛎嘴、二河盖入海。这条河道历时三十四年，实际行水十九年（其余年份为上游改道，决溢而河竭），将汀河乡至海岸一带的退海之地淤厚一至三米，形成汀河乡以北利津荒洼。

二、张曜筑堤束河由毛丝坨入海

从光绪八年（1882）桃园决口开始，山东河患日益严重，鉴于这种情势，朝廷于光绪十二年（1886）选派张曜前往山东任巡抚，以求"经久之策"。张曜在上任前曾奉旨查勘山东黄河，期间到铁门关了解黄河入海口情形，并拟定了治理办法：

> 铁门关以下北岸已有长堤一十五里，应将南岸一律增筑接至萧神庙，止庶束水归槽，大溜不致散漫。至萧神庙以下多系淤滩，添筑大堤难期稳固，所有铁板沙上面干结二尺，以下仍是泥沙，人力纵能挑挖，距岸较远，运送太难。拟在近溜河滩审度水势，挑挖川字引河，藉水力冲刷，以期逐渐深通。至于水底淤沙，人力难施，拟兼用机器船只，随时淘浚。以现在黄河入海之路无可改移，惟有于铁门关外力求疏浚而已。又查大清河以南有小清河一道，上年抚臣陈士杰曾经挑浚，嗣因黄水灌入，以致淤垫海口，地势稍高，积潦未能迅泄，此时仍须挑挖，以畅南岸清水各河入海之路。

张曜上任后把治河当作第一要务，当时张村、殷河、大寨、西纸坊、高家套先后漫决，解除水患迫在眉睫。他认为筑堤束水，疏浚海口，才能防治黄河泛滥。在堵复各处决口后，他派员勘察地势，并增筑徒骇河两岸堤工，然后挑挖全河，采用先进技术，用机器船逐段疏浚。在治理黄河过程中，张曜针对黄河山东段两岸河道窄、堤坝不够坚固、水涨易于漫决为患的特点，除疏浚河道、挑淤培埝、增筑堤坝、加强两岸堤防外，还提出了"分"与"疏"的治河主张。每逢黄河决口，他都亲临现场，指挥抢修堤防，一年内"驻工二百余日，督率修防，日不暇给"，这在当时的同级官吏中确实是很难有人能做到的。

光绪十三年（1887）六月初一，黄河在直隶开州大辛庄（今河南濮阳市区）决口漫溢，这里与山东连界，水势灌入山东濮州（今鄄城县）、范县（今属河南）、寿张（今东平县），溜势顺南直趋下游，穿过运河，漫及阳谷、东阿、平阴，一股从茌平向南，淹及禹城辖境。当年八月，河南郑州十堡石桥决口，主流趋向东南，从河南贾鲁河进入淮河，一直注入洪泽湖。山东黄河断流，自兰阳以下直至利津河道干涸。和历任山东巡抚一样，张曜也主张黄河复故，他立即上奏朝廷："山东河淤潮高，黄流实难容纳，请乘势规复南河故道。"朝廷命李鸿藻等军机大臣会商后下旨："故道一议，可暂从缓。"在这种情况下，张曜果断地乘时对山东河道分段挑淤疏导。

光绪十四年（1888）十二月，郑州决口堵筑合龙，黄河复归山东。经大清河故道由利津入海时，正值凌汛期，如在往年又会漫溢成灾，正因事前河道疏通，冰水才得以顺利入海。第二年三月，利津南北岭子下游韩家垣决口漫溢，经勘察后，张曜认为牡蛎嘴入海口淤垫难以疏浚，而韩家垣距海较近，于是调机器船疏挖新河道，在两岸筑堤各三十里，束水中行，即引黄河改由韩家垣入海，从此河流东移，这是黄河夺清入海后尾闾河道第一次大变迁。改道后的黄河经老鸹岭、四段、杨家嘴，由毛丝坨（今垦利黄河口镇）入海，这条河道通畅无阻，是黄河尾闾减灾的一项宏伟工程。

三、周馥对尾闾河道的治理

光绪二十三年（1897），黄河在利津北岭、西滩漫决，改道东流，由薄庄南过集贤，转向东南，经左家庄、永安镇，由丝网口（今垦利宋坨子）以东入海。另有支岔分而复合。这是尾闾河道第三次大变迁，历时七年。

光绪二十八年（1902）八月，周馥升任山东巡抚。这一年秋季，利津、寿张、惠民等县境内黄河决口，漫溢成灾，由此进入了周馥治理山东黄河的一个新阶段。在担任山东巡抚的两年多时间里，周馥殚精治河，不遗余力，在治理尾闾河道方面取得显著成绩。

周馥到任后，即到利津县冯家庄（今属垦利）和惠民县刘旺庄决口处考察灾情，制定堵合方案。这两处工程归下游河工总办，相距二百余里，为便于管理，周馥把冯家庄堵合工程交由候补道吴煜督办，而把刘旺庄堵合工程改归中游河工总办。同时，周馥积极解决治水经费，一方面奏请朝廷拨款，另一方面采用借商款、以工代赈等手段筹款。经过努力，冯家庄决口于当年十一月八日堵合断流。第二年三月十八日，刘旺庄决口闭气断流，全河之水归入正河。当年夏天，利津宁海庄（今属垦利）决口，周馥曾两次赴决口处勘察，决断处置，使宁海庄决口在半年内堵筑合龙。

光绪三十年（1904）六月二十九日，黄河于利津县薄庄决口，河水由沾化大洋铺入海。九月，周馥亲赴河口进行详细查勘，乘船从决口处顺流经徒骇河入海。经过观水势、查地形和实地测量，看到这条水路地势低洼，较从前河由铁门关、韩家垣、丝绸口三处入海倍加畅达，最后得出了"此路地势低洼，水争趋之，非人力所可挽回。与其逆水之性耗无益之财救民，而终莫能救，不如迁民避水不与水争地，而使水与民皆各得其所"的治理思路。于是因势利导，一方面自筹资金迁移河滩居民，并购置石料，在原南堤之南另筑一道大堤，以防不测；另一方面将挺入河心的旧曲堤加以整治。这种让地于水的做法有三大好处：第一是尾闾通顺，全河之水流畅稍速；第二是舟楫便利，商货流畅；第三是河流顺直，险轻费省。自此后，黄河终又完成了其尾闾的第四大变迁，从沾化大洋铺入海，"嗣是东河安澜，数年未尝一决"。

在不到三年的时间里，周馥确立黄河下游新的入海流路，保障河口基本畅通，革新河务管理办法，设立河防电局和架设沿河电报专线，尤其是在切实提高黄河堤防工程的防洪抗洪能力方面，做了许多实实在在的事情，使黄河在数年内平稳度汛。

2012年2月4日定稿，见同日"微波龙鳞"新浪博客

土匪扒堤决黄河

一九二九年八月，土匪孙振友率部在利津纪家庄扒开黄河大堤，河水滔滔东流，水势浩大，顿时房倒屋塌，田舍俱没，人为鱼鳖。

进入民国，黄河尾闾上海潮河淹，非旱即涝，灾祸不断，鱼盐之利经清末的天灾人祸已荡然无存，谁知推翻了腐败的清政府，又遭军阀混战，土匪横行。水深火热，长夜漫漫，老百姓的苦难看不到头。滔滔不绝的黄河，好像也不忍心给身边这些灾难深重的人们雪上加霜，一路下行，还算驯顺，谁知如今却由不得它了。

当时，军阀割据，社会动荡不安。1929年，陈调元出任山东省主席，山东北部沿海土匪肆虐，只能抽调小股部队前来助民团剿匪。三月底黄河水暴涨，利津扈家滩大堤溃决，淹没利津、沾化两县六十多个村庄。六月初，匪首刘国贞、张和源率匪兵数百人袭扰十六户村，纵火数十处，烧死平民五十余人，烧毁房屋两千多间。八月中旬，正值黄河秋汛，土匪孙振友，外号"二大头"者，探得官兵来剿，率匪兵到宁海北边的纪家庄扒大坝，以阻挡官兵清剿。

宁海附近纪家庄处，河道行水数十年之久，河床淤积，高于堤外平地丈余。纪家庄东边是三十年前的故河道，地势更洼，秋汛期水位高，匪兵在此决堤，不到两天就掘开七八丈宽的口子，顿时洪水滔天，经集贤、双河、左家庄、中古店、杨家嘴等村庄，一路向东狂泻。

八月正是庄稼收获季节，百姓毫无准备，大水陡来，无处逃生，只能束手待毙。房屋被冲毁，满地庄稼全被淹没，坐船外逃之幸存者寥寥无几。

洪水到处，哀号声不断。大水涌至北侧，幸亏从北岭经永阜、顺兴到杨家河有一条土埝挡住。这条土埝叫"顺兴坝",是三十年前的一条挡水坝,经它这一挡,陈庄以南顺兴以北才幸免被淹。而大水南侧从无埝坝,洪水漫过坨家庄、尚家庄、茶坡,再向南淹到辛店等处。

土匪扒口子只是荼毒老百姓——也不知道土匪头目们是怎么想的,他们能藏身的地方是西北方向的荒洼,河决洪水东南行,根本拦截不住从西南方向来追剿的官兵,为什么在这里扒口子呢?

匪首孙振友终被生擒活捉,后在利津县城被枪毙。这个土匪头子死有余辜,而倒悬于水祸之黎民百姓,则不见官府援手相救。

洪水东行,漫无际涯,正河涸出,大淤冲出三条河道,一条北去毛丝坨入海,另两条南去小口子与南汪河入海,后改从宋春荣沟、青坨子入海。自黄河夺清以来,此乃黄河在三角洲上第六次改道,亦为最南端河道也。

2008年12月7日完稿,见同日"微波龙鳞"新浪博客

李方膺《重开小清河详》

小清河与古济水有紧密的渊源，它的下游流路很长一段是济水的故道。济水在域内本是比"走南闯北"的黄河更稳定的水系，但由于上游水源的变故和下游河道的淤塞，到北宋时河道就淤塞殆尽。金朝初年，伪齐刘豫政权在历城华不注山下筑泺堰，导泺水沿济水故道下行，这一条称之为小清河的新河，自此开始经由今东营域内入海。

小清河在今东营地域是一条仅次于黄河的重要河流，对域内社会民生同样发挥着重大作用。但在明末清初的较长一段时期，小清河下游淤塞严重，河防脆弱，屡屡泛滥成灾，给当地百姓带来了极大的祸患。这一情势引起了朝廷和山东地方官员的关注，小清河治理提上重要议程。小清河治理是关系域内民生的大事，所以在这个时期的《乐安县志》及《青州府志》中多有关于治理小清河的记载。

李方膺（一六九五——一七五五），字虬仲，号晴江、秋池等，清扬州府南通州人。著名书画家、"扬州八怪"之一。李方膺出身名门，英姿俊伟，知识渊博，风华之年已名扬江左。他曾以生员身份随父进京觐见，得到雍正皇帝欣赏。雍正特旨河东总督田文镜任之以沿海知县。雍正七年（1729）冬，李方膺赴任山东乐安（今广饶）县令，时年三十四岁。任职期间，致力于革除积弊，治理水患，并能体恤百姓，故有"年少才富，政绩卓著"的好评。

在乐安任上，李方膺查勘小清河水情，制定具体的治河方案，提出了治理小清河的主张。雍正九年（1731），李方膺奉令查勘小清河水利，经过实地考察，他写出了《小清河议》《民瘼要览》等文，对治理支脉沟、淄河及小清河等提出了切实可行的措施。为实现彻底治理小清河水患的目标，他先后两次向河东总督呈递了《重开小清河详》，提出了一整套行之有效的治理方案，对消弭小清河水患产生了重要影响。

李方膺的《重开小清河详》，洋洋数千言，叙事具体生动，论说严谨周密，读来很容易为其所申明的主张折服。文章开篇先简要叙述小清河的历史，随即直奔主题，详细介绍小清河流域的水情与患状。文章借用明代青州司理陈珪的话，将小清河流域比作一家庭院——南部横贯章丘至益都的泰沂山脉，好像屋脊，山下的"长渠广川"便是屋顶瓦垄间的雨水，而小清河就像屋檐前横着的滴水槽，新城、长山、高苑、博兴、乐安等县就像这个大院。小清河淤塞就像滴水槽中有物堵塞，瓦垄间的雨水溢出就会流满庭院。小清河疏通就是剔除滴水槽中的堵塞之物，这样瓦垄间的水才能循着滴水槽注入应当注入的地方。

小清河自明末以来为患严重，清初的历任山东巡抚不断投巨资对其加以整治。不过，每次治理之后，数年之内复又堤决水溢，沿岸人民终难免除洪涝之灾。

李方膺通过实地考察，对此中原委有了深入的了解。《重开小清河详》有针对性地围绕小清河沿岸的闸坝改建、漏口堵塞、干河疏浚以及分段管理等问题，提出了九项综合治理措施。这些措施可归纳为以下三点：

一是增高上游滚水坝以蓄洪节流，即将章丘万家口原筑滚水坝增高一尺，使上流多蓄而下流流缓，使浒山泊的水面平稳，就可保障章丘以东、邹平以西无患。二是改造中游闸坝以防漫溢泛滥，即把新城、高苑接界处的军张闸改为滚水坝，比南面的桑公堤约低二尺，可使泊内之水不得逆泛，并漫行畅流，则高苑、博兴、乐安都不会出现水患。三是下游疏通支脉沟以确保畅流入海。

《重开小清河详》从小清河源头说起，由此及彼一直说到入海，让人有一个明晰的概念：治理小清河是一项系统工程，牵一发而动全身，沿河各县必须同心协力、标本兼治，如若和以前那样相互推诿，小清河水患则将愈演愈烈。

对于过去小清河屡治屡患的原因，《重开小清河详》也有详尽分析。他认为：首先，小清河途经济南、青州两府七县，中游部分河段充当高苑与新城的县界，也是青州、济南两府的交界，而作为小清河河水汇归之所的清沙泊则为新城、高苑、长山三县共有。新城、高苑两县官民围绕小清河堤及清沙泊积水宣泄问题长期对立，往往肆意盗决河堤、废毁河闸。地方官员遇事互相推诿，平民百姓以己之利偷决河堤，以邻为壑的事便不可避免。这样，最终导致小清河的治理成效大打折扣。其次，小清河水枯季节，沿岸村民在河堤、河身及沿岸湖泊空地耕作，严重破坏了堤坝、河道等的河防功能。再次，小清河治理多只重视上游与河干及附近湖泊的治理，而对下游及入海处情况关注不够，忽视了全流域的通盘治理，也会大大减弱治理的功效。

在提交第一篇呈文之后，时过两个月，李方膺又写出《重开小清河第二详》，再次强调小清河治理势在必行。这份呈请的字里行间洋溢着他对治河事业的一片赤诚之心，透露出他无比焦虑的心情。李方膺立足全局，统筹兼顾，为小清河治理制定了一个难得的可贵方略，体现了一位地方官吏识大体顾大局的博大胸怀。然而令人迷惑不解和非常遗憾的是，从相关记载分析，当时小清河治理工程并没有完全按照《重开小清河详》的建议去做，李方膺在乐安只做了南增曲堤、北浚福民河的事情。

虽然《重开小清河详》的重要对策一时没有得到落实，但是从之后山东三次比较大的小清河治理工程看，其重点项目与《重开小清河详》开列的对策十分吻合：一是将军张闸改为滚水坝；二是章丘境内的小清河由万家口引入浒山泊；三是开浚支脉沟。这样，经过清淤、固堤、裁弯取直的治理后，小清河水依序由河入泊，由泊入沟，由沟入海，整体面貌发生了很大变化。由此可知，李方膺《重开小清河详》所表现出的对小清河治理问题的深入调查和缜密思考，不仅在当时有重要的现实意义，而且对后世的小清河治理也有宝贵的借鉴意义。

2011年6月8日定稿，见同日"微波龙鳞"新浪博客

盛宣怀疏浚小清河

自清康熙以来，历任山东巡抚多次上疏朝廷，提出不少治理小清河的办法，也不断进行过局部的整治，但治理成效并不明显。张曜任山东巡抚期间，由盛宣怀主持的小清河治理，是清代规模最大，也是最成功的一次。

光绪十二年（1886），张曜调任山东巡抚。同年，盛宣怀被授予山东登莱青道兼烟台海关监督之职。因为多次在山东赈水灾，盛宣怀格外注意对山东水灾缘由的调查，并对山东的水利问题形成了自己的一套看法。张曜也是个关注民生、讲求实际的官员，与盛宣怀合作治河是他早已有之的想法。于是当盛宣怀来到山东任职的时候，张曜就诚邀他主持小清河治理事宜。

光绪十五年（1889）六月，盛宣怀乘船到达寿光羊角沟小清河入海口，然后沿小清河溯流而上，查看沿河百姓受灾情形，勘察水灾频发原因。这一次他走了三百多里路，回去后做出了治理小清河及其支流的一整套方案。因治河费用将达数十万两白银，山东财力不足，盛宣怀就派人向江南富绅巨商募捐，由山东巡抚给予褒奖。盛宣怀还提出了一个"以工代赈"的办法，招募灾民和当地群众参与治理工程，以发工钱的方式来发放赈济款，由此更深得张曜的倚重。

光绪十七年（1891）五月，张曜奏请朝廷，将小清河治理工程全权交给盛宣怀。盛宣怀疏浚小清河下游的工程，从博兴县龙注洼下口起，开浚正河一百一十里，东达羊角沟海口。河面开宽三十丈，挖深一到一点三丈，出土成堤。小清河下游疏浚工程完工后，当年夏秋立见成效。治理后河道畅通，尽管上游仍有洪水暴发，但下游的博兴、乐安、寿光等县均未发生水灾。这一年，庄稼大丰收，治河首获成功，张曜是含笑病殁于任上的。盛宣怀

盛宣怀

遵张曜遗愿,恪尽职守,继续完成了其他治理工程。自此,小清河又被称为新清河或新河。之后,盛宣怀专门研读英国传教士等人有关治河的理论著述,以提高对治河的认识水平。他殚精竭虑,费三年之功,连同上游共疏通小清河河道四百余里,终结了小清河柳塘口以上河段长期淤废的状况。这样,就使从省会济南到羊角沟入海口的小清河河道一气贯通,成为山东境内的一大主干河流,打造了当时省内的一条黄金水道。

这次小清河疏浚给乐安县带来的福惠除农业丰收外,还有沿海的盐业发展等。据县志记载,光绪二十一年(1895),乐安县在辛镇、沙营、王家岗等处盐场又新修沟滩百余副,大沟滩六十副,井滩四百四十余副,从而极大地扩大了盐业生产规模。光绪二十年(1894),乐安民众为盛宣怀立功德碑,碑文由赐同进士出身的本县文人成象乾撰写,由当时本县籍书法家、举人出身的宋其瑞书丹。碑体原来镶嵌在城内旧书院的墙内。经历一百多年的风雨沧桑,原碑今仅存两个断块,其碑文内容有拓片保留在民间。

2009年3月3日定稿,见同日"微波龙鳞"新浪博客

主要参考文献

1. 《史记》，中华书局 1982 年版。
2. 《汉书》，中华书局 1976 年版。
3. 〔南宋〕程大昌《禹贡山川地理图》，吉林出版集团有限责任公司 2005 年版。
4. 〔北宋〕沈括《元刊梦溪笔谈》，文物出版社 1975 年版。
5. 袁珂《山海经校译》，上海古籍出版社 1985 年版。
6. 〔清〕胡渭《禹贡锥指》，上海古籍出版社 1996 年版。
7. 《清史稿·列传》，中华书局 1996 年版。
8. 《清史稿·河渠志》，中华书局 1996 年版。
9. 〔清〕王会英《弹劾山东巡抚李秉衡刚愎自用折》，载《利津县续志》文征卷一。
10. 民国二十四年《利津县续志》。
11. 谭其骧《中国历史地图集》，中国地图出版社 1982 年版。
12. 山东黄河河务局编《山东黄河大事记》，黄河水利出版社 2006 年版。
13. 中国水利水电科学研究院水利史研究室编校《再续行水金鉴》，湖北人民出版社 2004 年版。
14. 山东省利津县地方史志编纂委员会编《利津县志》，东方出版社 1990 年版。

Yu Yan Pian

"渠展之盐"说略

管仲相齐,辅佐桓公成就霸业,其丰功伟绩在历代典籍中多有记载。而作为当时富国强兵重要资源的"渠展之盐",却仅见于《管子》之中,并且缺乏详细的介绍。尽管从古至今对"渠展"及"渠展之盐"有许多诠释,但是众说纷纭,难辨是非。基于上述原因,本文围绕"渠展之盐"谈几点粗浅的认识,以期有益于相关问题的探讨。

一、"渠展之盐"的出产地域

先秦典籍中多有"青州贡盐""北海之盐""渠展之盐""齐国鱼盐之地三百里"等称谓,之后《史记》和《汉书·地理志》也多次提到了周初姜太公的"便鱼盐之利"和管仲"设轻重鱼盐之利"政策。《国语·齐语》所说"通齐国之鱼盐于东莱,使关市几而不征,以为诸侯利,诸侯称广焉",显示出先秦时期胶东半岛的制盐业并不发达。而上述各样记载说明,齐国北部(今东营市境内)著名的产盐基地"渠展",才是先秦时期山东地区的盐业生产中心。

"渠展"有"济水入海处"说、"海隅"说、"渤海别名"说等。笔者以为,从字义上讲,"渠"者,大也,而"展"有延伸之义,因此可以把"渠展"理解为"海的延伸"或"大海深入内陆的一部分"。"海的延伸"即海潮浸润到的地方,当属沿海滩涂;"大海深入内陆的一部分"则属自然海湾无疑。当然字面意义不是问题的全部,若能得出一个比较接近历史真实的结论,还要从地理环境等多方面进行综合分析。

(一)从行文句式上分析,渠展应是齐国北部海滨。《管子》一书辞采飞扬，在修辞方面经常运用排偶句式，主旨集中，整练严密。"渠展之盐"是在《管子·地数》中提到的："夫楚有汝汉之金，齐有渠展之盐，燕有辽东之煮。"可以看出，这个排偶句的上句"汝汉"，是楚国两条河流的名称，下句"辽东"，是燕国的地域方位，中句的"渠展"，应该是齐国境内的某一区域或河海名称。有研究者或因此说渠展是渤海的别名。但是"燕有辽东之煮"的"辽东"，是战国时期燕国辽东郡一带，也就是辽东半岛。辽东半岛与山东半岛在渤海湾上下对应，如鲲鹏之两翼。既然说渠展即渤海，那么"辽东之煮"也可以称之为"渠展之盐"了，《管子》为什么不把它简洁地表述为"齐、燕有渠展之盐"呢？因此仅就句式讲，只有把"渠展"视为"海隅"，好像才可以与之对应。

"海隅"说出自《禹贡锥指》卷四，享有盛名的清初地理学家胡渭在这部著作中说："渠展今不知所在。"通过一番分析，他也不好遽然下结论："自此（掖县）以西，历昌邑、潍县、寿光、乐安，其北境滨海之地，疑即是古之渠展。"最后才确认："渠展盖海隅之别名也。"

不过"海隅之别名"让人难以认同，因为"海隅"一词早已有之，《尔雅·释地》就有"齐有海隅"句，《战国策》也有"齐必致海隅鱼盐之地"，如果地域范围相当，何必用生僻的"渠展"来代替耳熟能详的"海隅"这个名称呢？因此《管子》不说"齐有海隅之盐"而说"齐有渠展之盐"，显见得"渠展"是齐国海隅某一部分的固有名称。

（二）《管子·房注》认定，渠展在"沛水入海之处"。从原文涉及的地域来看，渠展不可能宽泛无边，更不可能超出当时齐国的疆界。这一点在《管子》最早的注本《管子·房注》中说得明白："渠展，齐地，沛水所流入海之处，可煮盐之所也"（《说文解字》说"济"是沛水，而"沛"又是沇水，沇水又是济水的别称，看来古济水、沛水、沇水是同一水系）。据《水经》记载，济水在春秋时期是中原地区沟通东西的重要河道，从流向上看，济水进入山东，从巨野泽北出东北过寿张县，与汶水交汇后北过须昌、自临邑过平阴等县，流至今济南市的泺口镇，这段河道大略和如今黄河相同；泺口以下则在今黄河以南，经菅县（今济阳县东）南，梁邹县（今邹平县北）北，临济县（今高青县东南）南，过利县西（今广饶县西部），至琅槐县（广饶县丁庄镇）东北入于海，这段河道与现在的小清河流路差不多。从战国时期的海岸线看，济水入海处当在现东营区六户镇与广饶县丁庄镇之间。

（三）从地理环境上看，渠展在"马常坑"周边地区。战国时代，人类征服自然的能力还很低下，地理环境对社会生产影响最大，因此渠展所在，淡水与燃料不可或缺。打开谭其骧主编的《中国历史地图集》，可以清楚地看到，自西周以后，今利津城东南到今东营区史口镇之间有一个"U"形的自然海湾，底部在今滨州市滨城区小营镇一带。流经大伾山南的漯水浩浩西来，自海湾底部缓缓注入。这个海湾俗称"海袖子"，也叫"长河口"，《水经注》称它为"马常坑"。

《水经注》卷五"河水"篇中，对于马常坑一带有细致的描述："伏琛曰：千乘城在齐城西北百五十里，隔会水，即漯水之别名也。又东北为马常坑，

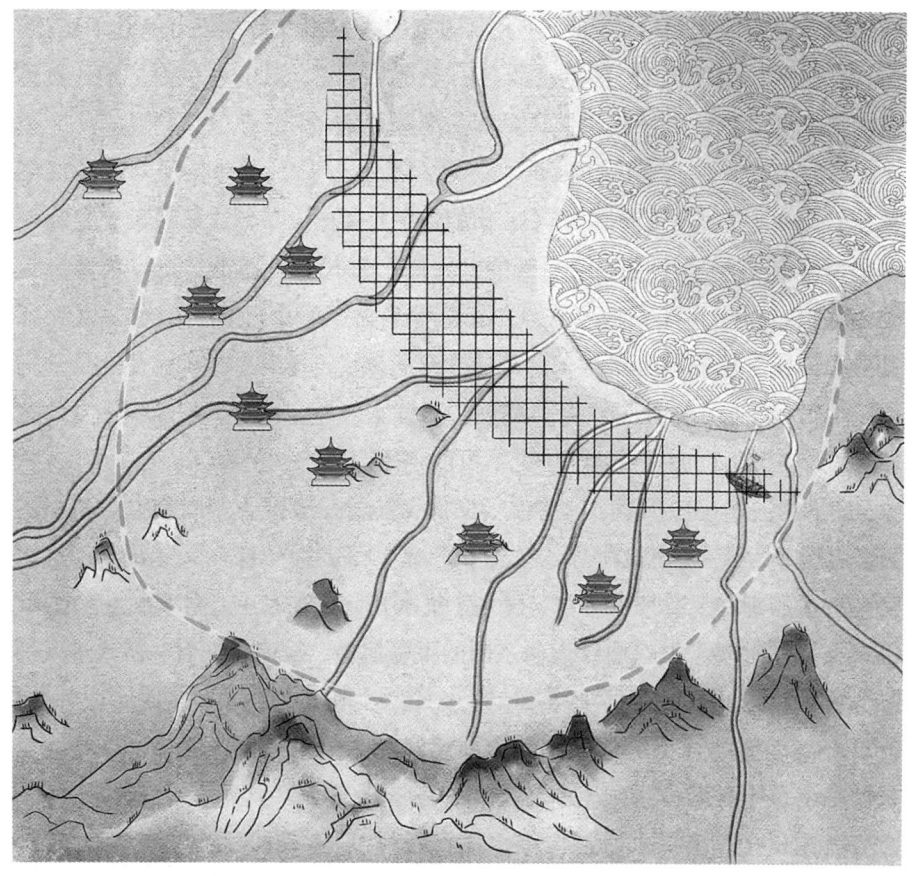

莱州湾地区出土盔形器分布示意图

坑东西八十里,南北三十里,乱河枝流而入于海。河海之饶,兹焉为最。"从以上描述来看,漯水尾闾一带河流交错,沟岔纵横,最终汇入马常坑,与渤海相通。从地图上辨析,当时济、漯二水相距只有二三十里,在今东营区六户镇南北两端并行入海。可以想见,济漯近海处水泊相连、葭蒲绵延,是无与伦比的煮盐宝地。

(四)《山东通志》等志书记载,渠展在利津滨海。历经三十年修成的《山东通志》,对研究山东地方史有重要参考价值。这部皇皇巨著在"利津"条下载:渠展"在县北滨海境,古置盐官所也。《管子》:'齐有渠展之盐,此阴王之国也。'注云:'渠展,齐地,沛水所流入海之处,可煮盐之所也。'"并且将《元和郡县图志》有关"斗口淀"的记载也收录此条中:"海畔有一沙阜,高一丈,周回二里,俗人呼为斗口淀,是济水入海之处,海潮与济相触,故名。今淀上有甘井可食,海潮虽大,淀终不灭,百姓于其下煮盐。"还附有如下说明:"按之邑志,今县北七十里,丰国镇盐场是也。"

丰国盐场坐落在现今利津县汀河村一带。济水上游湮塞之后,下游入海处由漯水承接,在文人笔下仍被称为"济水",因此《寰宇记》说这里"是济水入海之处"。关于渠展的位置,康熙年间修撰的《利津县新志》记载更为明确:"渠展在县北滨海,古置盐所。""盐所"即齐国设置的掌管盐业生产的机构。管仲相齐创行了多项治国之策,其中"官山海"之策使齐国迅速富强,"设盐官煮盐"是官山海的重要内容,后来的秦汉两朝也继续采用这项政策。当然,大凡设盐官的地方,都是盛产食盐的主要区域。战国后期济漯二水在入海处分合无定,迁徙靡常,盐民逐水而居,煮盐之所也会因之改变。所以有理由相信,这一时期渠展之盐的主产地已处在利津"县北滨海"。

还有一个文化现象引人注意:明清两朝利津诗人对渠展多有吟咏,其中李华的《渠展怀古》诗与张铨的竹枝词《渠展盐池》很有影响。李华在乾隆朝曾任京山县令,是著名金石家李佐贤的祖父,他辞官归里后自东津乘舟至黄芦台,顺流而下铁门关,眺望平地起冰山的丰国盐场,诗兴大发,写下了这首五言诗:"济水赴海流,急如离弦矢。强哉齐桓公,富国从此始。我来引领望,雾色沧溟里。一登黄芦台,一想齐管子。管子不复见,渠展犹在耳。忆昔图伯时,烟火几千里。府海饶鱼盐,美利谁与比……"有趣的是,利津县在明清时期曾设立"渠展书院",并在《山东通志》记载的书

渔 盐 篇   049

院中榜上有名。

（五）半个世纪以来，莱州湾西岸发现了若干处盐业遗址。这些遗址的发现意义重大，它表明了遗址所在地及其附近地区的煮盐业，早在西周与春秋战国时期就已经有了较大发展。南望参古窑群遗址是在一九七五年开挖褚官河时发现的，位于利津县明集乡南望参村西南。遗址南北长一千五百米，东西宽一千米，面积约一百五十万平方米。地表四米以下分布着五座窑炉，其中有两座较为完整。出土器物系泥沙质红灰陶，有盔形器、瓮棺、豆盘、陶罐等。经鉴定，该遗址为东周战国时期古窑群遗址。两年后，北辛村（当时属广饶县六户人民公社）前的地台周围发现了大批盔形器碎片。专家考证，北辛遗址亦属春秋战国遗存（故老相传，古时候北辛村地台前有一条西南、东北走向的潆水，是一条运盐河，临河处还有一座盐码头）。

二〇〇二年八月，北京大学考古文博学院、环境学院和山东省文物考古研究所对莱州湾及胶东半岛进行了一次盐业考古调查，探访了鲁北沿海与制盐有关的遗址。这次考察重点是这一区域内常见的一种陶质盔形器，他们发现盔形器的分布基本环绕莱州湾地区，高密度分布区仅限于滨海一线，大致以莱州湾为圆心，沿无棣—沾化—滨州—利津—博兴—广饶—寿光—潍县—昌邑—胶莱河距海岸线十五至二十公里构成一面向海湾的弧。笔者以为，他们绘制的这张莱州湾地区出土盔形器遗址及盔形器分布示意图，恰好标出了齐国渠展之地的大致范围。

近年发现的南河崖遗址，引起考古界高度重视。南河崖遗址位于东营市广北农场一分场南河崖村周围，在北辛遗址附近，东距渤海二十二公里，遗址群南侧有一道古贝壳堤，小清河（古济水流路）从遗址群南部穿过，《管子·房注》关于渠展在"沛水入海之处"的记载，得到了有力佐证。

综合考虑以上几点，尤其通过对徒骇河、明集、利津城、史口、辛店、小清河一线古代盐业遗址的了解，可以得出这样的结论：渠展应指齐国北部的马常坑周边地区，中点在"沛水入海之处"，后随济潆水道变迁而逐渐北移至利津"县北滨海"。

二、"渠展之盐"的生产进程

历史上对盐的发现，始自天然盐，而最早学会制盐的是传说中的夙沙氏。相传远古时代居住在山东沿海的一个部落，在长期的渔猎生活中首创"煮海为盐"，这个部落的首领就是夙沙氏。无论有没有夙沙氏，以及他的部落在丘陵或是在海滩，这些并不重要，重要的是这个传说显示出远古先民具有了煮盐的智慧。实际上"煮海为盐"应该是生活在海边的古代先民经过长期摸索的实践创举，从渠展之盐的生产进程看，也能得出同样的结论。

渠展之盐天然生成。渠展一带自然盐的发现和利用，也应该是在洪荒时代。古人对盐的需求，与动物对盐水的舐饮一样，是出自生理本能，古代流传下来的"白鹿饮泉""牛舐地出盐""群猴舔地"的记载，都说明了这一点。后人推测，古代宿沙部落已经懂得制卤之法，得浓卤之后再煎煮成盐。

渠展一带的海盐，是滞存在浅滩的海水经过风吹日晒而自然结晶生成。生活在海边的古代先民自然能够发现并食用这种天然海盐。随着人口繁衍，这一带海滨滩涂里自然生成的食盐被消耗殆尽，于是人们才逐渐学会了从海水和卤水中熬盐。

夏商时期开始用陶罐煮盐。夏商时期人口增长，用盐量大幅攀升，此时渠展之地的人们用火已经非常熟练，也懂得了用泥土制作器皿，并且能从有无"水皮"与颜色上来识别滞存在浅滩的海水卤度，经常把卤度高的海水装入泥罐捧回住地使用。装入海水后泥罐会再度变软，必须放在火旁烘烤。在烘烤的过程中，土坯被烧制成陶器，而自然盐水则被煮成盐块。正是在上述生产过程中，制陶技术与制盐技术同时出现。为了节约燃料、缩短煮盐时间，人们将烘烤泥罐连带煮盐这一过程分割，发展到先用窑烧制陶器，再用烧制好的陶器来煮盐。在鲁北东部沿海地区先后发现的南望参等古窑群遗址也证明了这个生产进程。近年来有学者从卜辞考证，商王武丁有先赴"海"而后赴"卤"的特殊行程，并且巡视过渠展之盐。这位学者说："'海'读为'海次'，'海'当小臣艅铭之'海湄'及《尔雅·释地》之'海隅'，'次'则即临时驻扎之地，其地显即《管子》所谓渠展之盐之所在。今于此地发现大范围商周时期的制盐遗址，知为其时海盐生产的重要基地，故商

场灶煮盐图

王将兵先巡东海之盐。"

西周时期渠展之盐淋煎而成。在漫长的岁月里，生活在渠展之地的古人逐渐懂得了制卤方法，并且掌握了得浓卤之后再煎煮成盐的工艺。当时用于制卤的就是滩涂上的泥沙，在泥沙上浇上海水，在日光下暴晒蒸凝。如此反复，待卤质充分吸收，便将泥沙收入池中，再以海水浇灌，淋出浓卤。最后将浓卤倾入盔形器中，用柴火煎熬成盐，这便是古代所说的"煮海为盐"。南河崖遗址展现的煮盐技术，比上述方法还要先进，这次发掘发现了大量的西周时期煮盐遗迹和煮盐器具盔形器，这些遗存能够组成一个完整的煮盐技术流程，这个流程与两千年后宋应星在《天工开物》中记载的淋煎法大致相符。

战国时期渠展之盐的生产方式没有显著变化，从各种资料分析，制盐过程大体如下：盐工一般先在黏土层上挖出一深一浅两个联通的坑，然后在浅坑底部与深坑联通的孔上面铺几层细密的稻草或芦苇，再将其压实作为过滤网，网上撒一层草木灰，把卤水泼到草木灰上，等结出盐花，把盐花刮起，放入黏土坑，浇上卤水，得到更高浓度的卤水，然后以罐盛卤置于盐灶，最后煎卤成盐并破罐取出盐饼。

《管子·地数》中"君伐菹薪，煮沸水为盐，正而积之三万钟"这句话分量很重，它实际上是渠展之盐生产情况的最简洁的概括，至少有这么三层意思：一是"君伐菹薪"说明制盐还处于砍伐干枯的柴草用以煮盐的阶段；二是"煮沸水为盐"的"沸水"不是指"地下的卤水"，这句话应该理解为"在沸水旁边煮盐"；三是"正而积之三万钟"是管仲对齐国海盐年产量的估算数，这个年产量不算很高。齐国的一钟等于六百四十升，换算成现在的重量单位，三万钟大约等于四万吨，是清中期利津永阜盐场年产量（320斤×50万包=8万吨）的半数。

三、"渠展之盐"的生产优势

广袤的沿海滩涂，富饶的卤水资源，四季分明的气候，充足的燃料，丰沛的淡水，便利的水运条件，是渠展之盐赖以发展的雄厚基础。由此应该意识到，如果说"煮海为盐"是先民们经过长期实践的创举，那么这种创举不会在坡陡水深的半岛岩石海岸最早产生，而应该在广阔平坦的海湾泥质滩涂上率先完成。

第一，齐国北部淤泥质海岸地势平坦。海滨有大片低地泥滩，蓄水条件好，不易使卤水下渗，这里天气多晴，日照充足，是煮海为盐极为有利的场所。尤其马常坑这个自然海湾的周边，有绵延二百里的滩涂，潮涨潮落，渗卤日久，掘坑即涌，沙滩板结，风吹是盐，具有良好的产盐条件；身处海边却远离惊涛骇浪，进湾捕鱼竟风平浪静，也是盐民难得之生存佳境，渠展之盐因势而兴。在《管子·轻重丁》中，齐国大夫隰朋曾"报告"过这一地区的具体情形："北方之萌者，衍处负海，煮沸为盐，梁济取鱼之萌也，薪食。"对照隰朋的这份"报告"，我们是不是可以这样去想象——古老的渠展之地，东倚渤海，滩涂袤广。在地势平坦的"海袖子"周边，有茂密茁壮的柽柳林，在莺飞鱼跃的河海交汇处，是铺天盖地的芦苇荡，这一切都是"煮沸为盐"的优越条件。

第二，春秋时期齐国北部的沿海地带，卤水储量巨大。这一带地下卤水含盐浓度之高，也是全国仅有的，即使今天的山东莱州湾西岸，仍存有大量地下卤水。今年二月鲁北地质工程勘察院提交了《山东省地下卤水资源综合调查评价报告》，从中可以看到，山东省地下卤水矿床主要分布在黄河三角洲平原区等地，呈条带状沿海岸带分布。东营市海岸线北起套尔河口，南至淄脉沟口，全长三百五十多公里，沿海浅层卤水储量两亿多立方米，深层盐矿、卤水资源主要分布在东营凹陷地带，推算储量达一千多亿吨。卤水就是渗漏到地下的浓缩海水，是古人煮海为盐的唯一原料。许多盐业遗存表明，古代卤水在渤海西南岸埋藏较浅，甚至可以挖沟引卤。

第三，齐国的淄济运河，使渠展之盐运销畅通。西周初期，齐国就在沿海发展盐业，及至春秋时期，齐国的渠展之盐已蜚声四海，远销梁、赵、宋、卫等诸侯国。桓公时管仲凭借滨海的地理优势，"兴渔盐之利""通舟楫之便"，通过解决盐的生产、运输和销售，促进了食盐和商业的发展，最终使齐发展为国富民强的东方泱泱大国。至关重要的是，为了发展与中原地区的水运交通，使渠展之盐运销畅通无阻，齐国利用临淄城下的淄水与济水邻近的有利的地理条件，在淄、济之间开了一条运河。这条运河由临淄附近开渠北上，借时水运道至博昌（今博兴东南），再引渠入济。《史记·河渠书》所说，"于齐，则通菑、济之间。"就是指的这条运河。

淄、济二水沟通以后，齐国的船只由淄入济，由济入漯，很便捷地把马常坑周边堆砌如山的海盐直接运往中原各地。齐国淄济运河的开凿，使渠展之盐更加兴盛。正因为具备了上述生产要素，渠展之盐才能够产销两旺，为齐国强盛发挥了重大作用，对社会发展也产生了深远影响。

2010年9月17日定稿，见同日"微波龙鳞"新浪博客

宋、金、元产盐之地

高家港及宁海镇

宋、金、元时期，经历了朝代更迭中的无数次惨烈战争，本地盐业生产却是渐趋兴旺的势头。今广饶、利津两县在北宋时期分属京东东路青州与河北东路滨州，地处沿海，大致以济水（北清河）为界。青、滨二州盐业具有良好的传统和优越的生产条件，向来为执政者所重视。当时朝廷施行民制官卖的榷盐制度，盐税因地制宜。尽管大部分盐利都被官方获取，但是煎盐之利优于农耕，因此海滨之民大都放弃农耕而专事煎盐。而官方开发盐业力度也随之加强，不断在海滨开辟新的盐场，青州高家港盐场由此兴盛，滨州宁海镇也应运而生。

北宋时期消除了经商的地域限制，活跃了流通领域，而盐业通商使得原产于青、滨二州海滨的食盐有效地运销于内陆，不仅保证了内陆居民的生活需求，还起到了平抑盐价甚至降低盐价的作用。《宋会要辑稿》记载了青州"高家港盐"的运销情况：元丰四年（1081），"京东路转运司言，商贩青州高家港盐到齐州等处减价赊卖，至本司卖河北盐不行"，"酌中立数，每岁认卖高家港盐二万席运至齐州界"。这说明盐业通商已把"官鬻"边缘化，所以官方不得不动用行政权力限制通商的规模。从上述记载也可以了解到，北宋时期青州高家港盐的生产和销售均保持了良好状态，在青州沿海经济中占有举足轻重的位置。

皇祐五年（1053）三月，山东千乘（今广饶）、寿光一带狂风大作，海水暴涨，盐场被淹毁，盐民数百家受灾，死亡人口接近半数。这场灾难惊动朝廷，派宝元进士李子仪前往赈灾，他把赈灾的感受写成长诗《承命赈千乘寿光被溺》寄给同年黄庶。黄庶是大书法家黄庭坚的父亲，当时任青州通判，就此写下了一首题为《和李子仪〈承命赈千乘寿光被溺〉》的七言长诗，诗中写道："盐民没利家海隅，奔走末业田园芜。天意似遣阳侯驱，卷水沃杀煎海炉。"这首诗不仅描述了盐民遭受海潮侵袭的惨景，同时还显现出千乘、寿光两县的海滨居民基本上都放弃了农耕生产，而专致于盐业煎制的情形。

从地理位置上看，高家港盐场就在这次风暴潮的中心地带。今广饶县高港村即当年高家港所在地，位于小清河南岸，东与寿光比邻，北与南河崖商周制盐遗址隔河相望，距离只有数千米。这里原有一个庙古村，据考证是唐朝高姓立村，因系古运粮河停泊船只、卸载货物之处，因此后来称高家港。当地"先有高家港，后有乐安城"的民谚，可能与高家港曾为汉代广饶故城有关。

这一时期滨州有招安、渤海两县。渤海县有宁海镇，从相关图籍得知，宁海镇始自北宋。尽管宁海以近代黄河三角洲的顶点而闻名，但是明之前宁海镇史料阙如，仅以盐场著称。清康熙年《利津县新志》记叙也是寥寥几句："宁海镇，在县东北三十里，内有宁海场盐课司，一、六日集场。"关于滨州的盐业生产，《宋史》载："其在河北曰滨州场，一岁鬻二万一千余石，以给本州及棣、祁州杂支，并京东之青、淄、齐州……后滨州分四务。"上述记载虽简略，但联系到宁海镇因盐而兴的史实，可以看出本地盐产量不断增长，供应区域也逐渐扩大。

北宋时期本地开始采用"石莲试卤"和"皂角凝结"工艺，海盐生产有了很大进步。石莲即沉于池底泥中的老莲子，在煎煮卤水前用它来试卤水的比重，会很容易测出卤水的浓淡；皂角是豆科植物皂荚的种子，其豆粉放入水中可产生大量泡沫，因而会吸附食盐小晶粒，使它们凝聚起来。"凡煎卤未即凝结，将皂角椎碎，和粟米糠二味，卤沸之际，投入其中搅和，盐即顷刻结成，盖皂角结盐，犹石膏之结豆腐也。"当时煮盐器具有两类，一种用生铁铸造，一种是用竹篾编成，后者虽易烧坏，但可就地取材，成本低廉。

官灶城与乐安盐运司

金代对北方海盐生产普遍实行官营,并且在一些重要盐场直接设官管理,致使青、滨二州沿海镇数急剧增加。金朝只占有淮河以北的海岸线,其食盐和盐课只能取自北方盐场,因此金王朝倍加关注沿海盐业。金朝迁都汴京(今河南开封)后,立即在山东北部沿海设置了益都、滨州两盐司。这一时期本地盐业开发进展最快,青、滨二州沿海从四镇(马家庄镇、宁海镇、新镇、博昌镇)骤然增加到十四镇:益都府乐安县新增高家港、清河、王家三镇,滨州渤海县新增丰国、滨海、蒲台、安平四镇,招安县新增永丰、永阜、永科三镇。新增十镇地处海滨斥卤之地,且大都以盐场之名命名,可见与盐业生产密不可分。

盐税在国家财政收入中具有举足轻重的地位,历朝历代都采取严刑峻法打击食盐走私,目的是想借此聚敛搜刮更多的资财,满足其财政的需求。金朝对盐税的依赖性极大,甚至到了"国家经费惟赖盐课"的地步。为保证国家财政收入,朝廷采取更加严厉的措施打击走私、贩卖私盐活动。金世宗大定三年(1163)二月,"定军私煮盐及盗官盐之法,命猛安谋克巡捕",章宗年间,又"命山东、宝坻、沧州三盐司,每春秋遣使督按察司及州县巡察私盐"。针对普通灶户盗卖课盐的情况,泰和七年(1207)十二月,"定制灶户盗卖课盐法,若应纳盐课外有余,则尽以申官,若留者减盗一等",针对普遍的民户煮卤为盐的情况,规定"若刮碱土煎食之,采黄穗草烧灰淋卤,及以醇粥为酒者,杖八十"。

官灶城是金初设立的一处督收盐课、缉查私盐的官营盐课城垣,地处丰国场西北十数里处。《大清一统志》与《山东通志》对此都有相关记载。《读史方舆纪要》对"官灶城"的记载是:"在县南(应为北),旧为煮盐之所。金时尝屯兵于此,因置城戍守。今遗址犹存。"官灶城筑于利津、沾化建县之前,且在两县交界之处,所以两县旧志对其均有内容基本相同的记叙。清光绪年《利津县志》记载:"利津县北七十里,旧时有煮盐之所,昔尝屯兵于此,因置城戍守。城垣延袤三十余里,遗址台阶、门垣宛然。城中有棘刺,刺皆向上,名曰'顺王棘'。台上古井七十二,惟有一井味甘冽,土间有一铁柜微露，掘之即隐，少顷复见"，"汀河西北之流沟庄尚存古灶形，古则煮盐，厥后灶改为滩，煮易为晒，而灶为空名矣"。

除方志记载以外，明清时期还有诗文吟咏官灶城，足以证明官灶城影响深远。明隆庆年间，河南杞县人贾光大任利津知县，写下了《均田至官灶城有感》：

> 古城谁筑在荒陬，遗址犹存动客愁。
> 草色连天迷望眼，潮头喷雪籤渔舟。
> 乍经茅屋人民少，惯见沙洲狐兔游。
> 空有盐花堆似玉，年年辛苦几时休。

金朝盐业实行民制官卖的榷盐制度，盐利由朝廷垄断，为此层层设立机构，严密监管盐务。山东设有盐使司，在盐使司之下，又设置分司和一些较小的盐司，其中就有乐安盐使司。生于金明昌元年（1190）、被尊为"北方文雄"的元好问在一篇碑铭中记载康德璋曾于明昌五年（1194）"稽迁乐安盐使司管勾"，从而证明域内曾有乐安盐使司的设置；一九七四年陕西临潼出土的金代银铤，也能见证滨州盐司、乐安盐司的设置情况。

青、滨二州沿海镇数量的增加、利津官灶城屯兵及乐安盐使司的设置，除表明本地属盐业重地外，还说明此地人口增加，贸易发达。明昌五年（1194），全国七盐司上缴盐课为一千零七十七万余贯，其中山东盐司所缴高达四百三十三万余贯。从中可以看出，拥有"滨、益九场之盐"的山东盐司所缴占全国盐课总收入的百分之四十以上，利润最为丰厚，位居北方盐产业之首。

进入元代后，黄河东下淮北而入海，原黄河三角洲一带陆岸不再向外淤扩，官灶城周边的七个盐场（沾化界内有永利、丰民、富国、利国，利津界内有永阜、丰国、宁海）长期保持固定区域，能够持续开发建设。乐安盐使司驻地的王家冈、新镇、高家港三场，地处乐安县东北部海滨，沟渠纵横，交通便利，也得到了深度开发。

2011年10月22日初稿，见同日"微波龙鳞"新浪博客

名冠山东的永阜大盐场

永阜盐场原在渤海西南岸漯水之畔，始于隋唐，开启于北宋时期，盛于金、元、明、清四代，前后六百多年。永阜盐场凝聚着先民的坚韧与悲壮，创造出源源不断的财富，经历过数代王朝的兴衰更替，印证了历史的发展轨迹，给后人留下许多借鉴和启迪。

近海煮盐源于往古，战国时期，利津属齐国沿海之地，斯时海岸线北起秦口河沿望参门一线，南到淄脉沟口。滨海滩涂袤广，水积浅坑，日晒为卤，风吹是盐。随着岁月流逝，人们觉得靠天晒成盐毕竟太慢太少，于是挖灶架镬煮之，"烟火三百里，灶煮满天星"，他们日晒火烧，煮海成雪，成为管仲相齐图霸渠展之地中点，于此建一城池禁垣曰官灶城，为沿海港口，亦为海防重地。

秦汉时利津为千乘郡漯沃县地，北有黄河，南有济水，漯水在这里入海，是煎波煮海之乡。新莽始建国三年，河决魏郡，水无定槽，泛滥于平原、千乘之间。东汉永平十二年（69）王景治河，商度地势，筑堤自荥阳东至千乘海口千余里，九河尽灭，独用漯水入海，自王景治河功成至唐景福二年（893），流路八百多年不变。就在这一时期，黄河挟裹着甘陕高原与西夏河套的沃土，向渤海湾纵深填充，年复一年制造着退海陆地，淤积出秦口河与淄脉沟区间近百里的一大片陆地，灶户逐水草而栖，煮盐之所随之向东部近海推移。

渤海西南岸潮涨潮落沙滩板结，渗卤日久掘坑即涌。隋唐时期利津为蒲台县沿海之地，有著名的斗口淀煮盐之所。写于唐宪宗元和年间的《元和郡县图志》卷十七记载：河北道棣州蒲台县"海畔有一沙阜，高一丈，周回二里，俗人呼为斗口淀，是济水入海之处，海潮与济相触，故名。今淀上有甘井可食，海潮虽大，淀终不灭，百姓于其下煮盐。"斗口淀后为利津八景之"古井甘泉"，旧志记载："去县东北七十里，在官灶城西南隅，诸水皆咸，独此水味甘，绠者便之。"

北宋时天下盐利皆归县官，官鬻、通商随州郡所宜，听民贸易，官收其算，煎盐之利优于农耕，故海滨之民大都放弃农耕专事煎盐。许多沿海居民聚涌至海滨地带，谋求制盐生路。

招安县永阜盐场应运而生，附近之丰国、宁海也成为煎盐之所。《征榷考》记载，滨州各盐场"岁煮盐二万一千余石，以给本州及棣、祁州杂支，并京东之青、淄、齐州"，永阜、丰国、宁海三盐场产盐不少于八千石，后来盐产又有增长，供给区域也逐渐扩大。

金明昌三年（1192）利津置县，属山东东路滨州刺史郡，原招安县之永阜、渤海县之丰国、宁海三镇划归利津县所辖，三镇皆为盐场，各镇置巡检司，催收盐课，查验盐引。这三个盐场初始岁缴盐课六十万贯，至章宗承安三年（1198）上交盐课达一百万贯，占全省四分之一，盐产之盛可以想见。永阜盐场在大清河两岸，航运便利，规模日渐扩大。

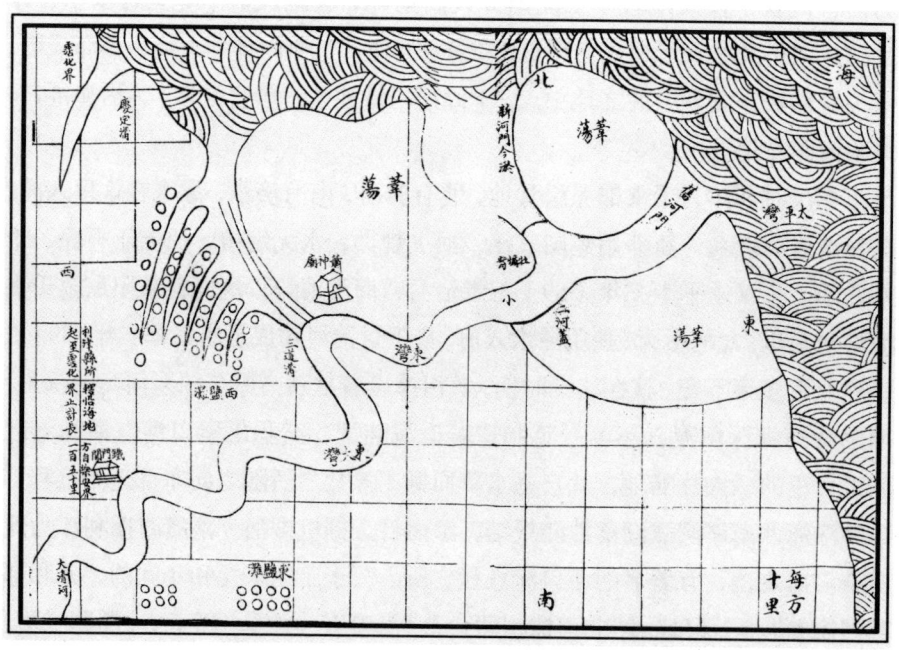

光绪年间利津县海图

元代起于漠北，政事简易，只知一味地敛财，他们把盐业牢控手中，灶户拨调、工银付与以及产量定额等规章制定详备，海盐管理衙门屡次更名，利津三大盐场先后有课税所、盐运司、转运司、都转运司等官署名号管辖，盐场之民在户籍上自成一类，称为灶户。蒙古人入主山东之后，在永阜等盐场搞"团煎制"，场下设团，不准单户煎盐，而是由官府发给煮盐盘铁，每户一角，煮盐时，各灶户运卤入团，并将所携盘铁一角聚集拼合为整块铁盘，然后按次序轮流煎盐。办课纳盐有细则，以千字文为号，如法编垛，灶户纳盐按号归垛。其时永阜、宁海、丰国三镇灶户达六百户，每户额盐为三万斤，须得如数上缴。元代后期官盐价贵，私盐愈多，官卖食盐，强配民食，不分贫富，一律散引收课，民众终岁之粮，不足偿一引之价，以致危机四伏——元代之亡，实亡于盐政紊乱也。

明代制盐由户部掌管，利津各盐场属山东都转运盐使司滨乐分司统辖，有灶丁两千多人。明初到处是战争废墟，人口锐减、田畴荒芜，百业凋敝，朝廷制定多项法规，亟欲恢复属国课大宗的盐业。官府把岁办盐课定额于灶，拨给灶丁一块草场，供其樵采，用作煎盐的燃料，并免其杂泛差役。洪武四年（1371）制定开中则例，依里程远近，一至五石粮食可向官府换取一小引盐引，盐引又称"盐钞"，是取盐凭证，小引二百斤，大引四百斤，比例随米价变动。灶丁每煎盐一引，给米一石，或给布帛充值。历代细盐峻法，明初更甚，洪武十七年（1384）改发工本钞，每引盐给钞二贯，灶丁缴足规定的盐课之后，余盐不得自行处置，全部由官府给价征收，如将余盐夹带出场或私自煎盐出卖，一律处以绞刑。只是米重盐轻，盐商无利可图，而柴草日缺，成本昂贵，加之赋役繁重，灶户盐丁生计异常艰难。即使如此，永阜等盐场亦有拓展。

海盐改煎为晒之后，利津各盐场规模迅速扩大，盐产成倍增加。几千年来这里一直传承煮盐与煎盐方式，煮盐与煎盐是两种不同的制盐方法，往古煮盐，用陶质盔形器加热海水，一边烧火一边添海水，最终剩盐为止；煎盐则指提取柴灰或碱土中的卤水，用浅而阔的铁盘或竹盘熬干以取盐，后改为铁锅煎盐。煎盐之法自唐朝始用之最久，时有更新，至明初一天一夜可煎六盘，每盘一百斤。

明世宗间始有滩晒之法，晒盐较煎盐而言，生产工序简化，成本降低，产量大省工时,是海盐生产之重大变革。晒盐离不开滩池,滩池有内滩、井滩之别,开沟纳潮,谓之内滩,掘井汲卤,谓之井滩。而一副滩则是五圈四池二亩成规。开滩晒盐法由福建人传入海丰盐场,很快就传及附近的利津各盐场。万历四十五年(1617),废开中法,立"纲法",实行民制、商收、商运、商销,沿用八百五十年之久的榷盐制至此被商专卖制所取代。两相比较,前者利归于国,后者利归于商,而于灶户则无利可言。好在开滩晒盐省却了刮泥汲海、烧灼熏蒸之苦,利津盐民进入了一个新的劳作环境。

延至清初,大清河东岸开滩近二百副,以粒大味厚、坚固洁白列为东纲之盐中的上品,每年供孔府"钘盐"四十包,以作祭祀专用。康熙十六年(1677),山东十九场裁并为十二场,利津三大盐场合并,统称永阜盐场,设永阜场盐大使,盐大使衙门驻辛庄。雍正七年(1729)又并为八场,以盐运司领之,山东盐场称为"东纲",统归直隶长芦盐院道管辖。乾隆间利津灶地达四百三十三顷六十一亩五分,盐滩已有三百副之多。

此后一百八十年,利津永阜盐场为山东八大盐场之冠,他处积盐滞销,这里航运通畅,停泊铁门关码头的盐船以百千艘计,河岸码头上装卸货物的号子声不绝于耳。大清河中的盐船,一年要装载五十多万包食盐,运往鲁西、豫东、皖北、苏北的六十六州县,或三四船,或四五船,双结续编,不绝数十里,相随而行,发自铁门关的运盐船队,远抵千里之外的淮南等地。

黄河夺大清河入海之前,永阜盐场坐落在大清河两岸,南起麻湾,北至徒骇,西依滨州,东临渤海,长宽等距,方圆一百三十里,有内滩二百四十八副,井滩一百九十八副,南部多井滩,北部近海是内滩。盐场沟渠纵横,卤汪星列,盐池棋布,滩地袤广,一望无际,到处是白皑皑的盐堆,像连绵起伏的冰山一样。成方连片的滩池中结满了盐花,晶莹剔透,如粉妆玉琢,亮晶晶光闪闪,若霜凌雪团、琼瑶脂玉,滩汉们把盐堆积起来,盐滩里如同长出了一座座白色的小山,穿行其间,让人精神振奋。这一座座雪山,以车装船载,可以使马驱骡,更有肩挑与背驮,顺着一条条盐路,从盐场滩池运至码头,再蜿蜒伸向远方,运往炊烟飘起的每一个角落。利津境内"车如雷舟如矢,水陆运输终复始",一派繁荣景象。

咸丰四年(1854),海潮把永阜盐场大部分滩池冲毁,当年仅剩滩池一百六十副,未及恢复,第二年黄河夺大清河入海,河东大片盐滩渐次毁坏，永阜盐场虽然规模缩小，河西盐滩却大都完好，而河道依然畅通无阻，盐价由此成倍上涨，尽管赋税厘金增加了许多，河西滩户照样有金银入柜，盐窝镇的码头上，店铺陡增，货栈林立，好像比过去还繁华了许多。光绪二十二年（1896）都察院御史王会英在《弹劾山东巡抚李秉衡刚愎自用折》中写道："山东八场惟永阜为最大，亦惟永阜产盐为最多，从前每岁额春率皆不下三四十万，实为国课大宗。"

光绪九年（1883），碱废灶地二百七十五顷三十六亩，所余灶地不足一百六十顷矣。光绪十五年（1889）韩家垣、南北岭子相继决口，河东盐池全被淹没。至光绪三十年（1904）黄河在薄家庄决口未堵，改道西北漫入徒骇河由老鸹嘴入海，永阜盐场滩池全部淹没无存，永阜场盐大使即于次年归并寿光之王官场。有志曰："铁门关商港之富，永阜场盐池之美，今亦荡于洪荒矣。"

2009 年 5 月 12 日定稿，见"微波龙鳞"新浪博客

海盐运销的黄金水道

自古海盐运输以水运为主,水路通畅则盐产兴旺。南宋降及明、清,山东盐业运输主要有四条路线,西部有京杭大运河,东部是海路一线,中有大小清河贯通。而大小清河在今东营市域内并行入海,一直是本地海盐外运的重要通道。

山东境内大小河流有数百条之多,但是能用以航运的却为数寥寥。元初,山东境内的会通河成为大运河的重要河段。经过明代改造、整修后,会通河南至济宁通泗水,北至临清接卫河,将微山、昭阳、独山、安山、东平诸湖连缀在一起,宛如一条镶嵌着无数珍珠的玉带穿鲁西平原而过,全长八百余里,航运功能大为提高。直到清后期,山东运河作为南北交通的大动脉,一直发挥着其他河道无法取代的巨大作用。

大清河由西向东北斜穿鲁北平原,为山东西部与渤海湾的通道;小清河发源于济南之趵突泉,是一条贯穿山东东西部的便利水路。尽管因水源不足,大小清河时常涸浅,但是到夏秋汛季则通航无阻。明正统十三年(1448)寿光进士刘珝在他的《修大清、小清二水纪略》中说:

> 惟青、济之区,有河曰大清,曰小清。小清之源出于历城之趵突泉中,汇渑、漯、孝妇诸泉,东北抵乐安高家港,达于海。大清,则济水源也,自东阿之张秋,东北抵利津富(丰)国盐场,达于海。往来舟楫浮于二河,盐商遍于齐鲁,诸道水利鲜与为俪。

山东境内凡是通向盐场的河道,在明清时期都得到开发利用,极大地方便了盐产品的外运。明沿元制，山东都转运盐使司下设胶莱、滨乐两个分司，管理全省的十九个盐场，而这十九个盐场的盐运，几乎全由大小清河承担。万历间任山东盐运使的甘一骥，在他的《盐河议》中称山东盐河分为东、北两大支，鲁北沿海的三河口（小清河、大清河、徒骇河）地区，分布着隶属滨乐分司的十二个盐场，分别是王家冈、官台、固堤、高家港、新镇、宁海、丰国、永阜、利国、利民、富国、永利。其中沾化海滨与利津境内七个盐场均属"北一支"，所有的盐引皆由大清河运至大运河后行销各地。而小清河为"东一支"，不仅承载乐安县东北部三个盐场与寿光海滨两个盐场的盐运，还承担了胶莱分司各盐场的运输任务："登莱等府，寿光、日照等县，各有支河入海，此盐河南一支属乐安批验所而通海沧、高家港十一场之盐利者也。"

盐场兴衰与河流息息相关，大清河入海流路的变迁也是很好的例证。早在唐朝天宝年间，黄河决口，自历城（今济南市历城区）挟汶水、荷水沿漯水故道入海称"清河"，至北宋更名为"北清河"。北清河入海处即今东营区六户镇一带，迄至金、元，这里就出现了王家冈、新镇两大盐场。北宋熙宁十年（1077），黄河再次决口，挟北清河之水，舍北清河河道，在历城以北的遥墙镇北上，走漯水故道，自济阳过蒲台后，进黄河故道，再经永利镇（今利津县城）东北行，最后在丰国镇（今利津县汀罗镇）入海。北清河入海口的这次北移，又为丰国、永阜等盐场的兴盛提供了契机。为有别于小清河，北清河从金代起被称为大清河。

金初刘豫导洛水东流，小清河成为以历下岱阴诸泉及章丘南山诸水为源的一道人工河流，集漕运、排水、灌溉于一体，地位十分重要。小清河的开通，为当时开通了一条海盐直通济南及其以西地区的运河，尤其使济南以东、淄河以西，泰鲁山脉以北、黄河以南的这大片平原有了一条横贯东西的河流，极大地便利了这一地区物资特别是海盐的运输。

小清河作为山东盐运通道，自金元及明有三百多年的历史。明中叶之后，由于泛滥决溢不断，致使"东一支"盐运不畅。成化九年（1473），山东布政司参政唐瀼对小清河进行了全线治理。这次治理全程疏浚了刘豫时期的故道，沿途又设置了多处闸所，并开凿了支脉沟，雨季水大就开闸放水分流，遇上干旱则关闭闸门蓄水保流。成化十一年（1475），又针对小清河河道淤积、水陆转运耗时费力、雨季沿河两岸多遭淹没的问题，根据地势高低，从历城到乐安共疏浚了五百零二里，使水行故道退出了农田。随后，又在河道沿线置设了三十八处潴水闸和减水闸用以防溢、备浅，闸旁还凿开月河。自此"青船入于济，济船入于张秋，人称大便"，小清河又恢复为盐运通道，这种状态保持了六十年，后来又因淤塞而断航。延至嘉靖年间，曾先后两次对小清河进行大规模治理，这两次治理都有维护海盐运输的因素在内。

大清河是山东滨海地区盐产品外运的一条重要通道，在长达千余年的时间里基本保持着畅行趋势。进入明朝，水深岸陡的大清河，自丰国等盐场将引盐运至各行销州县，近者数百里，远者达一千五六百里，运程远、销地广、数量大，与京杭大运河交织在一起，形成了一个由若干中转枢纽逐级分流的转运网。

大清河作为黄金水道的同时，还为朝廷盐法的实施提供了便利。山东引盐行销的转运与掣验，有固定的路线和严格的程序。大清河沿途有蒲台、泺口两处批验所，负责查验三河口地区十二场盐引。明清两代盐法，以推行专商引岸制及官督商销制为主，朝廷通过这两种制度控制食盐的产、运、销诸环节，对食盐运销有一系列严格规定，并于沿途各处设置关卡稽查掣验。

山东引盐转运有固定的路线，称之"正路"。盐商必须走正路运销，如有违反，即严加制裁："若将引盐不由正路，越过批验所，而不经官掣挚，及引上未曾印盖关防者，杖九十。仍押回验所盘验，如盘有余盐，亦从私盐法论。"明清时期山东的引盐转运，全部自大清河这条正路溯流而上。各路盐商自入海口牡蛎嘴东部的永阜场购盐装船南下，至利津东关西行，进蒲台县境去蒲关。

蒲台县城北关的批验所称"蒲关"，乾隆《蒲台县志》载："关设大清河渡口，以木为栅。各商船装载引盐到关，（滨乐）分司验引数符称掣无弊，方启关放行。"之后出韦家口，过青城县，会减水河、浿河，经齐东、济阳到泺口批验所。

泺口批验所称"泺关"，驻地泺口镇，是引盐最大的转运枢纽，设有顺、流、通、达四个"盐园"，乾隆《历城县志》记载："历（下）不产盐，而城北泺口则是商贾聚集之所，凡济南、泰安、东昌、兖、沂、曹六府所食之盐自武定府利津县属之永阜场，筑包船运，皆由大清河经蒲关抵泺口，乃分运各州县，故泺亦（山）东省运盐之一大总汇也。"清代山东各州府所食之盐，基本都是从永阜场由大清河运至泺口，再从此转运各地的。这里距永阜场水路三百多里，船艘所载引盐由批验所查验秤收进盐园，堆贮候掣。每年春秋两季，山东盐运使亲临抽查核验后，分水陆两途运抵各处。除济南、泰安二府及东昌、兖州府的部分引盐在此由车辆运抵销地以外，其他大部分州县的引盐在泺口更换船只，继续溯大清河西行，直抵泰安府东阿县西八里鱼山集。鱼山集是大清河连接运河的中转码头，盐船至此卸载而返。鱼山集堆积如山的盐包很快就会消失，被运河中的船队缓缓运往各地。

2011年8月28日定稿，见"微波龙鳞"新浪博客

官督商销与红、黑扒票

明清时期的盐法被称为"纲商引岸"制度。盐商运销食盐，须先向盐运司交纳盐课，领取盐引，然后到指定的产盐区向灶户买盐，再贩往指定的行盐区销售。然而盐引并不能随便领取，商人必须以引窝为据，证明自己拥有运销食盐特权。为了得到引窝，商人又必须事先认窝，也就是交纳巨额银两取得官府授予的垄断经营权。"纲商引岸"制度使盐商基本上垄断了全国的食盐销售，因此他们可以任意压低买价，抬高卖价，获取巨额利润。除垄断经营权之外，朝廷还给盐商以很多其他优惠条件。有了这样的保证，盐商可以坐收暴利。

明朝中期，徽州的黄、江、程、汪、吴姓诸族靠业盐致富，在把持两淮盐业的同时，对于山东盐业也极力运营。山东盐产过亿，行盐范围包括山东全省以及毗邻的河南、江苏、安徽的部分地区。山东滨海盐场之盐大多由大清河运往运河沿岸各码头，分装销售。徽商中的黄、汪、吴三大姓氏就在山东运河区域从事食盐贸易。

清代山东食盐运销的主要形式是官督商销，一方面，朝廷设官对山东运司的事务实行监管。"户部职掌盐法而分其任于各省盐政。自运司、盐道以下，皆受成焉。"另一方面，山东的盐商通过成立商纲组织，在一定程度上控制了盐的产、运、销全过程。清初山东"计纲一十有四"，即：晋泽纲、同仁纲、祥仁纲、集义纲、晋兴纲、永公纲、永昌纲、洪戳纲、洪晋纲、祥顺纲、通裕纲、永兴纲、京浙纲、泰来纲。从名称来看，晋商在商纲中也占有不小的比例。

清朝初期，山东盐商大都航行在大清河中。引商将盐包装满船艘前，永

蒲关

阜场将其盐引凭证剪去一角，至蒲关称掣时又剪一角，过泺关称掣时又剪一角，运至州县销卖时再剪一角，最后这张四角皆无的盐引还要按季注销；票商持有的购销凭证是红、黑扒票，靠近大清河的十三州县（章丘、邹平、齐东、济阳、临邑、青城、陵县、新泰、德平、武定、滨州、蒲台、莱芜）使用红扒票，而红扒票不经过泺关，只在永阜场购盐、过蒲关、至州县销卖时剪去三个角（其中唯有新泰县的红扒票因过泺关而多剪一角）；行黑扒票的是远离大清河的本省四十州县，他们的盐票只剪去两个角，即在盐场装盐时剪一角，至州县销卖时剪一角。盐引与票引所剪角数不一样，为奸商蒙混过关提供了机会。他们一票到手，能够重复使用，特别是红扒票和黑扒票都不按季注销，更让盐商有机可乘。

乾嘉时期，以永阜场为主的山东引盐及票盐，几乎全部被盐商包揽，运销所及，包括本省与邻省的七府七十五州县。其中行销引盐的州县称"引地"，行销票盐的州县则称"票地"。

引地六十五州县：

　　济南府历城、齐河、禹城、长清、平原、德州；泰安府泰安、肥城、东阿、东平、平阴；兖州府滋阳、曲阜、宁阳、邹县、泗水、汶上、阳谷、寿张、滕县、峄县、济宁、金乡、鱼台、嘉祥；曹州府菏泽、曹县、定陶、单县、城武、巨野、郓城、濮州、范县、观城、朝城；东昌府聊城、堂邑、博平、茌平、清平、莘县、冠县、馆陶、临清、夏津、武城、丘县、高唐、恩县；河南省商丘、宁陵、睢州、永城、虞城、夏邑、拓城、鹿邑、考城；江苏省铜山、丰县、沛县、萧县、砀山；安徽省宿州。

票地十州县：

　　济南府章丘、邹平、齐东、济阳、临邑；武定府青城、利津、蒲台；泰安府新泰、莱芜。

盐商有窝商、运商、场商、总商等名目，其间不乏一夜暴富之人。作为山东有名的盐运商埠铁门关，盐商多聚集，他们养戏班开戏院，肥马轻裘，招摇过市，琼浆玉液，豪饮于肆豪。从盖尔佶《利津舆地歌》对铁门关的精彩描写中可窥一斑：

　　豪哉铁门关，帆如驶人如蚁，海客来耀锦绮，掷腰缠如敝屣。熙来往兮宴宾朋，祈灵佑兮隆典祀，梨园一曲醉升平，酒绿灯红罗甘旨。更有星相医卜，舞女歌姬炫赢，聪明妙听视，不远千里来，逦迤风尘几过客，叹羡为抚髀嗟，兹海滨一蕞尔，滋息繁荣得至此。

　　　　2011年10月定稿，收入《山东区域文化通览（东营卷）》一书

"灶户"和"滩汉"

渤海湾西南岸自古为盐业重地，灶地盐滩比比皆是。这里向来河为盐河，船称"盐艘""盐划"，人为"滩汉"，家系"灶户"。《管子》一书记载了齐国北方百姓的生活情形，说住在水泽一带和大海附近的百姓，从事煮盐或在济水捕鱼，他们也依靠打柴为生。并有"孟春既至，农事且起。大夫无得缮冢墓，理宫室，立台榭，筑墙垣。北海之众无得聚庸而煮盐"的记载，从而可以了解，战国时期这里的人们农忙时渔樵、农闲时煮盐，煮盐时间受到官府的严格限制。

秦代短暂，食盐产制听民自由，滨海百姓兼制食盐者日增。西汉时，盐的产制由官府招募游民及被流放的犯人承担。东汉至唐朝初期，盐农兼作者居多。唐乾元元年（758），度支郎中第五琦创行新盐法，在各产盐地设立亭场，把游民业盐者编为特殊户籍，称为"亭户"，集入亭内熬盐，免除其徭役，世代专职制盐。五代及宋，又称亭户为"灶户"或"锅户"。他们日晒火烧，蓬头垢面、胼手胝足，生活无比艰难，"厥民蓬跣，卤蚀肤剥，四时皱坼，常如严腊"。

盐民不仅在生活上艰苦，而且在社会上倍受歧视和奴役。从宋代起，历元、明、清三代，都用特殊的户籍管理盐民。这种特殊的户籍不能改变，盐民们只能世世代代积薪、晒灰、淋卤、煎盐，所产食盐要全部交公，而其所得仅仅维持活命。生活如此艰难，人身还没有自由，比如出灶区须经官方批准，且不能持器械或三五人结伴同行，类似奴隶与囚徒。正因如此，逃亡现象时有发生，北宋时期，鲁北沿海的灶户逃亡过半，元代灶丁继续逃亡，到元明易鼎之际，这里的盐业生产已基本陷于停顿。

有明一代，由于灶户负担过重，逃亡现象便时有发生，这种现象在正统年间尤为严重。如《明英宗实录》正统八年（1443）三月乙丑条记载："户部奏：山东石河场盐课司逃亡灶户三百八十三户，遗下盐折布一千三百二匹有余。高家港场盐课司逃亡灶户三百七十九户，遗下盐课三千五十六引有余。其见在灶户岁有课额，又当有司杂差，又令代纳逃户布课，比又蝗涝，人实不堪。"同书正统八年（1443）七月乙亥条记载："山东永利场盐课司奏：灶户因蝗旱灾伤，赋役烦重，挈家逃移"。又正统十年（1445）七月己酉条记载，因灶户逃移，盐课积欠，朝廷不得不"免山东富国等场盐课司逃亡灶户盐五万二千二百六引"。

明朝前期，灶户按丁计课，必须完成国家规定的产额，官方则给予工本米钞，完成盐课后的余盐也要交给国家，不能私自支配。灶户一入灶籍，不得解脱，官方于此控制相当严格。到明代中期，由于官府变本加厉地对盐民实行残酷压榨，盐丁逃亡之风再度兴起。正德七年（1512），巡盐御史于鳌上奏朝廷："永阜、王家冈、新镇等场，逃灶张成等遗下地盐五千三百一十一引一百八十二斤四两零。"明正德十五年（1520），诏令州府县囚徒罪行深重者，不论远近，俱发缺人锅下，依年份煎盐，以抵补逃亡灶丁拖欠的课额。

清初对灶户的控制更为严酷，雍正元年（1723），对灶丁实行十家连保制，一家犯罪，九家连坐。乾隆五年（1740），改为灶丁五人互结制，一人犯法，四人同罪。总之，当时的灶户、灶丁，没有当兵的自由，没有改变户籍的自由，没有耕种草荡的自由，连出生的婴儿也作为后补盐丁，不得转营他业。

清末民初时期的盐民，在本地被称为"滩汉"。他们一年所得八至十石红高粱，仅供三四口之家勉强糊口。滩汉一日三餐吃的是以红粮为主的窝窝头，以虾酱、咸萝卜条佐餐，终年几乎滴油不沾，仅在清明、端午两节，滩主备面食，买青菜，做成"好饭"，让滩汉饱餐一天。

滩汉终日从事提水、制卤、扒盐、抬盐、堆坨、修滩等笨重劳动，每天劳动时间长达七个时辰。如遇雨前扒盐，则通宵达旦。春季修滩，整日泡在冰冷刺骨的水池中，常人难以忍受。盐场的屋子大都就地取材，有的用木棒支成黄瓜架形，以乱草披搭，糊一些泥巴了事，人们把这种屋子称作"当年倒"。这样的屋子，雨天漏水，阴天泛潮，海风吹灌，蚊蝇滋生，居住其中苦不堪言。有的用"蓑积"垒墙。"蓑积"就是用铁锹在茅草地上划切出的厚薄均匀的土块，用以代替泥坯。屋顶刨几棵荆条树干支撑，铺上几块废弃的烂芦席，也用薄片"蓑积"压住，没有红泥糊墙封顶，海风吹来，蜷缩在里面的滩汉们，其实就等于露宿在霜刀雪剑的茫茫滩涂上。

2011年11月7日定稿，见同日"微波龙鳞"新浪博客

永阜场衰落，"东北灶"兴起

咸丰五年（1855），黄河在河南兰阳铜瓦厢决口。这次决口结束了黄河夺淮七百年的历史，而由大清河入渤海。改道初期二十年，也就是咸丰五年（1855）至同治十三年（1874），运河以西黄河并无大堤，所以黄河如脱缰野马，在以铜瓦厢为顶点，以北金堤、废黄河为两边，至运河的三角地带肆意漫流，所到之处，顿成泽国。洪水进入山东，在大清河两岸奔涌，南面流入小清河，北面决入徒骇河，黄河入海口地区的海盐生产遭受到毁灭性打击。在保护还是放弃各大盐场的问题上，虽经多方经营与无数周折，但因遭逢王朝覆亡之秋，天灾人祸频仍，海盐生产江河日下的颓势已难以遏制。

丁宝桢力保东纲之盐

清代前中期，朝廷对各场盐滩实行统一管理，盐滩的变动以及正常修整，也得本省巡抚奏报朝廷批准。这一时期的山东盐业在全国占有突出位置，历届巡抚都把东纲之盐作为行政要务。早在咸丰三年（1853），山东巡抚李惠奏疏，请求朝廷对被淹的永阜场二百六十九副滩池以及冲塌的盐垣、滩屋，拨库存本银修复，得以实现。铜瓦厢决口之后的十几年里，尽管洪水四溢、东纲之盐损失惨重，但是朝廷内外交困，却一直无暇顾及。

同治六年（1867）三月，丁宝桢由阎敬铭举荐为山东巡抚。丁宝桢，字稚璜，贵州平远（今织金县）人，自同治六年（1867）三月起在山东做了十年巡抚，以诛杀慈禧宠宦安德海而名扬天下，并在保境安民、治理黄河水患、发展盐业生产诸方面功绩卓著，有"是时盐臣自国藩、鸿章、葆桢外，惟宗棠、丁宝桢以能名"的评价。丁宝桢上任伊始即与淮军李鸿章部合力围剿入鲁东路捻军，军务倥偬仍然放不下东纲之盐。当时永阜盐场被黄河水浸灌，产盐量大减，丁宝桢为增加产额，保证盐课，上任之初即在永阜场开筑大滩二十二副，小滩三副，以资兴晒，永阜盐场的部分生产能力得以恢复。

同治三年（1864）太平军已经平定，随后捻军亦被镇压，直到同治十年（1871），朝廷才顾及黄河的事情，任用兵部主事蒋作锦为黄河钦差巡察河务。蒋作锦沿河查勘一番后，向朝廷提出两道条议，一是堵河南之铜瓦厢，逼黄河复归清江浦故道，仍由云梯关入海，二是就黄河现到之处，筑堤束水由利津入海。朝廷谕令山东巡抚丁宝桢就此复奏。

铜瓦厢决口之后，朝廷就黄河南行与北行进行了长期的争论。以直隶总督曾国藩、李鸿章等为首的大臣主张黄河北流，而山东巡抚丁宝桢则多次提出让黄河复归故道。朝廷长期犹豫不定，耽误了治河的最佳时机。本来黄河铜瓦厢决口后改道北流，正是大治黄河的关键时机，可是因为国势衰落，朝廷不想投巨资大治黄河，而把治河的重任全部压在山东巡抚身上。治河本是国家大政，举全国之力尚且难保无虞，却让山东一省独自承受如此惨烈的河患危害，作为一省督抚当然会竭力反对。

丁宝桢接到朝廷谕令后，立即上疏反对筑堤束黄由利津入海。奏疏提出了黄河北流的四不便，内容如下：

> 东纲盐场，坐落利津、沾化、寿光、乐安等县，滨临大清河两岸。自黄由大清入海，盐船重载，溯行于湍流，甚形阻滞，而滩地间被漫溢，产盐日绌，海滩被黄淤远，纳潮甚难，东纲必至臲脆，私枭亦因而蜂起。是有碍于鹾纲者四也。

丁宝桢在复奏中还说到，作为山东巡抚，从全省大局考量，应该把自己的想法毫不隐瞒地向朝廷说清楚。筑堤束黄这件事，对于治理运河漕务是否有把握，应当以搞好北京十三个粮仓的粮食储备为主，并以此来权衡利害轻重、确定变通。可是经过反复考量，实在找不到"筑堤束黄由利津入海"的可行性，反而觉得此举深为可虑。因此应该继续以堵合铜瓦厢、使黄河

渔盐篇

恢复淮、徐故道为正办。

同治十二年（1873）初，直隶总督李鸿章派遣要员到山东、河南、江苏等地访察测量后，上奏朝廷，力陈黄河复故道绝不可行。在奏折中，李鸿章首先表示理解丁宝桢的观点，说黄河不能复归故道，对山东境内的财税及水利都有妨碍，许多城池难以移置，盐场也会不断被淹没，这一切问题实在让人忧虑；之后指出黄河复故的两大难题。

一是现在铜瓦厢决口宽约十里，冲刷出深深的壕沟，水干的时候有一二丈深。旧河道地势高，决口以下的水深有二三丈，要想让河水走故道，必须挖出一条三丈深的引河才能吸溜东趋。可是引河只能挖到一丈六尺深，再深挖人力就办不到了，如今怎么能挖出三丈深的引河来呢？二是大清河原宽不过十余丈，今自东阿鱼山下到利津河道已刷宽半里余，大汛时河槽能容五六丈矣，奔腾迅疾水行地中，此人力莫可挽回之事。随后他还委婉地说"河在东省固不能无害，但得设法维持，尚不至为大患"。论及东纲之盐，李鸿章与丁宝桢见解亦有不同："东省盐场在海口者，虽受黄淤产盐不旺，经抚臣南运胶济之盐时为接济，引地无虞淡食，唯价值稍昂耳。"

朝廷就此召集大臣进行廷议，认为黄河再难挽回徐淮之道，而东纲之盐也应当保全，筑堤束河势在必行，因而朝廷下旨着丁宝桢酌量形势，将张秋、利津一带民埝加倍坚固，其侯家林决口并着于秋汛后加高培厚。同治十二年（1873），山东巡抚丁宝桢奉旨加培张秋至利津一带民埝，利津县内的沿河西岸民埝，自西南至东北全部得以修培加高，直达二河盖牡蛎嘴，由此永阜盐场得以维持。自此二十余年里，永阜盐场规模虽然次第缩小，但是河西一百六十副滩池却大都完好，而河道依然畅通无阻，盐价由此成倍上涨，尽管赋税厘金增加了许多，河西滩户照样有金银入柜，铁门关里店铺陡增，货栈林立，竟然比过去还繁华了许多。

李秉衡放弃永阜盐场

光绪二十一年（1895）六月十二日，利津北部吕家洼决口，大水飞涨，漫口宽至二百一十丈，水高一丈，喷涌而出。溜分两大支，一支经丰国镇向北而趋东路，水势稍小，另一支夺大溜十分之八，向西北奔流，散漫之水宽达二十多里，利津、沾化、滨州三地受灾人口达数十万之众。

利津连年遭受河决之灾，但每次都是尽快堵合，不致形成更大祸患。可是吕家洼河决之初，山东巡抚李秉衡竟主张不堵决口，并向朝廷奏请将决口处"抑留为入海尾闾"。时任都察院兵科给事中的王会英，阅报后义愤填膺，挥笔写出著名的《弹劾山东巡抚李秉衡刚愎自用折》，详细叙说了吕家洼决口之后的天灾人祸。

吕家洼决口，百姓惨遭水患，永阜盐场首当其冲。可是李秉衡派来的河务委员乙沛恩与河营统带朱某，却在那里演看戏剧，寻欢作乐，河水暴涨不去抢险，一任河水泛滥成灾。原来由盐务抽厘金税银一万多两银子，存在永阜场大使衙门，是用来修筑河堤的费用，大家请求盐场大使唐宝珍将这笔款项拨付，用来筑堤堵口，以保护村庄和盐滩，谁知唐宝珍已将这一万多两银子私吞。庄科村五百名丁壮，自愿出工筑堤堵口子，表示什么报酬也不要，只为保护自己庄园和盐滩。可是乙沛恩却喝令朱某带领河营兵勇，冲进堵口子的人群中棍棒交加，当场把两个人打昏在地，人们只好哄然散去。附近村庄的人们再也不敢前来堵口子，错过了堵合的最佳时期，从此决口越来越大，一发不可收拾。

王会英对李秉衡不堵决口导致永阜盐场彻底毁坏十分痛心，他在奏折中说，山东八大盐场数永阜盐场为最大，也只有永阜盐场产盐最多，每年缴税不下三四十万白银，实为国课大宗。永阜盐场的河西盐滩约有一百五十多副，这次决口淹没八九十副，要是及时堵口，淹没的盐滩还可以修复。但是李秉衡只看到已经毁坏的盐滩，却没见到未毁坏的盐滩，也不知道淹没的盐滩还能恢复。他坚持不堵决口，任洪水肆虐，当然毁坏的盐滩就彻底毁坏了，没有毁坏的盐滩也将彻底毁坏，"而四十八万之引额遂不可复收矣"。

三个月后，李秉衡方才动身到决口处查勘，灾民们好像得到重生、盼来救星一样，灶户纷纷向他禀告，都说再不堵决口，恐怕盐运不出去，要出大事，李秉衡听了怫然大怒，训斥众人道："误运之咎我自任之，与汝等何干？"并说要是以误运这种事来要挟官长，他决然不怕。"众人不喻其意，问以从何解免，则曰'王家冈场另立盐滩，不胜于此处盐滩耶'？"家有盐滩的王会英就此驳斥道："不知新立盐滩所费百倍，且地之高低有不宜，泉之甘咸有不同，旧滩之中新立一滩尚数年不能晒盐，况新立全滩者乎？此直梦中呓语，如同儿戏，并不知滩为何物！"

李秉衡素以"大言善辩"著称，为不堵吕家洼决口，向朝廷反复谎报灾情，全不把王会英弹劾之事放在心上。他固执己见，置永阜盐场大部被淹于不顾，任由吕家洼决口洪流奔涌，漫溢肆虐十八个月之久，致"数十万生灵奄奄待尽、呼吁无门、欲死不能、求生不得"，而闻名遐迩的永阜盐场就此万劫不复。

"东北灶"盐业春秋

乐安县东北部（今广饶丁壮镇、东营区六户镇一带）濒临渤海莱州湾，区间有小清河、支脉沟两条河流穿越，"滨海广斥无垠，产盐之区颇多"，因此长期以来被称为"东北灶"。在朝代更迭与环境变化中，东北灶上饱经沧桑的高家港、新镇、王家冈三大盐场，是黄河三角洲近代盐业历史的缩影。

高家港、新镇、王家冈在明代是山东著名盐场，到明末还有灶丁两千四百五十名，灶丁银及灶地银达一千二百多两，比坐落在沾化滨海的永利等四场还高出许多。从滨乐分司驻高家港、乐安批验所驻石辛镇（今广饶县石村镇）还可以看出，自洪武到成化的一百多年里，东北灶的盐业生产在全省占有重要位置。成化以后，由于小清河流域洪涝灾害频繁发生，河道淤塞而水运不畅，致使高家港等三场盐产不兴。这种情形在甘一骥的《盐河议》中也有记载："成化以后，海沧等十一场支河干涸，商旅不行……乐安批验所裁革，而盐河南一支故道遂日就湮没，无复可寻矣……顾十一场水利湮废，灶盐不售，所谓呴湿濡沫，乌在其能苏也。"

进入清代，小清河流域几次大水患后都进行过较大治理，虽然没有实现全河通航的目的，但是小清河下游开挖了支脉沟，开通了预备河，形成三河并流入海的形势，东北灶各场盐引可沿浅海北上、进大清河西运，因此这里的海盐生产受小清河上游淤塞的影响不会太大。康熙十六年（1677），为强化管理，高家港、新镇两场裁撤，归并于王家冈场。东北灶上虽然只留下王家冈这一个盐场名号，盐场面积却明显增加，灶地有六万亩之多，从业人数达二千四百二十三名。只是盐产量很低，所产盐斤仅行销本县与邻县博兴，这种情况在雍正《乐安县志》中有详细记载：

本县王家冈场（新镇、高家港二场归并在内），原额每年产盐一百八万七千六百五十斤，坐配乐安县黑扒票二千七百七十三张。雍正七年加赠票一千二百二十七张，共四千张（每票一张课银二钱一分六厘，零筑盐二百二十五斤，此现行例也，志之备参考）。又配博兴县黑扒票二千六百一张。盐随票增，不得越境，违者即以私论。

　　一百多年后黄河夺清入海，王家冈场也遭受严重毁坏，又过四十年，永阜场被彻底湮没，东北灶才迎来了又一轮发展机遇。

　　永阜盐场被淹后，山东盐业受到毁灭性的打击，剩余七场的盐滩大量减少甚至全部荒废，而王家冈场的盐滩不但没有减少反而显著增加，究其原因，主要有两个方面：一是小清河恢复通航方便了盐产品外运，二是永阜场湮没导致食盐专营制度有所松动。

　　光绪十七年（1891），山东巡抚张曜指令时任登莱青道的盛宣怀治理小清河，三年竣工，全河一律深通，至此断航一百多年的小清河全线复航，船只可从羊角沟海口直达济南黄台桥，盐业运输畅通无阻。当时东北灶上的滩池分别属于六个官坨，称为"六垣"，其中沙营、王家冈、唐头营、高堤四垣在小清河北岸，宁海寺、八面镬（今寿光市羊口镇八面河村）两垣在小清河南岸。东北灶东西贯以小清河，为交通中枢，南有凫汀河、扒拉沟、古溜河与盐滩船沟相连，官坨贮盐出运极为便利；北有支脉沟、咸水河，是纳潮制卤的天然河道，引潮晒盐省工省时，因此这一时期山东沟滩以东北灶为最多。

　　永阜盐场被淹之后，山东盐产短缺，各场所产之盐不敷春运，山东盐运使丰伸泰以小清河运盐便利，谕令王家冈场大使转谕绅商民等，准许在东北灶一带选择合适地点修筑盐滩，从此一改"民不侵灶"之规，使王家冈盐场迅速发展。不长时间内，新镇、沙营、王家冈等处新修沟滩一百多副，接着在八面镬北边的唐头营、高堤、田家等处增修大沟滩六十多副，在小清河以南的宁海寺、龙车道等处增修井滩四百四十多副。这六百多副滩池，统归王家冈场管辖，所产之盐有小清河里的盐船西运，分送本省各引地以及河南省归德府（今河南商丘市域内）等八个地方。宣统三年（1911），王家冈场产盐数额达六十一万二千四百五十七包，若按每包净重二百二十五斤计算，年产即高达一点三七八亿斤，堪称全省产量最高的大盐场。

民国初年，王家冈场设场知事，驻乐安县（今广饶县）王冈村，管辖宁海寺等十三坨。民国五年，山东省政府将王家冈场与寿光官台场合并，名为王官场，场署迁至羊角沟。自此后东北灶上的盐滩几经河淹海潮，终至一片荒凉。王家冈场逐渐销声匿迹，不过东北灶上的盐业生产却一直没有停止，尽管长期以来惨淡经营，但是人们仍然有重现繁华的志气，正如民国《续修广饶县志》对此之感慨："沧海桑田变幻靡常，今日之荒凉海滨，经相当建设，将来可为极有价值之通商口岸；目前之废池草地，有相当经营，异日能成裕国便民之鱼盐宝藏。"

2011年10月定稿，选入《山东区域文化通览（东营卷）》一书

河海融汇百鱼之乡

渔盐经济在渤海西南岸一直历久不衰。早在西周时期，齐国就依靠"山东多鱼盐"的优势，发展渔盐经济。管仲相齐后，兴鱼盐之利，齐国日益富强。本地"乱河枝流而入于海"，具有优良的天然渔场，向来渔业发达，是先民繁衍谋生的首选地。世世代代挣扎在恶劣环境中的渔民，创造了源源不断的历史财富。传统的渔业生产习俗从远古走来，经过了以贝刀木棒谋生到舟楫网罟为业的漫长岁月，蕴藏了丰富的地域文化资源。

今东营市古为千乘郡属地，处于青州北部濒海。这里海岸线平缓绵延，滩涂宽广，有马常坑与巨淀湖等多个湖泊，还有一个由济水、漯水、淄水、女水、时水、渑水等淡水河组成的水系，从而形成了河海交汇的独特自然环境。此地诸河东北流，河海交汇地域营养丰富，为鱼、虾、贝类提供了良好的生长环境，成为名副其实的"百鱼之乡"。

从广饶、利津、沾化三县的旧志记载看，本地淡水鱼类有刀鲚、鲤、鲶、草鱼、银鱼等，此外还有其他多种水生动物，如淡水虾蟹及甲鱼等，海水鱼类有鲅鱼、黄姑鱼、梭鱼、鲈鱼、青鳞鱼、黄鲫、斑鰶、刀鲚等，贝类有文蛤、四角蛤、蛏蛭、牡蛎、青蛤等。文蛤壳大肉鲜，贝壳表面有绚丽的花纹，也叫"花蛤"。虾类有对虾、脊尾白虾、鹰爪虾、毛虾、糠虾、细螯虾种种。其中以对虾、毛虾、鹰爪虾最为有名。蟹类有三齿厚蟹、大眼蟹、绒毛细足蟹、三疣梭子蟹等。黄河口浅海多泥沙沉积，滩缓坡稳，水中浮游生物丰富，为梭子蟹提供了理想的索饵场地，因此这里的梭子蟹体大肉肥，味道也格外鲜美。

北起徒骇河口，南到小清河入海处，绵延四百里的海岸地势低平，底质以泥沙为主,既有沿岸负十米等深线以内的浅海面积,又有广阔的潮间带,潮间带为河海两鲜的聚集地。每年春夏间,在黄海中部和南部越冬的绝大多数鱼虾洄游到黄河口附近海湾产卵繁殖,然后分散到各水域索饵育肥,九十月先后集群离开这里,回到原越冬场栖息。

对黄河口丰富的水产,古人多有吟咏。生于康熙年间的利津人刘学渤,在他的《大清河赋》与《北海赋》中,分别写到多种河海两鲜的名称。《大清河赋》写道:

若论其常,则青萍交映,微波轻漾。春冻开而鲜鲤美,冬冰结而银鱼香。鳅、鲋、鳜、鲫、鳝、鲔、鲂,兹水族之函育兮,实利民之无方。

尔其至下浸广,北流浃浃,寥落烟村渐进鲛人之室,依稀云树,并为虾菜之乡。

而《北海赋》则曰:

若夫三春之末,四月之期,海滢成市,网罟遍施。亦或投卫人之豚饵,垂任公之巨缁,得谢端之青螺,收余且之白龟。夫鳝、鲔、鲷、鮥、鳖、鲥、鲨、鲻,红裳、比目、巨鲲、细鲥,并罗陈于岸侧。

关于河鲜与海产,民国《利津县续志》这样记载:"鲤以黄河之金鳞红鳍者为最佳。刀鱼多刺味美,产于黄河。海产鱼类甚多……虾之出产有虾米、虾皮、虾酱等;蟹有河蟹海蟹之分。"

渔业始于内河捉鱼抓虾与滩涂捡贝拾螺,相当长的阶段没有真正有效的专业渔具。古人在济、漯入海处以木击鱼,捕而食之,这大概是本地最早的渔业状况。广饶县南河崖商周煮盐遗址以及本地其他古代遗址的遗存,包含了大量古环境和古文化信息。南河崖发掘出土的生活用品除仿铜陶鬲、素面鬲、划纹簋、弦纹罐以外,还有骨锥、骨刀等器物,以及大量文蛤、丽蚌、螃蟹和少量小米、黄米等食物遗存,这些遗存可以理解为渔猎工具及食物种类。广饶傅家、五村遗址出土的网坠及鱼、蛤、蚌类等,也显示了当时渔捞活动的情形。

文献所见，春秋时期渔民就能够到万仞深海中航行，过夜不归，说明船只、网具和捕捞方法都已经相当先进。但从本地渔业发展情况来看，进展却十分迟缓，长期停留在徒手或依靠简陋工具自采自食的阶段。自唐而宋，仍然是由滩涂采捕与近海简单生产，几乎没有战国管仲所说的"就彼逆流，乘危百里，宿夜不出者"。

明初因沿海不靖，实行海禁，朱元璋多次颁禁令，规定"片板不许下海"，违者处以极刑，明中期东南沿海倭患最终导致了全面海禁。清初海禁更为严厉，顺治十八年（1661）颁布"迁海令"，将"北起河北、山东南至广东的沿海居民内迁三十里，并且将所有沿海船只悉行烧毁，寸板不许下水。凡溪河装栅，货物不许越界。时刻了望，违者死无赦"。

明清两朝闭关自守，严重阻碍了沿海渔业的发展。但是沿海渔民因为"地多斥卤，不宜五谷"，不得不依靠大海维持生计，因此尽管渔业步履艰难也不会因禁海而消失。明人徐铤曾说："滨海洋者，田多盐碱，则以捕鱼为生。"清代大量渔民因禁海失业，终于引起朝廷重视，康熙四年（1665）下诏："山东青、登、莱等处沿海居民，向赖捕鱼为生，因禁海多有失业，前山东巡抚周有德，亦曾将民人无以资生具奏。今应照该抚所请，令其捕鱼，以资民生。"只可惜康熙开海禁只有短短三十余年，之后的绝大部分时间都处在禁海或半禁海状态，以致本地渔业发展非常缓慢。

清末鲁北沿海地区渔业有了相应发展，尽管文献中关于当地渔业状况的记载零星不全，但从一些诗词中还是能看出端倪。张铨在《永门竹枝词》里，就描写了这一时期的渔业盛境。其中一首写到内河渔业景象：

务本乡中起棹歌，
抛将耒耜著渔簑。
怪来午市鱼虾贱，
丝网矶边春雨多。

还有一首描写了近海"斜阳万艇"捕鱼的壮观场面：

> 海边四月乐婆娑，
> 一片窝棚照水多。
> 鳖甲鱼丁收不尽，
> 斜阳万艇唱渔歌。

到一九一二年，广饶、利津两县的渔业开始发达起来。广饶县的渔船一度达一千五百多艘；利津县滨海设有八坨，分别是刘家幻水坨、李家坨、沙子头、青坨子、开外坨、毛丝坨、宋家坨、小口子。凡张网捕鱼虾的人都有固定的"坨基"，各受"坨头"管辖，不准侵占越界。县内庄科、盐窝、十六户等村的船户，沿海岸张网捕捞鱼虾，渔期住铺，冬季归里，捕获甚多。

一九三一年后，域内渔业日趋衰落，广饶县渔船减少至八百艘上下，利津县渔业"亦甚冷落"。广饶县渔业衰落主要有三个方面的原因：一是渔民捕鱼后的储存与销售，全凭以盐腌制，但是王家冈场并入王官场后，由于多数盐滩被取，不准渔民就地购盐，自此后有鱼无盐，渔业难以为继；二是日本人逞强侵犯海疆，驾驶渔轮越界捕鱼，渤海渔场多半为日本人侵占；三是近海土匪猖獗，渔船不敢入海。境内小清河自石村以下羊角沟以上，虽然出产银鱼，但是由冬至春渔期很短，所获寥寥，很难形成生产规模。而利津的渔业"近十数年海匪出没无常，网户皆裹足而不敢前，八家坨头无法整理"。所幸利津渔业因刁口海铺而硕果仅存，刁口海铺第一铺址在一九三八年时的黄河入海口，属利津县第五区第七乡辖地，当时有部分渔民在此从事捕捞，并搭盖窝棚。后随渔民窝棚增多，许多商贩来此贩卖鱼货，渐称刁口鱼铺（亦称刁口鱼坨），有渔户百余家，渔民近三百人。

2011年11月11日定稿，见"微波龙鳞"新浪博客

内河撒网临海采捕

清末民初，本地渔业以内河近海生产和滩涂采捕为主，内河与近海作业使用世代相传的木帆船。渔船多为单篷，俗称"燕飞""马槽""划子"，人摇橹、风鼓帆，载重量不过万斤，单船捕鱼最高年产量七千斤上下。还有一种被称为"利津改撬"的木帆船，燕翼，大小不等，大者长四丈，宽约七尺，满载吃水五尺，主要在河中航行，也能入海捕鱼。渔具有张网、旋网、拉网、须子网、抢网、粘网及钓钩等。

内陆渔场主要在黄河与小清河上，每年春季，在河口和河道平坦缓流处，有小渔船用旋网、拉网或三流流网，捕捞溯河产卵的刀鱼，兼捕梭鱼。到了秋季，这些小渔船就到河水漫滩形成的河床水洼中，捕捞鲤、鲫、鲇鱼等。

农历四月，是近海作业与滩涂采捕的黄金季节，人们从四面八方云集海滩，在高阜处搭起马架子窝棚或掘出半上半下的"地屋子"住下来，形成季节性的"海铺"，以此为基地，开始一年一度的春汛渔期。出海的渔船载来满仓的鲜鱼嫩虾，在海铺上卸载完又匆忙装上淡水，备足柴米油盐，趁涨潮扬帆出海。

近海捕捞主要以定置张网方式进行，另有少量钩钓作业。定置张网是一种历史悠久的传统方式，是利用打在海底的桩柱或抛下的锚碇把网具固定而敷设在海中，利用潮流张捕沿岸或近海小型鱼、虾类的一种作业方式。作业生产地点一般离岸较近，对渔船性能要求较低，渔船用小型木质渔船，网具用堵沟网、须子网和小网，就可以从事季节性生产，主要捕捞毛虾、青虾、糠虾、梭鱼和杂鱼等。

沿海滩涂贝蟹类繁多，人工采捕历史悠久。滩涂采捕以贝类为主，也能以专用网具捕捞到梭鱼和螃蟹。与扬帆出海的人们不同，滩涂采捕的人们各行其是，在茫茫海滩上大显神通。从以下滩涂采捕活动中，可以了解本地近代渔业的一些情况。

钓蚬 蚬即缢蛏、蛏子，穴居于海滩沙泥中，长扁如指，淡褐色的外壳两端趋圆，中间夹着乳白色的蚬肉，状如人形。清代利津诗人张铨把蛏子比喻成美人，他在《永门竹枝词》里这样写道：

美人蛏子斗婵娟，盼到元宵月正圆。
钓罢沙头归去晚，满街争买看灯鲜。

这些"美人"就在一个个小洞里藏着，小洞多在与大海相通的潮沟子的软泥滩上。"美人"们潜伏的深度随季节而不同，春暖花开时，大约在滩面下二十厘米，此时最容易钓取，也正到了最为肥嫩鲜美的时候。钓蚬人都是"双枪将"，他们一手持蚬橛，一手握钓钩，在潮水刚刚退去的滩面上，凝神躬腰，找到蚬的气孔后，用蚬橛插入数指，拔出时会形成一个溢满水的小洞，然后将钓钩横贴洞侧插下，随即转向使之托住蚬的底端，迅速上提，一个水灵灵的蚬就被钓了上来，就这样，每人一天可有百八十斤的收获。熟练的钓蚬人，举手投足节奏分明，轻重缓急动作连贯，如同在海滩上跳舞。其钓蚬速度之快，让人目不暇接。

捕食毛虾、鹰爪虾与对虾 毛虾个体很小，生长迅速。蒸、炒、凉拌，味道都十分鲜美。将毛虾加适量的食盐，放入锅中用旺火煮熟，出锅沥水，在货场上晾晒至干，扬弃杂质，就成为虾皮。最好的虾皮产于黄河口，个大肉肥，虾体饱满，头尾曲对，片大均匀，颜色淡黄，具有光泽；鹰爪虾形似鹰爪，春秋两季捕捞，煮熟晒干，名为"海米"。春季称为"春米"，秋季叫作"秋米"。春米咸香诱人，最为名贵。对虾每年春天在黄河口产卵，长成后，秋季往东海越冬，春天再回黄河口。秋季捕的虾个头小，春季捕的虾个头大，因此捕虾以春汛为主。春天虾多价格便宜。在集市上，对虾作为一种小吃出售，摊主总是利用虾头上的一根硬针，将两只大小相同的虾颠倒着插在一起，做成一个红玛瑙似的椭圆，这也许是"对虾"名称的由来。春天虾多卖不完时，渔民就将它用大锅煮熟，晒为干品，俗称"大虾干"。

一方水土养一方人，这三种虾和许多水产珍品一样，个中滋味，都与本地食俗有密切关系。

颤蚶子 蚶子即毛蛤，鸽蛋般大小，表面有自壳顶发出的放射肋，铰合部有很多小齿突，状如瓦楞，栖息在稍有淡水注入的浅海泥沙中，黄河口最适宜蚶子生长。蚶子盛产期一般在六至八月，只要用踩踏、颤动泥沙的方法就可以将其挤到泥沙表层加以捕捉，这种传统的滩涂采捕称为"颤蚶子"。颤蚶子要在退潮的时候进行，人们事先准备好麻袋和耙子，光着脚聚集在海滩上，露出黑油油的膀子，不停地摇晃身躯，左右交替踏动双脚，板结的海滩很快就软塌塌地汪出水来，一个个褐色的蚶子顶着水泡露出地面，让人用耙子一捧捧地搂进麻袋里。颤蚶子的人们能吃苦，一天能收获四五百斤。

捕梭鱼 梭鱼身体细长，状如织布梭子，喜欢在海面上跳跃。梭鱼能网能钓，最好的办法莫过于用"地袖儿"。渔家在浅海捕捞梭鱼，为省却驾船拉网之劳，大都用一种叫"地袖儿"的网具捕捞。地袖儿是织就的一个口不盈尺、形似漏斗的尖底小网。涨潮之前，用细长的竹条或柳条撑起网口，将竹条的两端插在滩涂上，许许多多地袖儿连成一串，形成一道又一道"网篱笆"。大海涨潮了，梭鱼随潮水上行，紧贴水底迅速游动，一旦入网就无法脱身。待到潮退收网时，人们便把这些个梭鱼生擒活捉，其方法之简便，不啻"旱地拾鱼"。

逮螃蟹 逮螃蟹的人们在滩涂上结伙成队，把一张张专用蟹网放在海滩上，等大潮涌上来后，就在岸上燃起大火，把一块老狗皮围在腰间，慢慢地下水拉网。他们扯着网绳，一步一步向前走，直到海水没过肩头，才开始收网往回返。上岸后他们赶紧围住火堆，烤了胸膛烤脊梁，再轮流把一瓶烧酒对嘴嘬上几口，缓过劲儿来再下水收网。拖到岸上的网里，挂满了摇晃着大鳌示威的三疣梭子蟹。春三月是三疣梭子蟹的集中产卵期，遇上好机会，一网能拉数百斤。

2011年11月11日完稿，见同日"微波龙鳞"新浪博客

黄河口渔盐习俗

渔民盐民生活虽然充满了艰辛,却具有粗犷豪放的性格。他们祖祖辈辈靠天吃饭,靠海晒盐,首先是敬天地、尊神祇而法先祖。从盐业祠祀来说,本地以龙王为主神,建有龙王庙多处,其他祭祀活动多在年节时进行。

元代山东盐运使樊恩征曾经记录了利津一带崇拜龙王的情况:

> 利津县东海广德灵会王行祀在焉,惟海神之所住也,祀典载之详矣。夫军国之需,盐贡是尚,凡兴作煎办,必借是神之佑,莫不备香火、割牲醑酒以奠献。……由是乞潮则滩场生盐,祷雨则禾稼茂盛,占风信则盐艘舸舰免狂涛之险。

一年四季,盐民都有祈神祭灵的活动,春节后的三个月活动最为频繁。正月里的日子多有讲究,隔三岔五就是个"节"。正月初五,灶户之家天不亮就要到自家滩池上鸣放鞭炮,太阳欲升时动土开始。仪式上灶户要向福、禄、寿、喜四神的方位深深作揖,同时围着盐池放鞭炮,接着抱锨的朝锨把拱手拜锨,铲起一锨白眼砂撒在盐池里,如此重复三次,之后,盐工用白眼砂平整盐池,预示一年劳作的开始。

"盐菩萨"生日是正月初六,这一天大家备好香烛纸马,早晨到滩头上放鞭炮、烧纸磕头。烧纸叫"烧滩头纸",要边烧纸边祷告:"求盐菩萨显灵开恩,保佑今年产盐多,盐粒大,盐花白",祈求盐菩萨高兴,保佑全年的天气好、盐滩有个好收成。正月十六敬龙王,这一天,晒滩的人家都先上龙王庙磕头烧香。向着东方大海给龙王磕头,烧"龙王纸",求龙王多行好事，多送好水，多晒盐，晒好盐。二月初二正当惊蛰前后，"惊蛰龙抬头，春分龙登天"，龙王蛰伏一冬，从这天起龙抬头，雨天才有了电闪雷鸣，那是龙王吼叫甩尾巴。在盐场劳作的人们笃信不疑：龙为鳞虫之长，能幽能明，细巨随意，可长可短，龙王兴云布雨，涨潮、落潮都是由龙王说了算，送上来晒盐的海水都是龙王的恩赐。

渔业和盐业都与大海息息相关，只是渔民与大海更为亲近，因此习俗与盐民相近而又不尽相同。渔业分"春汛""秋汛"，农历三至五月、七至九月是捕捞旺季。渔家一般选择雨水时节出海，立冬节气收船回港。海上波涛汹涌，漂浮不定，风暴时有发生，渔民最注重安全，但船只简陋难御风险，仅凭经验也提心吊胆，因此就把生死托付给神灵。多数渔船供奉海龙王和海神娘娘，出海选择吉日，讲究"待要走，三、六、九"。上船前焚香烧纸，磕头祈祷"天神、地神、龙王爷爷多多保佑"。每逢农历初一、十五，渔民普遍焚香烧纸祭拜龙王，在家的亲人要到村边为他们祈祷祝福。海上的生产、生活有许多禁忌。船在海上行驶，遇有大鱼跟踪，要及时对它抛撒食物，并祷告一番请其让路；捕鱼不撒"绝户网"，或打群尾不打群头，或留大放小；喝酒先敬龙王，不在船上大步走动，不倒背手，不坐船头，不许坐船帮并将脚伸进海里；"翻"为日常生活大忌，称帆为"风"或"篷"，烙饼或吃鱼时，不能说翻过来，要说"转""划""调"过来；放置器物忌"扣"，放碗、盆、鞋、帽等都要口朝上；晒鞋不能晒鞋底，筷子不得横放碗上；等等。总之，一言一行讲忌讳，事事处处求平安。

盐业谚语是流传于民间言简意赅的话语，多数反映了盐民的实践经验。正月初一看天象，"灶户最喜艳阳天，晴空万里好晒盐"，五更头要到天井里看天气，如果刮西南风，天上没有云彩，则全年产盐多，盐的花式好，若是刮东北风，天上飘浮云，则全年雨水多，出盐不旺。

"到了三月三，脱脚忙和滩"，三月三是晒盐日，自古以来，三月三这天就是刮风下雨不能晒盐，也要到滩里干点活，转转风车，戽几斗水，挖几锹泥，动一动盐席，为的是让盐神知道，今年按时开晒了。

小满前后十八天，叫作"十八扫"，即每天能成盐一次，这时所产的盐，色白粒大"膘水足"，是成色最好的盐，因此晒盐的谚语中不少与"小满"节气有关："小满到，无老少""小满西南风，一刻值千金""小满前后出神盐""小满膘头足,六月晒火谷,夏至水门开,水斗挂起来""四月立夏又小满,两个黄金十八天"。

还有一些生动比喻以及与气候有关的谚语,如:"粮是人命,卤是盐命""人靠五谷养,盐靠卤水长""夏至水门开,卤斗挂起来""九月菊花盐,十月盐归土""大寒小寒,冰下抽咸""冬天拿三潮,春天盐廪高""天怕东风扛,盐怕雨水烫""不怕下大雨,就怕连阴天"等。

渔盐诗文

盐与水、食物一样都是人类不可缺少的最为基础的必需品。但相比之下,盐产地域分布有限,获取食盐过程复杂。因此,在古代的社会生活中,盐成了影响人类聚散的重要因素,它犹如茫茫长夜中的一盏明灯,将四面八方的人们牢牢地吸引在周围,形成一种共同的地域心理和文化心理,创造着共同的文明。随着社会的发展,对盐产地和盐利支配权的掌握与控制,成为建立霸业、政权更替、朝代盛衰的重要因素,所以历代文学作品,对盐业也多有关注。

鲁北沿海地区文人雅士,最关注盐滩灶火和碧海帆影。他们诗咏滨海风物,都有深厚的生活基础。明隆庆年间驻守利津铁门关的兵备副使甄敬以《公署即雨拟泛海未遂》为题,描写了丰国盐场一带的景象:

> 村市依流曲复斜,
> 上墙茅屋带烟霞。
> 潮声夜动千门雪,
> 盐蕊晴开万顷花。
> 斥地经春无草木,
> 商船入夏足鱼虾。
> 观风暂驻皇华节,
> 泛海难从博望槎。

明嘉靖年间乐安县李鹊村人李舜臣,官至太仆寺正卿,曾用《北海晴波》

一诗描绘了家乡渔盐之地的勃勃生机，诗曰：

> 青齐北去旧蓬瀛，
> 万顷波光四望平。
> 落日翻云寒汐上，
> 轻风卷雪午潮生。
> 千村夜暖人皆足，
> 万灶春回室已盈。
> 好在三千勤管策，
> 莫随徐福海中行。

而与李舜臣生活在同一朝代的青州知府朱鉴，却在《行乐安即事二首》中把渔盐之地描写得一片凄凉：

> 其一
> 目极风烟是水滨，
> 咨求民瘼此郊巡。
> 纵横有地皆成卤，
> 远近无人不是贫。
> 漫道汙邪能过望，
> 须知沧海亦扬尘。
> 封章何日烦天听，
> 下邑应先雨露春。

> 其二
> 独木桥横野水滨，
> 肩舆何事远劳巡。
> 不毛尚苦频年税，
> 悬罄空嗟百室贫。
> 海若无潮真白壤，

天如不雨尽黄尘。
可堪二月无花柳，
踏遍孤村不见春。

清人刘学渤在《北海赋》中曾以"滩池弥望，星罗棋布，漉沙构白，澄波出素，灿如飞霞，峙如积璐，商市万金，税足国赋"的语句来形容利津盐业的兴盛景象。道光进士张铨长期生活在渔盐之区，对渔民和灶户的生活非常关注，也十分熟悉他们的生产活动。他的《永门竹枝词》犹如一幅美丽的历史画卷，其中好多篇什描绘了渔民及盐丁的生活状况，读来如在眼前：

一
青鱼已过鲙鱼来，
小口遥连大口开。
最好划船开外去，
捞虾种蛤夜深回。

二
风雪三更共一灯，
农家妇女快搓绳。
明朝挑向盐船去，
沽酒烹鱼得未曾？

三
北风辛苦荷长镵，
一夜全收大海咸。
明日报潮多犒赏，
提壶一解老饕馋。

四
老屋荒村破晓忙，
编来揸席满盐场。
不愁日午炊烟断，

一担能支十日粮。
   五
盐坨万点乱山尖,
海泛防兵岁岁添。
一夜西人席卷去,
阳沽滨乐尽私盐。

  胡渭是明末清初的著名地理学家,他在《禹贡锥指》中描述了乐安县(今广饶)渔盐之地的情形:乐安东北部寸草不生,白发苍苍的老妇人一年到头以鱼虾充饥,竟然不知道什么是农作物。《乐安县志》云:"'海滨广斥,谓如今高家港以往,其地都无所生,妇人有白首而不识五稼。岁时盘荐,唯鱼鳖耳。'……渭按:斥卤之地,五谷不生,大率类此。"
  细读这些隽永的诗作及生动记载,好像仍然可以看到先民们的劳碌身影,并且还能发现那些古老渔盐之区的独特景象。

     2011年11月定稿,收入《山东区域文化通览(东营卷)》一书

主要参考文献

1. 郭沫若《管子集校》，科学出版社1956年版。
2. 李水城等《莱州湾地区古代盐业考古调查》，载《盐业史研究》2003年第1期。
3. 清光绪九年《利津县志》。
4. 广饶县盐务局编《广饶县盐业志》，济南出版社1994年版。
5. 《宋史》《金史》，中华书局1977年版。
6. 谭其骧《中国历史地图集》，中国地图出版社1982年版。
7. 〔明〕刘珝《修大清、小清二水纪略》，载咸丰年《青州府志》卷二十二《山川考》。
8. 甘一骥《盐河议》，载雍正年《山东通志》卷三十五之十二《艺文》。
9. 清宣统年《山东通志》。
10. 山东省盐务局编著《山东省盐业志》，齐鲁书社1992年版。
11. 民国二十四年《利津县续志》。
12. 清嘉庆年《山东盐法志》。
13. 《清史稿》，中华书局1996年版。
14. 民国二十五年《续修广饶县志》。
15. 清雍正年《山东盐法志》。
16. 清雍正十一年《乐安县志》，中华书局2009年标点本。
17. 山东省利津县地方史志编纂委员会编《利津县志》，东方出版社1990年版。
18. 〔清〕胡渭《禹贡锥指》，上海古籍出版社1996年版。

Yi Min Pian

鲁北沿海地区的明初移民

鲁北沿海地区明初移民村落为数众多，从地名普查资料上看，几乎清一色"洪武某年某氏迁此立村"，很少找到与"洪洞"或"枣强"无关的居落名称。许多姓氏族谱的记载与之相似，始迁祖多系明初"奉命"迁徙，代代相传繁衍至今，而明代以前的世系则语焉不详。尤其令人困惑的是，明初移民规模宏大，各类史书多有记载，却不见朝廷向这一地区发派移民的内容，方志中也没有官府接收移民的文字。鉴于此，本文试图把方志与谍谱的部分文本，放到相关的历史发展脉络中来观察，以探寻本地明初移民的真实情形。

波及本地的战乱 元末豺狼当道，灾祸不断。乱世英雄应时而起，红巾军驰骋中原，方国珍横行海上，张士诚自立为王，战事频繁，群雄割据，揭开了元朝覆灭的大幕。鲁北沿海处于南北割据的边缘地带，当时，这个地区的乐安县（今广饶县）和利津县分属益都路青州与济南路滨州，而青滨二州是元朝京城大都的门户，地处军事要冲，更是战火连绵，生灵涂炭。

先是至正十七年（1357）开始的战争灾祸。这一年刘福通的红巾军兵分三路，向元大都、元上都、关中地区大举进攻。毛贵率领东路军一路开疆拓土，连战皆胜，经海路挺进山东半岛，三月十二日攻克莱州，二十六日攻占军事重镇益都，二十九日攻占滨州，毛贵做了益都路平章。元军及地方武装与红巾军展开了殊死相搏，一时青滨二州刀兵四起，狼烟滚滚。毛贵以益都为基地，转战山东各地。至正十八年（1358）三月，毛贵率部北上，在柳林（今北京市通县南）被元军击退。毛贵受挫后困守益都，不久为部下所杀。此后山东的红巾军群龙无首，相互吞并。毛贵旧部田丰自称"花马王"，王士诚自称"扫地王"，他们相互攻伐，情势十分混乱。

元军凶横酷虐，杀人如麻，多是"拔其地、屠其城"，无数百姓惨遭屠戮；红巾军口碑也很差，不少姓氏家谱有"常遇春率花马军平山东道"杀光山东人的记录（对比历史记载，"花马军"很可能就是当时田丰的红巾军）；亲身经历红巾军之乱的陶宗仪在《南村辍耕录》中，也有"淮右之军嗜食人"的记述。至正二十二年（1362）十一月间，元军攻破益都，田丰、王士诚被剖心而死，山东又落入元兵之手。这次兵乱长达五年，鲁北沿海地区究竟有多少人在这次劫难中丧生，并没有详细的记载，但是红巾军与元军在这里反复争夺、殊死拼杀，造成当地"积尸盈路，十室九空"的凄惨景象，一直在民间广为流传。

广饶县许多姓氏族谱中，记载兵灾战祸的文字处处可见，据《宋氏家谱》记载，"始迁祖于'石门枕'（今广饶城北宋王村）立村，邻村水磨庄被兵火化为废墟，人去村毁"。从广饶县"雒家坊子"的村名中，也能了解当年遭受兵燹的惨状。广饶县内的小清河北岸，有二十多处村落毁于元末明初。"雒家"就在这些村落遗址附近，村民在这一带种田时经常挖出累累白骨，多是身首异处。明洪武四年（1371），雒尚裔夫妇一根扁担挑着三个儿子由枣强县迁来，在小清河北边的荒洼里垒了三间草房定居。有一天雒尚裔看见西北方向有炊烟升起，感到很奇怪，就向炊烟升起的地方走去。走近后他看到在墙倒屋塌、瓦砾遍地的荒村废墟上，有一位白发苍苍的老婆婆用砖块架着耳锅做饭。老婆婆哭着告诉他，潘家庄原先是个富裕的村庄，庄后有一条运粮河，村里人大都是船户。元军来了烧杀掳掠，村里人死的死、跑的跑，就剩下她孤身一人。雒尚裔听了非常悲伤，他把老婆婆接回家，端茶送饭像侍奉亲娘一样，他的三个儿子也像对待亲奶奶一样对待老婆婆。老婆婆在雒家生活了近二十年，九十多岁无疾而终。雒尚裔全家披麻戴孝，将老人隆重安葬。雒尚裔的孝行很快传遍了周边村落，一时成为美谈。洪武二十六年（1393），乐安县知县谢中呈上报山东布政使司获批，为雒尚裔竖立孝坊一座，牌坊上端刻有"忠孝千古"四个大字。后来"雒家"被称为"雒家坊子"，沿用至今。

至正二十六年（1366），山东战火又炽。五月间，朱元璋调兵遣将，派徐达、常遇春率师北伐。至正二十七年（1367）十月，徐达率军二十五万进取山东，主战场在益都，乐安县与益都相邻，难逃兵燹。据《嘉靖青州府志》记载，攻打益都府时，徐达部队驻乐安县南部凤河庄（今广饶县大王镇军屯村）一带，方圆四十里，还有东西两座营盘（所在即今大王镇的东营村和西营村），都住满了如虎似狼的士兵。离凤河庄二里多的黄泰庄，因为有丁壮护卫，遭到了常遇春部与李文忠部的围攻，最后被他们放火烧为灰烬。徐达的部队在这里驻扎了两个多月，周围村庄全部被毁，本地居民除被抓去服役的以外，统统逃亡外地。十一月十八日，徐达亲率大军进攻益都，二十九日，元益都守将普颜不花战死，益都城破。徐达乘胜攻占寿光、临淄、昌乐、高苑（今高青）等县。洪武元年（1368）二月二十五日，徐达率军再平乐安城，城内上千户人家非亡即逃，人去城空。关于徐达、常遇春北伐，临近的昌乐县徐、鲍两姓族谱记有下列文字："自大明洪武即位，常遇春将军率花马军平山东道，平而复起者再三，于是赫然斯怒，所过州县无论盗贼良贱，概行诛戮，虽有存焉，然百不一二，是以地广人稀。"这种惨象在洪武十八年（1385）督府左断事高巍的陈策表上也有体现："臣观河南、山东、北平数千里沃壤之土，自兵燹以来，尽化为蓁莽之墟。土著之民，流离军伍，不存十一。地广民稀，开辟无方。"

国人喘息未定，"靖难之役"又起。建文元年（1399）七月，朱棣打着"靖难"旗号在北平起兵，一路杀向南京。《明史》记载，燕军沿途大肆杀掠，在真定"斩首三万级"，白沟河一仗，燕王"乘风纵火奋击，斩首数万，溺死者十余万人"。在这场叔侄争夺帝位的战争中，山东军民抵抗燕军最为顽强，山东参政铁铉数败燕军于山东境内，民众也多自发抵抗燕军，李景隆率南军在德州、济南地区与燕军反复拉锯作战。燕王夺得帝位后，立即对忠于建文帝的官员大肆报复，灭方孝孺十族，磔杀铁铉；对反抗过他的百姓进行了残酷的屠杀，《明史》载，"靖难兵起，淮以北鞠为茂草"。民间也有文字记述：山东地区"盖燕王靖难兵起，在建文时南北构兵，南兵大军追袭，则自南而北。北兵胜大军犯阙，则自北而南。想尔时，或杀、或刮、或逃，东西六七百里，南北近千里，几为丘墟焉"。

在专制时代通过战争夺取政权的过程，必定是十分血腥和残酷的。新帝即位，每每采取严酷的手段隐藏自己的血腥历史。在明初残暴的统治下，对于这样的浩劫，史籍讳言不载，时人噤若寒蝉，只能借用某种隐喻流传下去。譬如利津民间"红头苍蝇"的传说，显然是对明初残酷屠杀的暗喻：

位于利津铁门关西边的汀河庄古时为水边小洲,初名黄沙岭,坐地户有焦、聂、窦、戴、史五姓,以晒盐打鱼为生。元末此地瘟疫流行,红头苍蝇遮天蔽日,人被叮就死,五姓人家死亡殆尽,只有在蚊帐中赌博的几个人,躲过了这场大难——其实"红头苍蝇"乃瘟疫加兵乱之隐晦说法,与外地"红蝇赶散""洪武赶散"之说极为相似。明初接连不断的战争是一场空前的生命浩劫,无论徐达的北伐军还是"靖难之役"中的燕军,都是头裹红巾,前后无数次大战,正是"红头苍蝇"满天飞。利津地处河海要津,难以幸免。其时山东"白骨露于野,千里无鸡鸣",利津境内"积骸成丘",有金银掩于白骨下扒之即见者。岁月弥久,真相几至湮没无闻,好在有"红头苍蝇"的故事广为流传,还能提醒人们不要忘记这场惨绝人寰的大屠杀。

首批移民是驻防军户 明王朝建立之初,不断有重大的军事调动,这些军事调动的重点,一是设立"九边重镇",防止北方残元进犯,二是沿海屯军布防,抵御海上倭寇侵扰。有明一代,"南倭北虏"始终为朝廷心腹大患,而最猖狂的还是倭寇。洪武二年(1369)正月,"倭人入寇山东海滨郡县,掠民男女而去",此后数十年间,"倭数寇海上,北抵辽,南讫浙、闽,濒海郡邑多被害"。面对倭寇猖獗,朝廷在沿海府州县筑城堡、墩台守以重兵,在沿海交通要道和关隘之地设巡检司,缉拿逃寇,筑起了一道以陆防海的军事屏障。

鲁北沿海地处河海要津,防守更是严密。如矗立在大清河河口的利津县铁门关,原建于金明昌三年(1192),宋元间屡有战事发生,明初为军事重地,先置"乐安防御千户城",后称"武定防御千户城",关内有文武所署、镇抚司、吏目厅等,驻军一千一百二十人,设千总、守备等武职,初始为防止张士诚故事重演,继为抵御倭寇进犯,始终是山东有名的海防关城。又如乐安县(今广饶)唐头寨是明初青州左卫后所的驻地,有百户一员,旗军一百名。县内还设高家港、乐安镇二巡检司,弓兵各五十名。

当时北起沾化县久山镇,南到乐安县的玉璞墩,有墩台三十座,墩与墩相隔五里、十里不等,一线设在沿海,二线设在内陆,有哨兵轮流站岗,无事则登高瞭望,有事则驾楫巡游。当时乐安县境内有墩台十座,利津县沿海有哨船五只,烽火墩三座。从《武定府志》上可以清楚地看到,利津县境内,一溜十一座墩台排列在大清河北岸。从相关的史料记载可以得知,

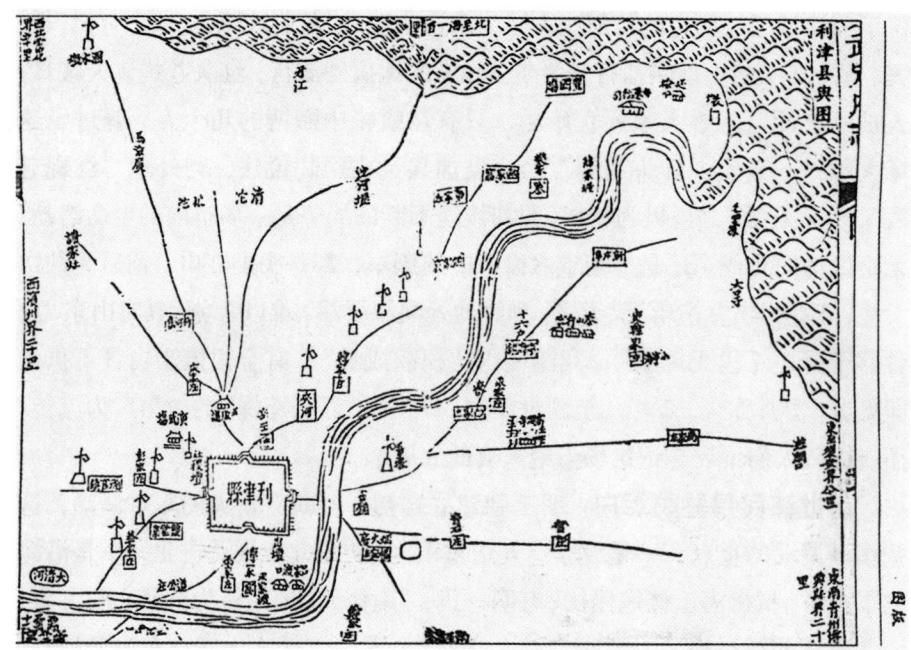

利津县舆图（《武定府志》）

五丈高的墩台上面，建有铺房，配有旗、锣、烟筒，墩台相望，首发尾应，有寇来犯，昼燃烟，夜举火，千里之地，瞬息可知。是时渤海西南岸军户集聚，营寨相连，到处有兵伍的活动。

有关明初驻防军户的活动，从村名中也能得到印证。村名一般是依据地理位置、地形地貌、人文姓氏而来，大都蕴含着丰富的历史文化。凡历史上曾驻军的地方，多称营、寨、镇、关、屯。以广饶为例，这个县共有五百一十八个自然村，其中四百四十二个村名自明代延续至今，许多村名带有元末明初军事活动的历史痕迹。一是与临淄交界的淄水东岸有个东营村，村边有个十米高的土丘，这个土丘是前文提到的明初北伐军的营寨遗址；二是淄水西岸大营乡的高大营、项大营、陈大营、王大营、任大营，这一溜五个大营的村名源自明初，显现了曾经大军压境的情形；三是丁庄镇有张寨、聂寨、常寨、河南寨、西南寨，五寨东西相连，在支脉沟与小清河之间一字排开。稻庄镇还有北寨、宋寨、燕家寨，三寨南北衔接，坐落在淄水末梢，与丁庄镇五寨遥相呼应。这些以"寨"命名的村庄同样始自明初，由此可以想见当年这里重兵屯守、刀枪林立、铁甲铮鸣的战争景象。

依大明军制，为防止军士逃亡或兵变，一般采取大范围调动的方法，不在军户住地附近充军，如江南军户的军丁调到江北，而江北的则调至江南。卫所战士或是从征而来，或是征集而至，或是由投降的故元将士组成。不少姓氏族谱中有明代卫所的记载。东营区解家村《解氏族谱》有记：明洪武二年（1369），始祖解恒由小云南乌河卫解河寨迁来孙家楼居住，与外甥李二猛等将坐地户孙氏赶走，更名为解家楼，后简称解家。广饶县丁庄镇刘道村《刘氏族谱》载：始祖刘报生，原籍云南大理府小乌沙卫，明初从洪洞县分发而来；东营区沙营村苏氏始迁祖是唐头营的百户，也是从南方调来驻防的军户。

苏百户救驾是一个流传久远的故事。唐头营位于广饶县东北隅，在小清河北岸，因唐王征东在此扎营而得名，不过长期驻扎在这里的不是唐王的部队，而是沙营村苏姓的先人。据《苏氏族谱》记载，沙营苏姓原籍湖北江陵蒲家村，明洪武二年（1369），始祖苏福选充总旗，驻防青州府乐安县唐头营，"镇守东海，以御倭寇"。建文四年（1402），三世祖苏善继"渔网覆龙"救朱棣。永乐二年（1404）受封百户侯，"取八十里海岸渔盐为俸"。因家中有朱棣所赐御影，文武官员只要路过唐头营，必须下轿下马叩拜。明亡清兴，苏氏家族风光不再。顺治十五年（1658）冬天，唐头营遭清军围剿，苏氏家族一夜之间风流云散，家境好的坐船远逃胶东，身体壮的跑进利津北洼，老弱多的向北只跑了四十里，逃到曾经驻防的沙岭就住了下来，并把沙岭改名为沙营，用以表明苏家是军人的后代。此后，唐头营的苏姓军户变成了沙营灶户。

世事苍茫成云烟，苏善继救驾已难以稽考，如今说来也不再重要。重要的是，《苏氏族谱》记述了明初驻防军户在本地繁衍生息的情形。明朝的军户实行世袭制，军户一入军籍，便不得脱籍，当兵成为终身职业，且父死子继，兄终弟及。丁壮入戍卫所，一定要与家人同行，以便使军士以军营为家，避免军士逃亡。同行家人一般就在卫所驻地屯田耕作，使得每一卫所都形成一个独立的居民区。军户子孙繁衍，也要在驻地。从苏氏家族的发展演变就可以看出，随着时间的推移，军籍移民的规模不断扩大，逐渐成为鲁北沿海地区移民社会的重要群体。

部分移民系盐丁灶户 明朝立国之初，面临的是满目疮痍、百业凋敝的局面。盐赋与粮赋一样，历来是王朝财政最广阔的源泉。为了满足军国之需，朝廷把盐业当作第一要务，做出了严密的部署。洪武初年（1368）即在各产盐地次第设官，沿海六个省份建立了都转运盐使司，内地设置了七个盐课提举司。这些机构的设置，显然是为了尽快恢复和发展事关新政权安危的盐业。鲁北沿海滩涂袤广，九河汇集，运输便利，自古就是海盐生产基地。从北宋朝开始，鲁北沿海地区的盐业生产日渐兴盛，到金章宗时期，自沾化县的秦口河一直延伸到乐安县的小清河以南，广阔平坦的海岸线上排列着一个接一个的大盐场。元代山东盐司"所隶之场，凡一十有九"，而鲁北沿海（今东营市域内）就有十二个大盐场。永利、利国、富国、丰民四场分布沾化海滨；宁海、丰国、永阜三场设在利津海滨；王家冈、新镇、高家港、官台、固堤五场位于乐安海滨。只是在元末明初无数次战祸中，这些盐场遭受了重创，灶户盐丁纷纷逃亡，盐业生产几乎陷于停顿状态。

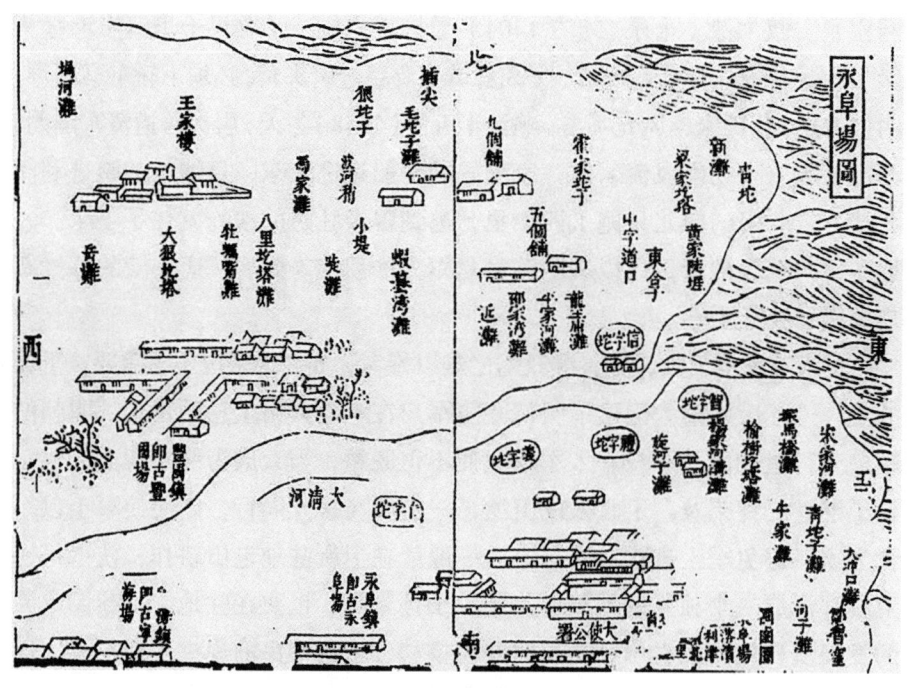

清《山东盐法志》所载清嘉庆十四年永阜盐场图

明初恢复盐业生产的举措收效显著：《明太祖实录》卷四十七洪武二年（1369）十一月己丑条记载，洪武二年"设山东都转运盐使司，岁办大引盐一十四万二千五引有奇"，《明史》载"山东所辖分司二，曰胶莱，曰滨乐；批验所一，曰泺口；盐场十九，各盐课司一"。上述记载的背后，隐藏着朝廷一系列严厉措施：一是强制前朝遗留下来的灶户复业；二是遣送大批流民和犯人进入各场煎盐劳作；三是将居住在沿海附近的民众扩充为灶户。这一系列措施雷厉风行，让陷于停顿状态的鲁北沿海地区的盐业生产迅速恢复，并使之保持着有效的生产能力。不然，山东是不会在短期内有十数万盐引可以办理的。灶户与军户、匠户一样，一旦沦为灶籍，便世代承袭，不可更改。灶户作为盐的直接生产者，成为独立的役户，担负着特殊的使命。明初承袭宋、元旧制，所以优恤灶户甚厚，给草场以供樵采，堪耕者许开垦，仍免其杂役，又给工本米，引一石。

从《明史》相关记载可以看出，灶户靠官府供养生活，报以所产之盐，实际上是官府的雇佣。由于灶户得到了比较优厚的待遇，盐业产量大幅提升。随着盐业生产的发展，灶户不断增加，盐丁越来越多。《明太祖实录》记载："山东都转运盐使司奏：所辖一十九场，灶夫二万三千二百六十四丁……"根据上述资料提供的数字，鉴于沾化、利津、乐安三县十二盐场的规模，可以确认明初本地的灶夫数量不会少于一万五千人。

本地姓氏族谱中，也有灶户盐丁移民的记述。垦利县董集镇刘家村《刘氏东族五修族谱·序》曰："我祖先居枣强，大明洪武年间奉诏东迁此利津城东长河口刘家，务盐业，世为灶民，称灶户刘氏。"前文提到的《苏氏族谱》，记述了唐头营苏姓军户成为沙营灶户的历史变迁。利津县台前村《王氏族谱》中记录了始迁祖的灶户身份。这个在清末出过铁面御史王会英的望族，在谱序中提到：王家始迁祖凤仪、凤仙兄弟二人，于洪武二年（1369）从江南凤阳府迁居利津丰国镇，兄凤仪自此转迁河北，弟凤仙留了下来，"本以灶户隶籍，后人读书者渐多，化灶户为耕读人家，迄今五百多年，因族人多有读书成名者而为宦族"。

再从村名看当年盐业生产的盛况——如今秦口河与小清河之间的冲积平原上，村庄相连、人烟稠密，带有灶、滩、盐、坨、垛、冈、圩、滩字的村名处处可见。如果在地图上把这些村名画上连接线，你会惊奇地发现，这条线竟然与古代海岸线相差无几。

利津县境内这样的村名最多，全县四百八十九个自然村，有二百五十六个村名自明代延续至今，其中与盐业生产有关的村名多达五十三个。北部的汀罗镇有平子滩、前灶子、斗滩、曹家大滩、毛坨、近滩、灶立码头、金盆底。金盆底原来是盐窝季家的盐滩，因产盐多、质量好、盈利多而得名；中部盐窝镇的盐窝村，是季姓人家在洪武二年（1369）由山西洪洞迁来建村，以晒盐为业，因村址地势隆起，周围都是盐滩，村名就叫"盐墩"，后改称为"盐窝"。这个镇的永阜、坨上、西滩、老台子、黄芦台等村，是利津古代盐业生产重地；西部明集乡的杨家灶、孔家灶、荆家灶、王家灶、谢家灶五灶相邻，号称"一溜灶"，带有浓厚的"盐部落"色彩。杨家灶向东九里还有一个灶户刘家，附近有南望参古窑群遗址，遗址表明此处的煮盐业历史悠久。

上述苏、王等氏族谱的记载及与盐业相关的村名，是当年盐业生产的鲜活符号，是灶户盐丁生产与生活的文化遗存，这些历历在目的遗存，仿佛让人目睹了"烟火三百里，灶煎满天星"的景象，看到了先民枵腹挣命的劳碌身影，甚至隐约听到了灶户盐丁那悠远苍凉的呼喊声。

自行流徙的人户居多　明初有两种不同形式的人口流动，一种是基于政权需要经官方组织的移民，另一种是迫于社会压力而自发迁徙的流民。前者不必赘述，后者愈演愈烈。洪武初年（1368），朝廷也主张"爱惜民力"，但是由于连续征战，赋税浩繁；而朱棣带来的灾难更多，先是为夺帝位，发动"靖难之役"，兵火所及，村里为墟。继之迁都北京，费时十九年，用工上千万。为强制天下百姓缴纳赋税，提供劳役，洪武朝先后设置户帖户籍、编造赋役黄册，实行严格的户籍管理制度。而官绅豪强为逃避赋役，利用权势隐瞒丁口，把负担转嫁平民，沉重的赋役压榨让他们无法承受。兵连祸结，徭役山压，穷乏至极的贫民蜂拥而起，四下逃亡，形成了一股移民潮。据《明实录》所记，洪武二十四年（1391）至正统十二年（1447）五十多年间，逃户近九十万，流民人数多达四百四十余万。

自行流徙的情形，在本地姓氏族谱中不乏记载。如广饶县丁庄镇缪道村缪氏，洪武二年（1369）由本省最南部的沂州府（今临沂市）兰陵镇迁入，立村于小清河一道口处，取名缪家道口；大码头镇南塔村武氏兄弟四人，洪武四年（1371）由山西太原迁来立村，后来老大留下，其他三兄弟各迁另外一村居住。从上述二姓迁出地来看，应该不属于官方组织的移民。

流移到鲁北沿海地区的除"军民匠灶"之外，还有各色役户和手艺人。那时的窑户、酒户、菜户、园户、铺户承受着各式各样的盘剥压榨，极端困苦，被迫流离失所。尤其是民间手工业中的泥瓦匠、木匠、铁匠、织匠、银匠等，由于朝廷法令严酷，他们一无所有，只得不断迁徙以求生存，最后定居在这片一望无际的荒原上。这种情形从村名中也可以看出端倪。广饶县有香坊、炉坊、油坊、红盆、铁匠、水磨、皮匠、油郭、银匠王、灰堆等村名。灰堆村由谭、李、石三姓立村，李姓以打铁为业，红炉炼技久负盛名，因炉渣经年增多积成大堆，故村名曰"灰堆"。利津县有薄家窑、豆腐巷子、簸箕刘家、炊帚王家、油坊许家、菜园、船王、碾李、张锢镥家、绽杆子刘家等村。"绽杆子刘家"于洪武二年（1369）由枣强迁来，以铣制纺织用的"绽杆子"为业，村庄由此而得名。而船王村的王氏，也是明初由枣强迁来，因村址紧靠大清河，居民以养船为业，所以有了这样的村名。

东营市史口镇有个近三百户人家的曲家村，早前村人以烧窑为业，是以称"青州府博兴县曲家窑"。清顺治十五年（1658）曲天叙修撰的《曲氏宗谱》（木刻活字印本，现被收藏在天津市静海县曲鼎和处），世系清晰，统绪详尽。曲氏先祖源于河东闻喜（今山西省闻喜县），唐朝贞观年间，有为官者在冀州枣强县刘昌镇安家落户。自唐至宋世代相传，北宋崇宁年间，彦学祖生有四子。绍兴二十四年（1154），四兄弟各谋生路。伯祖思聪，留在刘昌镇奉养老人；仲祖思明，改名居义，经商于鲁，在周村立祖；叔祖思智，改名居安，为官于鲁，定居黄县沙河（今莱州市沙河镇），在沙河立祖；始祖思睿，改名居仁，字德峰，在长山县（今邹平县）三元庄立祖，历二世仲安公，三世文质公，四世义方公，五世昶公，至六世祖信公，于洪武三年（1370）迁山东青州府博兴县曲家窑。信公膝下三男，长子敬，在曲家窑立祖；三子诚，随父亲去了曲家窑附近的盐垛村（今东营市龙居镇盐垛村）；次子耀，后改名甫祥，自洪武四年（1371）从戎后，三随燕王北上巡边御敌，屡立战功，钦授四品昭武都尉，永乐二年（1404）恩赐"占单龙票"，奉诏于北直河间府青邑（今天津市静海县）迤北石门洼，跑马占地一百四十八顷，堵寨立村为曲家庄。

《曲氏宗谱》记载了经由唐、宋、金、元、明、清六朝的家族历史,从中能够看到王朝更迭时期的几种移民活动轨迹。第一,曲氏兄弟由冀州枣强迁往山东三地,动因可能是金朝的"括地"运动。海陵王完颜亮弑熙宗即位后迁都燕京,来自金源内地的大批宗室、贵族(猛安谋克)涌入中原,大肆掠夺汉人的土地,称为"括地"。这一运动波及冀州的枣强县,曲彦学一家定然难以安居,只好让三个儿子背井离乡,去寻觅相对安定的地方谋生。第二,曲信父子在洪武三年(1370)由长山县东迁博兴,两地相距只有百里之遥,并非奉朝廷敕命而来的大槐树移民,不过兄弟三人一烧窑,一晒盐,一从军,却同样受制于同族同姓不准同居一村的移民律条,以及"三丁抽一"的兵役制度。第三,凭"占单龙票"跑马占地,表现了军屯移民的另一种形式。天下平定,军队精简,有功将士也被划分到移民范围内,这些军屯的移民秉持"占单龙票",圈占无主荒地"堵寨立村",成为那里的永久居民。

流民返乡与移民转迁　流民返乡集中发生在洪武年间,与移民大潮前后相随,是本地历遭战乱后人户增长的主要原因。大批移民向黄河三角洲地区转迁,应该始自"靖难之役",并且在永乐朝始终没有停止过。流民返乡大都在村墟上重建家园,而移民转迁多为顺河而居。这两种情形以小清河为界限,是本地移民行为的主要内容。

小清河以南土著居民占多数,流民返乡情形比较明显。因为战乱弃家舍业、扶老携幼流亡他乡,在生死线上挣扎的人们,能够返回故乡,自然是最强烈的愿望。一旦天下平定,他们就会不辞千辛万苦,尽快回到魂萦梦绕的家园。明朝立国之初,为安定天下,朝廷对逃户恩威并重,采取暴力强制与宽恤措施,进一步促使大批流民纷纷返乡。

流民返乡的第一要务,就是在原村址废墟上重建家园。广饶县花官镇的张刘店系宋代古村,村南有元朝益都路总兵刘珍墓。这个村由张、刘二姓建村开店得名,元明交争中化为灰烬。洪武年间张、刘二氏返乡重操

后勤村出土的香炉石座

旧业,村名沿用至今;石村镇中赵村坐地户赵姓人家,几经天灾人祸所剩无几,洪武二年(1369),又有赵氏三兄弟由山西洪洞迁来,与赵姓聚居;石村镇的东秦村,本名秦王村,村中孙氏分"坐地户孙"与"后迁孙",后者系明初迁居。这三个村的同姓移民,并非他乡之人,应该属于返乡复业者。

二〇〇三年,花官镇的后勤村出土了一个金元时期的香炉石座。这个香炉石座的发现,为重新认识本地明初移民问题提供了新的史料证据。石座呈八棱柱形,有六面荷花图案,另外两个棱面刻有铭文。铭文共一百三十五个字,由于风化严重,已有约三十个字模糊难辨。但是铭文中"金大定二年至天历三年勤刘庄崔氏在居"十几个字非常清晰。这段铭文与《广饶县志》关于后勤村"明朝洪武四年崔氏三兄弟由山西洪洞砖头山迁此建村"的记载对照,让我们更有理由相信流民复业在古村废墟上重建家园的真实性。

小清河以北土著居民也不少,移民转迁迹象相对突出。应该是发生在明初的两个重大事件,促成自发移民蜂拥而至。一是洪武初年,明军西进山西,战火即将燃至枣强之际,当地居民望风而逃。当时鲁北沿海地区已经太平,且人少地多,遂相率而至,在小清河两岸重建家园,世居迄今。二是山东西部是"靖难之役"的主战场,发生过许多惨烈的战役,洪武年间迁徙此地的山西移民为逃避战乱,只得再次东迁。大清河一水四达,贯穿利津全境,自北宋起,就有丰国、永阜两大盐场坐落在河之尾闾。元明易鼎,天下平定之后,这里交通便利,盐业兴旺,商贾辐辏,地方繁荣。加之大清河岸高水深,少有泛滥,两岸土地肥沃,能够尽快得到生存所需,所以成为移民转迁的首选场所。

从康熙十二年(1673)编纂的《利津县新志》图版上,可以看到绵延百里的大清河两岸,村落由东北向西南越来越密集,这些古庄显然是前朝移民所建。利津县城附近有一溜九个"夹河",是移民转迁顺河而居的生动体现——明初,刘、王、马、綦、赵、李、宗、张九姓人家由枣强迁来建村,这一带为大清河拐弯处,姓氏与地形相连,遂称"×家夹河";光绪二年(1876)修撰的利津陈庄镇《刘氏谱牒》告诉人们,其先祖诚斋公自蓟州始迁枣强,洪武二年(1369)又迁大清河与徒骇河之间的滨邑城西帽吴庄(今滨州市滨城区滨北镇帽吴村),六世祖守安公再迁徒骇河边的沾化县石家店子(今泊头镇石家村),最后其十世祖万盛公迁居大清河东岸的西滩庄。由此得知，刘氏三迁，都没有离开河流之畔。

利津、沾化水土相连，自金明昌建县之后，分分合合从未间断，在明初移民问题上没有多大的差别。民国二十四年《续修沾化县志》在"民族及户口"一章中说："居民纯系汉族，除土著原户外，明初由河北献县、枣强、遵化等县迁来者居多。现因淤地日广，垦户源源而至，多系曹县及广饶、寿光、昌乐、昌邑等县之民。"这个记载在当地姓氏族谱中有广泛体现，其中《丁氏族谱》堪称详备。沾化县管家庄丁氏声名显赫，嘉靖朝兵部尚书丁汝夔就出自这个家族。"始祖丁兴，世居武昌府，元至正十三年，以铁枪佐朱元璋起义于濠州，屡立战功，钦赐西海守御所，授百户。""始迁祖丁帖，落户直隶蓟州。"万历年修撰的《丁氏族谱·弁言》曰："其沾族原属荆楚，先徙蓟而后徙沾"，"约洪武末年，天降大沥，沾民略尽。其（丁帖）长子失讳与二弟子诚祖奉旨移民迁居山东沾化"。从这部族谱的字里行间可以看出，丁氏始迁祖是世袭军户，尽管先辈立有战功，后代也要去人烟稀少（沾民略尽）的地方屯田戍边。《弁言》中提及的"奉旨移民"，无非是转迁定居后被纳入兵部与所在省、府、县各一份的军籍黄册而已。

行文至此，笔者觉得有这么三点可释开篇之惑：一是二十世纪八十年代进行的第一次地名普查，由于缺乏村名源起的第一手资料，难以进行缜密的考证，只好以口承资料为依据，而几百年来洪洞大槐树迁民之说影响深远，人们容易把立村时间附会为洪武初年；二是作为本土文化研究的重要文献，姓氏族谱确实比较完整地反映了家族迁移的历史，不过清代以前的姓氏族谱，多因兵燹天灾所损毁或遗失，之后的续修存有不少攀附现象，绝少提及祖上及士兵、盐丁身份，往往沿用祖辈传说，把祖源之地一概追溯为洪洞或枣强；三是自行转迁流徙者大多是贫民，尽管数量较大，但是因为地位低下，并且多属分散行动，不会产生多么大的影响，故为史籍所不载。

总之，通过上述几种明初移民形式的探讨，最后可以得出这样一个结论：除军户与灶户之外，本地几乎没有官方组织的移民活动，多数移民属于战乱之后的返乡逃户以及各种原因促成的自行转迁流徙者。

载《春秋》，2011年01期

芦苇深处始有垦户出入

黄河铜瓦厢决口改道初期的二十年，咸同朝廷任河水在鲁西南地区漫溢，不予约束。这一时期，下游河道水流缓慢，泥沙不多，决溢很少出现。从光绪元年（1875）开始，山东巡抚丁宝桢堵合贾庄决口，并修筑了长达一百九十里的南岸河堤。过了两年，山东巡抚李元华又修建了一百七十余里北岸河堤。由此，黄河挟带着厚重的泥沙涌进海口，加快了填海造陆的速度。

修筑束黄大堤是山东境内治河的宏伟工程，关乎鲁西南民众福祉。谁料竟在一个时期内，给下游地区带来了深重灾难。这项工程让灾害下移，尾闾地区河患增多，灾祸不断。光绪五年（1879），兵部右侍郎夏同善出京考察黄河，在他的《疏治黄河下游奏议》中说"而济小黄大，故中沙颇深，两旁已日渐淤浅。以全黄之水同注于此，势已不能容纳"，因此下游河道险情频繁，灾害不断，利津境内"无岁不决，无岁不数决"。光绪十年（1884），江苏巡抚吴元炳查勘山东河工后奏报："黄河自铜瓦厢决口后。为山东患者三十余年，初则濮、范、巨、郓受其灾，继则济、武二郡膺其害。顾上游泛滥，地方不过数十县；下游冲决，则民人荡析，环袤千里。"

持续的河患打乱了生态秩序，以致民生凋敝。自铜瓦厢改道至清末的五十多年间，洪水恣意泛滥。巨浪滔天，大面积的庄稼被淹没。洪水及所携带的大量泥沙，毁坏了植被，造成水系紊乱、河湖淤积。《山东黄河志》载，咸丰五年（1855）以后，黄河决溢成灾，侵淤徒骇河四十五次，马颊河七次，北五湖十二次。这不仅削弱了蓄泄能力，还在平地上留下了大片沙地和洼地，恶化了气候环境，加重了这一地区的水、旱灾害。洪水所过之处，大量土地沙化荒芜，农民失去生产基础。灾后大量农村劳动力急剧流失，农业生产急剧退化。山东巡抚张曜在光绪十五年（1889）四月的奏折中说："山东地方十余年来，黄水为患，灾祲频仍，民间地亩或成巨浸，或被沙压，不能耕种，生计日蹙。"

祸兮福所倚，黄河在泛滥成灾的同时，也淤积出了大量的土地，给下游不断增长新生的土地资源。从铜瓦厢决口到光绪三十一年（1905）仅仅半个世纪，黄河尾闾以宁海为起点，自僻半径之地，北侵徒骇河，南掠支脉沟，在这片弓形陆地上任意穿越，所经之处滩结海退。黄河以每年造陆近三十平方公里的速度填充大海，造就了一大片扇形的最年轻陆地。黄河翻摆滚动，新淤地成倍增加，如利津汀河与海岸之间六十里方圆的潮淹碱废地，从咸丰五年（1855）行水至光绪初年（1875），落淤三到九尺而成为膏腴之地，新增垦荒地达一百多顷。在此期间，全县在册征赋的田亩猛增到四千多顷，比清初增加了足足两千四百顷。肥沃的新淤滩地成为安置移民的良好区域。

光绪《利津县志》记载："光绪八年六月，南北岭子决口，海滩灶场淹没多处，逾年合龙，地被河淤，灶地之外亦有堪种之田，芦苇深处始有垦户出入"，"彼时县署仅发给领单、验单，每亩收费甚微，意在提倡垦务，任人拓地开荒"。

黄河在南北岭子决口后，大量泥沙淤积于昔日的退海荒滩上，生成了大片肥沃土地。此时移民比较零散，数量不大，还属于附近村民的自发行为。不断增加的肥沃的新淤地吸引着方圆百里的百姓，前来垦荒的移民日渐增多。光绪十五年（1889），韩垣村决口，大河东去，经老鸹岭、四段、一千二、罗家屋子，由毛丝坨入海，行水八年，旧河身数十里淤积为良田，生成了利津东北境数千顷沃土。周边农户争先圈地开荒，为争占新淤地打官司的事件时有发生。

随着黄河洪灾的频繁出现，利津东部成为安置灾民的重要地区。光绪十七年（1891），利津知县钱镠"将二十九村灾民迁入海滩高阜地点"，"自割草窝以下顺旧河道迤北至柳树林子为止"，"他乡之民亦有因生活艰难前往萧圣庙、二河盖等处搭盖窝棚专事垦荒者"。第二年，钱镠又领款承办当地四十一个村的灾民安置，每户发给屋价、牛具、籽种，令其"试垦于滩"。

光绪二十八年（1902）武定知府将利津城南的石家、邱家、邓家等十个村迁入汪二河，统称罗盖十庄；将崔家、毕家迁到汀河西，将每村或二十户或三十户不等编为十乡，总名新安乡。第二年，为安置小宁海黄河决口的灾民，山东巡抚周馥奏设迁民局，按户拨发灾民津贴，敕令迁徙大堤之外。接下来的一年，黄河又在薄庄决口。一年后，山东巡抚杨士骧将薄庄口门以下十六村分迁四处，"一为马家庄迆北地，一为后洼地，一为老河滩地，一为新河滩地。按照新迁户口，共盖成新屋九千三百八十间。自四月初一日起，至六月初八日止，该庄民先后迁徙，一律完竣"。

光绪三十年（1904）官府将填发过"司照"的土地作价出租，按当地大亩（一亩合市亩三点六亩）收押租一吊，岁租二百至四百文不等，发给租佃户用木板印成的字据，叫作"承佃照"。字据上言明，租户对土地，只有耕种权，没有处理权，拖欠岁租者，收回土地。

种田人跟着黄河走，大水退下，新淤地上出现了零星散落的种地屋子，冒出了缕缕炊烟，鸡叫犬吠声里，丁壮挈妇将雏，栉风沐雨，披荆斩棘，在新淤地上辛勤耕耘，不断播下未来的希望，年年收获丰收的欢乐。

2022年7月10日定稿

待要吃饱饭，围着黄河转

黄河夺清入海后的大半个世纪里，黄河口移民延绵不断，活动非常频繁，其中绝大部分是为开垦黄河新淤地而来的农业移民。由于农业移民零散无序，没有引起政府与社会的关注，难见确切的统计数字。不过从本地方志记载看，这一时期黄河口移民为数众多。

有清一代始终有劝耕政策，并且成效显著。康乾时期，规定对所垦荒田，只征地价银，不征田赋。从咸丰朝开始，官府鼓励拓荒，经常贴出告示，明确规定不论当地还是外地人，凡报垦者，都发给证照，允许他们在新淤地开荒种田。本地人跟着黄河走，率先开荒种地。

受到官府鼓励，邻近的乐安、寿光、昌乐、昌邑等县农民也纷纷前来，向着新淤地纵深推进，钻进荒洼草丛里安家落户。为管理新淤地的移民垦殖，光绪三十年（1904），乐安县设立垦务局，"始设人、寿、丰三局，在故大清河以南，神树坡以东开放垦则"。第二年，利津县也在"盐窝镇设立垦务分局，分别为仁、义、礼、智、信五路"。此后垦户日渐增多。在这种形势下，新淤地上出现了桃花园子等一批新村落。

宣统二年（1910），利津知县宁继先与三位乡绅一道，进入新淤地上的芦苇荡，勘定面条沟荒地数百顷作为公产学田，招引佃户开垦，以其押款补充办学经费。寿光等地的垦户闻讯后纷至沓来，他们同姓人聚住在一起，奋力开垦，不长时间里，数百顷荒地变为粮田。

之后寿光县北部农民到黄河口垦荒定居的越来越多，今河口区义和镇的七顷村即于此时建村，原名就叫"寿光围子"。当时"待要吃饱饭，围着黄河转"的说法广为流传，乃至长达数十年的岁月里，在寿光北部形成了一股持续不断的向黄河口移民的热潮。

民国初期，黄河河口一带频繁决口，新淤地不断扩充，自行投奔新淤地的移民也越来越多。在垦务政策上，民国最初十年基本上沿袭清代旧制。民国四年以办理垦务失当为由，将各分局撤销，不久又恢复分局，取消"司照"，改发"承垦证书"和"所有权证书"。丈放地亩，分为五等，先发承垦证书，每亩交保证金一角，到竣垦时，垦户交还承垦证书，交清地价，再发所有权证书，每证收费两元。民国五年将地级改为三等，取消承垦证书，只发所有权证书，以免拖欠地价。

民国十年，黄河在宫家决口，五县被淹，决口堵复后，河流漫溢的地方淤为良田，附近居民争相垦种。这一时期垦荒种地的人们多数是春来冬去，还没有形成像样的聚落。

民国二十四年，黄河在鄄城董庄决口，浸漫多县，灾民数以百万计。当时省政府安排数千灾民到黄河尾闾垦荒自救，这里社会情况变得十分复杂。当时租佃关系也很混乱，有红契、完粮升科的"民地"、未完粮升科的"所有权地"、无所有权但有"老照"的"照地"、有"公地"（又分有主、无主两种）、无契的"计口授田"、有契无地、有地无契、地照不符、黑地种种，一时间司照、县照、承垦单、皂地、承垦证书、试垦证书、迁移照、飞照（迁移照、飞照，是指过去政府批准，垦民因淹碱另迁，所发的执照），重复压盖，土地纠纷成了一大社会问题。尽管情形复杂，鲁西灾民最终还是站住了脚，成了铜瓦厢决口以后黄河新淤地上正式落户的居民。

新淤地上的移民聚落，有一个饶有趣味的现象，那就是在相当长的一个时期，尽管各地移民同居一地，却依然保持各自的习惯风俗，在住宅和食品上尤为明显。

利津人的住宅为正方形院落，正房坐北朝南，宽门大窗。家境好的人家正房两边有东西厢房。大都有院墙，院墙用泥坯垒砌，盖上小门楼或栅栏院门。条件差的人家也有院子，是用树枝或苇棵排成高而厚密的篱笆当院墙，叫作"箔障子"，用以保持独门独院。

寿光移民习惯在田间建屋，坐北朝南。为防御冬季寒风，屋后檐比前檐高，看上去"墙矮背高"。这样盖屋不需粗大房梁，支撑屋顶主要靠檩条，通常是"梁细檩粗"。屋墙亦用红泥坯块砌成，屋顶用麦秸苫盖。只盖正房，不配厢房，也不垒院墙，开门见庄稼，倒也敞亮。

鲁西南居民，是遭洪灾逃荒而来，无力营造像样的住处，多住"马架子房"，居所常变。有歌谣唱道："三根木棒一架梁，芦苇做顶泥巴墙。垦荒打鱼养儿女，顺河找地任我闯。"许多人是随地安家，遇上水涝灾害，扒了房子装在独轮小推车上，男驾车，女拉套，另觅安身之处。

同样一种食物，做法不同，口味不同，名称也不相同。垦区居民常见的主食是高粱面与豆面混合蒸饼子，利津人做出的是"窝头""饼子"；鲁西南移民蒸"窝窝""烀饼"；寿光垦户则统称为"面子"，一日三餐，全都是"吃面子哈（喝）汤"。

如果就地获取食材，他们的做法则大体一致。芦苇荡里有的是毛螃蟹，秋天捉一网兜回家，用盐水腌一小瓮，称"炝螃蟹"，喝酒下饭，大人小孩都喜欢。虾酱、大葱更是各地移民的最爱，有谚语说"大葱蘸虾酱，越吃越旺相"。

无论来自何处，不管习俗异同，他们都具有同样的情怀和难以忘却的记忆。走进黄河口，大家再也不愿离开。新淤地肥得流油，全是麸子一样的褐色壤土，人们得意地说，在上面插根筷子也能长成大树。

黄河伏秋大汛，泥浆似的河水涌过，灌满了垦荒人遮风挡雨的"地窝子"，男女老少躲避到早已筑好的土台子上，风餐露宿，等着大水退去。当洪水退下，新淤地上往往现出一道道的裂缝，人们依然日夜劳作，耕耘不迭。

"河口一场风，从春刮到冬"，在这刮不完的四季风中，新淤地慢慢变了样，前几日杂草丛生，转眼野豆遍地；今朝花蛇盘树，过不几天就成了狐狸、獾、野兔的乐园；秋天野地里有很多水洼，巴掌大的鲤鱼在水洼里活蹦乱跳，伸手就能抓到；草地上有毛螃蟹，夜间毛螃蟹出洞觅食，夜深人静的时候，毛螃蟹爬进地窝子，有的攀爬到吊着食物的筐沿上，有的钻进被窝里，那毛茸茸的钳爪挠得你在睡梦里也会笑出声来。

荒洼中"三只老鼠一麻袋，十个蚊子一盘菜"，大老鼠一口能把小孩子的耳朵咬下来。晚上一团团大蚊子扑过来，让人无处藏身。

垦荒人不离不弃，他们把开垦的土地当成命根子，把自己牢牢拴在这里。哪里淤出荒地，哪里就有他们的身影。饥寒交迫的悲苦和当牛做马的痛楚，与开垦耕耘的舒畅和播种收获的欢乐交织在一起，以致他们的土地情结生死不渝。斗转星移,在众多移民的耕耘下,新淤地慢慢变了样,变成了吃用不尽的粮仓。

2010 年 6 月定稿,见同日"微波龙鳞"新浪博客

鲁西灾民安置与功劳兵屯垦

进入二十世纪三十年代，黄河口地区迎来了又一拨大移民，这次移民是军事移民与安置灾民交织在一起，时间集中，规模大，为本地社会发展注入了持久的活力，这一历史功绩应该记在韩复榘名下。

一九三〇年三月，韩复榘被调往山东，出任冀豫剿匪总指挥，率部进驻济宁、泰安、济南、青州等地。中原大战爆发后，韩复榘任第一军团总指挥，同晋军作战，立下功绩，同年九月，被任命为山东省政府主席。

韩复榘这个人很复杂，具有多面性。主政山东七年之久，在治军剿匪等方面有不少可圈可点之处。不过老天好像不给这位"山东王"面子似的，他上任伊始，黄河决口，飞蝗肆虐，祸患接踵而来。

一九三一年夏天，飞蝗蔽天，稼禾尽毁，灾害遍及聊城、禹城、菏泽等九县。接下来，山东省一百单八县中，八十个县都发生严重的水、旱、虫灾害。而黄河泛滥更是连年不断，民国二十四年七月，鄄城董庄决口，泛滥区域达一万多平方公里，山东省有十五个县受灾，淹没耕地八百多万亩，灾民达二百五十万人，淹死三万多人，倒塌房屋近百万间。受灾地区"田庐冲没，村舍为墟"，"哀鸿遍野，触目惊心"。韩复榘曾在给南京、北平、武昌等地拍发的电报中称："鄄城河水漫决，大堤漫溢崩溃，以鄄城、菏泽、巨野受灾为最烈，几乎处处皆水，余如汶上、嘉祥、东平、阳谷、寿张等县灾情亦复奇重。"当时的《山东省政府公报》载："人民多遭没顶，漂泊洪涛，浮沉激湍，宿露餐风，吁天呼地。"

面对省内这些严重灾害，韩复榘采取了许多措施，以期减缓其危害程度。这些措施中，收效显著的是迁送大量灾民来黄河口新淤地垦荒自救。山东省政府从鄄城董庄决口波及的梁山、寿张、台前、阳谷、范县一带，迁移灾民四千多人，到利津东北洼垦荒种地。

这批移民每二百人编为一个大组，每组划分荒地一段，以序数排列，先后建立了二十多个村庄。为使这些移民安心垦荒，政府还向移民发放了一些物资和粮食。垦利永安镇五村有一位老移民李春桂回忆："移民刚迁来永安，每户领五根盖房用的檩条，领一个碌碡，一匹马或一匹骡子，每人每天领二斤小米或二斤绿豆，还分了当年种地的豆种。每人分二十五至三十亩地，当年收的大豆上缴，第二年收的免缴，当然官府的粮食供应也就停止。第二年我们就回原籍搬迁家属，带上老婆孩子，把破衣烂衫装船，顺黄河而下，一船一船送到永安，从前坨子下船，分驻自己的垦地。"

这是一份见诸文字的珍贵记忆，尽管是口口相传，但也是黄河口移民史册上最生动的一段叙述。

说到黄河口的灾民安置与功劳兵屯垦，桃花园子是一个响亮的名字。一九二九年，匪首孙振友率部在利津纪庄扒堤决口，河水横流，南到南汪河（今支脉河），北上丝网口又到宋春荣沟，最后在桃花园子东边的青坨子入海，行水三年又四个月，形成利津东部、东南部大片新淤地。以桃花园子为中心的大片退海之地被淤积为沃土。这片新淤地土质肥沃，且地方安定，垦荒者越来越多，成为灾民安置和功劳兵屯垦的首选。

桃花园子一带早已是移民集聚地。这一拨移民在新淤地上建村时，有的以大组为名，有的以数字序列为名。桃花园子北边的住户称为"下八大组"，南边的称为"上八大组"。随着外地移民的不断迁入，八大组逐渐成为垦区中心集镇。为鼓励退伍功劳兵长居新淤地，韩复榘将"上八大组"改名为"永安镇"，"下八大组"随之更名为"下镇"。以数字序列为村名的，从"一村"一直到"二十五村"，一直延续下来。

黄河新淤地在同一时期成为功劳兵屯垦的地区。早在任省政府主席之初，韩复榘就派二十师五十九旅一一八团开赴利津县剿匪。长期活动在利津东北洼的土匪"四大团"熟悉地形，善于隐藏，剿匪行动短期不能结束。于是这支部队便驻扎下来，他们一面剿匪，一面屯垦自给。三年后完成剿匪任务的主力部队撤走，留下一批行将退伍的功劳兵继续屯垦。按连长、排长每人一顷，士兵每人五十亩的标准，分配土地，让他们自食其力。

屯垦分民垦和军垦两种，其中承垦土地最多的是部队中年长的功劳兵。屯垦之初，为加强对垦殖的管理，解决民垦与军垦的纠纷，韩复榘分别设立了滨（滨县）、蒲（蒲台）、利（利津）、沾（沾化）、棣（无棣）和广饶垦丈局，统一管理土地的丈放、劝种，征收地价和垦丈费等事宜。为办理官荒和马场熟田的屯垦事宜，还在利津县设立了屯垦局，统一管理官荒淤地的垦殖。

一九三七年，韩复榘又一次发派功劳兵屯垦，大部在利津东部与沾化东部的新淤地上。当时士兵每人四十亩，排长每人一百亩，连长一百五十亩，营长二百亩，团长三百亩，旅长五百亩。在这次军事移民活动中，大约有一千余名功劳兵被成建制地发派到黄河新淤地上。这批功劳兵集中屯垦的地区，逐渐形成了一批地名富含军营色彩的村庄。如今永安乡的人字局村，为当时屯垦部队的治安局所在地；下洼乡的二十师村和惠鲁村，为原屯垦部队某团的军管地和惠鲁学田地；建林乡的生产村，为军屯时佃农的集中垦殖地。

这些功劳兵带着政府发给的简单农具，搭起一个个"地屋子"，开始垦荒种地，娶妻生子，在黄河尾闾的新淤地上扎下了根。

2011年6月初稿，2022年7月定稿

清河区新政

永安镇与下镇一带地广人稀,土地肥沃,是产粮富区。一九四一年八月底,八路军山东纵队占领了八大组及其周围地区。九月,在这里建立了中共垦区工作委员会和垦区建设委员会。原驻外地的中共清河区委、行署,清河军区司令部及其后勤机关也相继移驻永安镇,居住人口由原来的一千多人猛增到三万余人,成为垦区的政治、经济、文化中心。

一九四二年,垦区抗日民主政府领导垦区人民垦荒种地,发展生产。垦区土地整理委员会和土地局颁布法令,保障人民地权,推行鼓励群众垦荒政策。解放区的垦务管理工作,首先解决地权紊乱问题,当时垦区土地有五种地权:一是民地,有红契,但完粮升科者为数极少;二是所有权地,有所有权证书,未完粮升科;三是照地,有老照,无所有权证书;四是公地;五是计口授田,无契。由于地权杂乱,形成了有地无契、有契无地、地照不符、名地不符和黑地等严重现象。单就土地证书来看就有司照、省照、县照、承垦单、县契、承垦证书、试垦证书、所有权证书、计口授田、迁移照、飞照等十一种。

为解决地权紊乱和土地纠纷问题,垦区土地整理委员会于一九四二年二月以[政字第三号]发布了《垦区土地整理办法》。四月,按照中央土地政策及有关原则,纠正了第一次布告中的缺点,发出了第二、三次布告和《垦区土地整理暂行方案》。这一时期垦区土地管理部门,严格执行中央有关土地政策和法令的精神,解决了二百五十多起土地案件,安抚了垦区人民的情绪,鼓舞了人们的开荒积极性。

一九四二和一九四三年是抗日战争最艰苦的时期,整个清河平原根据地被日伪军分割蚕食后,以永安镇为中心的垦区根据地就成了清河军民坚持抗日游击战的可靠后方。这里陆路可达胶东军区,海路可到冀鲁边区,是南北联络的枢纽。此处纵横百余里,荆林芦苇,树木茂密,具有开展游击战的天然屏障。永安镇依河傍海,土地广阔肥沃,盛产粮、棉、鱼、盐等,为根据地提供了充分的物质保障。军区后勤部所属的医院、印刷厂、被服厂、兵工厂等部门的设立,为打破敌人的经济封锁,保证后勤供应发挥了巨大的作用。本地生产的粮、棉、武器弹药等重要物资,不仅可满足渤海子弟兵及后方机关需用,还源源不断地运往胶东、鲁南支援其他抗日根据地。为此,以八大组为中心的垦区抗日根据地成为日伪军的眼中钉、肉中刺,多次重兵"围剿"。

一九四三年冬季的"二十一天大扫荡",垦区根据地遭受严峻的考验。当时,日伪军两万五千多人,出动飞机、坦克,从南、西、北三面围剿垦区,气焰嚣张。这次"扫荡",日寇实行惨无人道的"三光政策",疯狂屠杀抗日军民。山东纵队驻永安的后方机关,化整为零,利用海滩荆丛与敌人周旋。主力部队则分内、外两条线作战,外线作战部队插入敌后打击敌人,减轻对根据地的压力;内线作战部队则化整为零,化装隐蔽,采取"地雷战""麻雀战""车轮战",让敌人坐卧不宁,行走不安。当时流传一首赞游击战的诗:"坚壁清野饿死鬼,填井染水渴死狼,袭扰战法疲日寇,麻雀战术弱胜强。"垦区人民顽强保卫了抗日根据地,为抗日战争的最后胜利贡献了自己的力量。

粉碎日伪"二十一天大扫荡"之后,垦区及其周边地区的垦务进入了一个新阶段。当年经清河参议会通过颁布的《垦区土地整理暂行方案》和《垦区公田垦殖暂行办法》顺利实施,为垦区抗日民主政权积极办理土地陈报,调解土地纠纷,明确承认垦区移民的财权地权发挥了显著作用。为奖励垦殖,清河区行署又将公田无代价地分给农民,每个壮丁发给三十亩,三年不交公粮。由于实施了上述政策,不到一年的时间,前来垦区定居的移民就达到了四千多户。

在清河区这一系列奖励垦荒政策的鼓励下,鲁中临朐、益都、寿光、莱芜、昌潍和鲁西南等地的二万三千多户、近十一万移民陆续迁入垦区,建立了四十多个移民村。到一九四六年,垦区共安置各地移民二万四千多户,开垦土地近四十六万亩，各地移民和本地农户每年献交的公粮达数百万斤，不仅保障了清河区党政军的供给，还有力支援了胶东、临沂等地的抗日战争。

在农耕社会中，土地是影响人群聚散的主要因素，黄河口新淤地，犹如渤海西南岸上一座光芒四射的灯塔，将四面八方的人们牢牢地吸引过来，因之，这个在抗战时期被誉为"鲁北小延安"的地方，在黄河口地区现代移民史上有重要的位置。

2022年6月定稿

主要参考文献

1. 《明太祖实录》，洪武二年十一月己丑条。
2. 《元史》，中华书局 1997 年版。
3. 清光绪九年《利津县志》。
4. 清雍正十一年《乐安县志》，中华书局 2009 年标点本。
5. 惠民县武定府文化研究会编《武定府全志》，广陵书社 2009 年版。
6. 山东省利津县地方史志编纂委员会编《利津县志》，东方出版社 1990 版。
7. 山东省垦利县地方史志编纂委员会编《垦利县志》，山东人民出版社 1997 年版。
8. 山东省广饶县地方史志编纂委员会编《广饶县志》，中华书局 1995 年版。
9. 山曼《流动的传统——一条大河的文化印迹》，浙江人民出版社 1999 年版。
10. 赵惠民《清末民初的黄河三角洲移民》，《齐鲁学刊》2007 年第 4 期。
11. 丁世华、郭德义《韩复榘与黄河口移民》，《春秋》2012 年 12 月。

Ren Wu Pian

山西布政使李益

李益,字守谦,明洪武四年(1371)以"人材"被举荐。明朝建立之初,人才奇缺,朝廷征召天下贤才充任各级文职官员,最初只能靠荐举以应急需。荐举分为八个科目,"人材"即其中一项。当时荐举与科举"两途并用",像李益这样的一些朝廷官员并非举人、进士出身,而以"荐举"入仕者多。

李益被礼送至京后,通过考察很快就成为正六品户部主事。洪武十九年(1386),皇帝敕户部侍郎李益曰:"户部掌户口、土田之事。凡仓廪、府库、签计、出纳隶焉。其任重矣,必得人资。参伍尔李益,今特授承直郎户部总部主事。尔其夙夜惟寅以尽乃职。庶称委任之,意尔其懋哉。"(康熙《利津县新志》卷十)

明代户部是管理国家财政与经济的最高机构,李益就任后谨守敕命,清约自持,奉公守法,在任好几年,竟然连一件替换的衣服都没有。

太祖朱元璋过四十六岁生日那天,传令百官穿锦绣服装朝贺。李益没有新衣服,情急之下,借了一件千户官服穿在身上,立于文官行列中。朱元璋见了感到很奇怪,责问他为什么文官穿了武官的服饰,李益只好实话实说。朱元璋不相信,当即派人到他家中搜查,没想到只搜出了装在皂靴中的几升俸米。朱元璋很受感动,为之嗟叹良久,特地恩赐一件锦衣,用以表彰他的清廉。

后来李益到江西饶州府(今鄱阳湖以东的上饶、鹰潭、景德镇三地)任通判,不久升任饶州知府。李益在任十八年,体察民情,关心百姓,做了许多好事,深受百姓爱戴。在朝廷任命李益为山西左参议的时候,饶州百姓推举乡绅到南京陛见皇帝,把他挽留下来。居留两年,饶州人还是不忍

光绪年间《利津县志·宦迹列传·李益》

与他分别,给他立祠绘像以作纪念。

　　李益赴山西上任后,曾督办过北京宣武门及城墙修葺工程,不久升任山西右布政使。洪武九年(1376)后,天下分十三个承宣布政使司,每司设左、右布政使,为从二品。右布政使高于左布政使,都是一省的最高行政长官。李益天性至诚,不事雕琢,他的生平及政绩在《大明一统志》与《为政要典》上都有记载,并名列本县乡贤之首。

　　　　　　　2011年1月24日定稿,见同日"微波龙鳞"新浪博客

人物篇　125

古之遗直岳镇南

岳镇南，字文峰，乾隆五十年（1785）生于山东利津县北岭村一个书香门第。嘉庆十二年（1807）中举，道光二年（1822）成进士，授翰林院编修。岳镇南学识渊博，为官清正，历任监察御史、九江知府、浙江盐运使、甘肃按察使、直隶按察使，道光二十三年（1843）殁于云南布政使任上。

中进士不久，岳镇南即到武定府滨县岳家庄，拜谒同宗兄长，并题写"南极星辉"四字寿匾。时滨州岳家庄已无岳镇南长辈，只有"天"字辈与之兄弟行，岳镇南借此恭祝庄中各位宗兄康健高寿。任监察御史期间，曾在河南汤阴县岳王祠题一联云："天章褒臣节，想当年竭力致身，忠孝兼全，万古精诚光日月；祖训衍家传，愿奕叶承先启后，蒸尝勿替，千秋俎豆炳湖山。"

在都察院任监察御史七年，岳镇南以作风正派、刚正不阿、办事机敏干练而闻名朝野。道光皇帝有联赐岳镇南："父子观察方伯第，兄弟翰林进士家。"道光九年（1829），岳镇南充任会试同考官。十一年（1831）任湖南乡试主考，后提督湖南学政。他广交朋友，招贤纳士，在选拔人才上极为用心。

道光十三年（1833），岳镇南主持湖南院考期间，把曾国藩取为秀才，为二十三岁的曾国藩平步青云打下了根基。三年任满后，朝廷命岳镇南为钦差，抽查两广漕粮。他对贪赃枉法者不徇私情，一律革职查办。

岳镇南在道光十六年（1836）出任九江知府。当时九江盗贼蜂起，世风不淳。他先是严法明纪，擒治盗首，教化其党羽，着力为民除害；后又修葺书院，培养人才，教民众懂礼貌知廉耻。在他任职的三年中，九江地

岳镇南钤印的《黄均古频迦礼佛图手卷》

方平安,百业渐兴。之后他转任江安粮道,又出任浙江盐运使。在这些负责钱粮的重要衙门里,岳镇南对下属关怀体贴又严格要求,"有取民间一编菅(草苫子)者立治其罪"。

道光二十年(1840)岁尾,远在甘肃兰州的岳镇南接到调任直隶按察使的御旨,在陇任职仅月余的他,立即收拾行囊,长途跋涉,星夜兼程,赶赴京都向道光皇帝陛辞。岳镇南一路鞍马劳顿,却意气风发,豪情满怀。在风餐露宿之际,写出了七言诗《庚子仲冬调任直隶,嘉平望后由甘赴都留别兰州同僚六首》,其第一首曰:

曾记重阳出帝都,星邮往返历长途。
燕郊云树三秋景,秦地山川万里图。
兰岫清风携两袖,柏台霜肃列双株。
甫厘积牍刚经月,旋策征骓又载驱。

此诗深沉隽永,字里行间流露出匡时济世、奋发担当的愿景。

岳镇南直隶上任伊始,恰遇文安县(今河北廊坊市文安县)王海龙调奸未成毒死三条人命一案未结,前任审理不清,已经另案缉凶。岳镇南详阅案卷,连续三昼夜不休息,之后周密调查,终于使案情大白,完结了一起久拖未决的大案。

岳镇南任云南布政使,是道光二十二年(1842)的事情。这年正月道光皇帝三次召见他,二月又下旨命他随銮驾拜谒西陵,并安排他许多朝廷事务,

岳镇南为堂兄题写的寿匾

直到第二年夏天才到云南赴任。此时他志向远大，有抒怀诗曰：

> 忆自兰垣莅保阳，瞬更岁籥历星霜。
> 三春随扈瞻鸾辂，九陛颁纶赍凤章。
> 只有冰心清积案，愧无藻镜耀虚堂。
> 菲材忝任藩寅职，共话滇南万里长。

云南任上，岳镇南秉公执法，兴利除弊，若是有人以金钱贿赂他，他总是十分愤恨地说："此民脂民膏，余不忍受也！"并严加处罚。时任云南巡抚、以操守清洁和学问渊博著称的吴其濬对他非常佩服，曾和同僚称赞："镇南高风亮节，真'古之遗直'也。"

岳镇南为官二十余载，远离家乡，跋涉边陲，奔波于大江南北，耽于公务，积劳成疾，五十八岁病逝于云南布政使任上。他为官清正廉洁，殁后宦囊空空，其后人无力越千山万水将之归葬利津，多亏了时任翰林院侍讲的曾国藩竭力相助，才得以归葬故里。

岳镇南爱好读书与著述，有《制艺诗赋》等著作数百卷流行于世。光绪《利津县志·宦迹列传》赞其"风度端凝，公正廉察，遗直之称，谅哉，神道之远，儒者不言"。

岳镇南天资聪颖且为官清正，深受后人崇敬。一百多年后，身居台湾的国民革命军陆军上将石敬亭仍将岳镇南奉为尊神，在他的口述年谱中提到："乡先贤岳镇南之文章则尤称天衣无缝，自然有致。镇南少负大志，欲夺魁元，殿试中翰林，竟大哭，终身引为憾事。尝放湖南主考，抡材极称用心，自题一联曰，'错看一字丧十目，屈断人材绝子孙'……岳氏昆仲于利津县中颇负乡誉，文章亦为一县之楷模。"

2011年5月10日定稿，选入《山东区域文化通览（东营卷）》一书

伟抱匡时赵长龄

赵长龄，字怡山，嘉庆二年（1797）生于利津县姜家庄，道光五年（1825）乡试中举，十二年（1832）中进士，参加朝考被选为庶吉士，留翰林院庶常馆，三年后授翰林院检讨，擢升都察院左副都御史。之后历任广东肇庆府太守、广东盐运使、四川按察使、陕西巡抚、山西巡抚等职。

赵长龄出身官宦世家，文韬武略兼备。道光二十一年（1841）奉调广东肇庆府任太守后，他勤政廉洁，安民禁暴，以宽厚对待同僚，以仁慈对待庶民，颇有政声。道光二十四年（1844），赵长龄奉旨到廉州查捕海盗。位于中国和越南交界之处的廉州海域，有许多大大小小的岛屿，自明以来盗匪迭起，并有"洋盗"（外来海盗）伙同作乱，朝廷多次围剿难以荡平。赵长龄接任后访察民情，调兵遣将，设防布哨，日夜巡逻，一鼓作气将廉州、琼州一带海盗扫荡尽净。

廉州剿匪获胜以后，朝廷对赵长龄倍加赏识。两广总督耆英奏请皇上，让其协助治理五口通商事宜，留在广东以监司供职。当时广东海禁初开，要求通过口岸进入中国贸易的有五十多个国家。赵长龄以维护国家利益为己任，使德、意、英等国皆俯首遵约、公平贸易。赵长龄还奉命参与了舟山群岛归还中国的谈判，在谈判中他唇枪舌剑，据理力争，令外国使臣心服口服，终使舟山群岛复还大清版图。

道光二十七年（1847），赵长龄劝耆英允许英人进城通商，化解了两广危局。后留任广东，提升为盐运使。他治理盐商，严查走私偷税漏税，恩威并重，颇有成效。同治四年（1865），经四川总督骆秉章推荐，赵长龄任四川按察使，他断决狱讼明允，对于他审结的案件，人们称之为"赵公铁案"。

是年秋，升陕西巡抚，很快又接到调他为山西巡抚的圣旨，同时又命他去甘肃办理参将周显承贻误军机案。赵长龄缜密调查，认定周显承确有冤屈，于是极力为其争辩，最终周显承以战绩贷死结案，泾州得以安宁。接着又到庆阳办结了军饷调用不均案，经过周密审理，使当事者受到重罚。

翌年三月，赵长龄遵旨抵山西太原就任。当时捻军在河南许州，而陕甘动乱，惟山西境内还算平静。赵长龄到任后，将黄河天险作为防守重点，以三面依河度势布防，把船只统统调过河东，御策周密。期间捻军曾无数次强渡黄河，但一次也未成功。

赵长龄知道，专事陕甘围剿西捻军之钦差大臣、陕甘总督左宗棠所部已追入陕北。对西捻军来说，荒凉的陕北必非久留之地，捻军离开陕北往何处去？北面是沙漠，西面甘肃为回民军队占据。西捻军想要避开湘军围剿，就必须离开贫瘠的陕北，那么唯一选择就是东渡黄河，直躜山西。可惜山西素无可恃之将、可用之兵，所能抽调防守边界各个关隘的兵力不足千人，而境内大部兵力由曾国荃的姻亲陈湜统辖，赵长龄布防策略难得实施，多有窒碍。

延至同治五年（1866）十二月十九日，朝廷方敕谕："兵部侍郎兼都察院右副都御史赵长龄，巡抚山西太原等处、雁门等关军务，兼理太原大同二镇兼理提督印务，兼管河东吉兰泰盐政，驻扎太原府。"此谕颁布两天前，也就是十二月十七日夜，张宗禹率西捻军主力由宜川、壶口，踏黄河冰桥进入山西吉州，守军不战而溃。按察使陈湜率部至洪洞赵城，龟缩不出。

赵长龄书法

山西是京都门户，最为紧要。而山西历年办防，恃有山河之险，水陆各勇不及万人，四面设防，难免零星分散，兵单地广，兜剿愈难。这次西捻军踏冰过河，行进神速，锐不可当。赵长龄于骤变中仅招得三百名兵丁，

人物篇　131

由太原南下，急行军二百里，赶到距前敌不远的介休驻扎。赵长龄深知捻军流窜飘忽、诡谲凶悍特点，眼下河险尽失，而大军皆在东南。西捻如直走太行，急趋东下，便可轻易闯过并无重兵把守的太行山，旬日可达直隶边界，直扑京畿。那时根本动摇，祸患将不堪设想，而以三百兵卒迎敌，直如以卵击石，因此赵长龄在介休欲待湘军共同堵截。

谁知捻军并未北上，却在渡河之后，先是南下至稷山，大部由临汾、襄陵、曲沃，经横岭关向东南行进。左宗棠亦率湘军五千，由陕西匆匆进入山西，尾追而来。俟至同治六年（1867）一月二日，捻军占领垣曲县城，随之由垣曲东下太行，开到河南，迂回了一个"之"字形。左宗棠追之不及，与赵长龄一道褫职留任。

后来张宗禹果然率军进入河北，军队前锋直抵卢沟桥。朝廷震动，君臣惊恐，宣布京师戒严，严令李鸿章、左宗棠、官文等剿捻主帅火速入京勤王。西捻军兵悍将勇、所向披靡，湘军名将刘松山等人只敢尾随，而不敢接战。朝廷为了剿灭张宗禹，花了自立国以来的最大力气，统兵大员共有两亲王、三大臣、一总督、三巡抚、四侍郎、一将军，集军二十万，曾国藩亲为筹饷，湘军、淮军所有名将均参与围剿。张宗禹毫不畏惧，在河北境内连续作战多次，阵斩官军两万余人。此役历经一年零九个月鏖战，直到同治七年（1868）八月十六日张宗禹兵败徒骇河才告完结——想赵长龄抚山西不足一年，朝廷命其督军之敕谕未到，捻军已渡黄河，赵长龄有衔无权，将无一员，兵不满营，如何堵截张宗禹六万骁勇东进？

此间，赵长龄被左都御史郑敦谨参以"防剿不力"，为朝廷褫职遣戍，去张家口协助都统治理黄河，不久免遣归籍。

罢官后赵长龄居利津县城寓所，著有《元善堂制艺》《诗文集》若干卷。此间他时常黯然神伤，为宦三十余年，忠心耿耿为朝廷卖命，没想到落个如此凄惶下场——当年出守肇庆府，奉檄治廉州洋盗，擒巨魁令其部众降伏，人皆称贤太守；陕晋任上，西北大狱一言为决，威望重于一时；也曾宣示威德，让西人受约法，使舟山群岛复还大清，谁知朝野毁谤，连家乡父老也说他"盗卖梅花桩"；尤为伤心者，朝廷剿捻仓皇失措，颠倒错乱，不察详情，不辨贤愚。枢臣派系倾轧，各持己见，庇护党羽，争功诿过。捻军入吉州，自己竟成替罪羊。

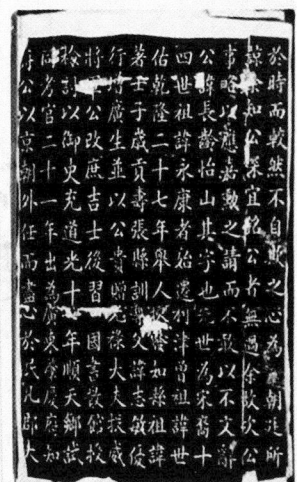

赵长龄墓志铭部分拓片

同治八年（1869），同治皇帝下诏令其还京，赵长龄心灰意冷，以衰病为辞，再不入朝为官。越三年郁郁而终，享年七十五岁。光绪《利津县志·宦迹列传》赞曰："赵长龄伟抱匡时，遇事奋发无所避。其抚晋时，面面设防，贼卒至，有冰桥之渡。或有谓其不知兵者。要之，其功不可掩也。"

时任刑部尚书的桑春荣得知赵长龄殒世，深深为之叹息，并慨然为这位同年撰写墓志铭，颂扬赵长龄雄才大略，遇事奋发不避难。一是无论在朝做官还是外任郡守督抚，都是尽心于民，果断地兴利除弊；二是折狱断案明晰准确，远近都称之为神君；三是最让人痛心的——山西巡抚任上他的防守部署完善，却得不到落实。总之赵长龄功不可没，而才不尽用。其文句凝练，持论公允。尤其论赵长龄"神明内断，智深勇沉，进退绰绰然"句，更是言之凿凿，发人深思。

2009年3月9日初稿，见同日"微波龙鳞"新浪博客

古泉巨匠李佐贤

齐鲁大地自古就有丰富的文物资源,为金石研究提供了得天独厚的条件。清嘉庆、道光以降,金石研究蔚成风气,名家学者灿若星汉,出身于利津名门的李佐贤是其中的佼佼者。他博学多才,以古泉为专好,研究成果蜚声学界,所著《古泉汇》是古钱学研究集大成者。

一、家学渊源出俊才

李佐贤,字仲敏,号竹朋,山东利津县人。生于嘉庆十二年(1807),道光十五年(1835)进士,官翰林院编修、汀州知府。他出生在一个诗书盈库、累世为官的家庭里,明中叶其先祖为避战乱,自枣强迁来利津,居县城仁义街,祖父李华、父亲李文桂皆以科举入仕,家有藏书三万余册。他自幼耳濡目染,受到良好的熏陶,养成了好学上进的习惯,对他后来的求学、做官、治学都产生了很大的影响。

青少年时期的李佐贤爱好广泛,他好音律、围棋、花木,同时还喜好印章砚石,在诗文方面也有一定的造诣。二十岁左右的时候,李佐贤又对金石书画产生了浓厚的兴趣,而在金石中尤以古钱币为专好。其中缘由之一,是李家虽世代为官,但皆为清白之吏,家境并不富裕,无力购置价格昂贵的钟鼎类器物,而古钱币价格低容易买到。那个时候,李佐贤时常游学于济南、临淄、济宁、邹县、滕县之间,随地访求,努力开阔视野,古钱藏品也逐渐增多。

清道光八年(1828),二十一岁的李佐贤在山东乡试中取得第一名,成

李佐贤诗稿手迹

为莘莘学子仰慕的解元。七年后进京会试中进士,选为庶吉士。李佐贤在庶常馆学满三年,散馆考试成绩优异,由庶吉士授翰林院编修,进入国史馆,开始了漫长的史官生涯。

二、史馆九年见闻广

　　李佐贤居国史馆九年之久,阅读抄录了大量的经典古籍。其间,举凡经史、《六书》《说文》以及诗词歌赋、金石录、古钱学,还有琴棋书画、印学之类的书无所不读。对于那些珍贵的古籍善本书,他不惜精力借读抄录,为后来研究金石书画积累了大量资料。

公事之余，李佐贤频繁出入古董商肆，结交藏家，购买古籍文物。在访求收藏的同时，他还专心研究金石书画，致力考据鉴赏，逐渐增长了辨识真伪的能力，"凡金石书画砚石印章，皆能剖析微茫，别其真赝"。北京琉璃厂（亦称海王村）是他经常出入的地方。琉璃厂是中国古玩业的发源地，乾隆间修《四库全书》带动了这一古玩街市的兴旺，上至公卿，下至士子，无不以琉璃厂为雅游之地。很多老店都是争着把自家收藏的名家书画悬挂在窗前，成为琉璃厂的一道风景，人们即使不买，也愿意来此接受文化的滋养。许多出土的文物和败落的藏书家、金石书画家散出的东西，多在这里出售。李佐贤在这里遇到珍品时，每每不惜重金购买，即使为此节衣缩食也在所不惜。

自王莽新朝推行"六泉十布"的货币制度以来，人们喜欢称古钱币为"古泉"，称古钱币收藏者为"泉友"。李佐贤很快成为京都著名"泉友"，他将自己的书斋称作"石泉书屋"。每当闲暇之时，他总是走到窗明几净的台桌前，将新得的古钱拿出来把玩摩挲，觉得那书桌砚石之间流溢着一股古香古色的气息，望着那一片片青绿斑斓的钱币，时常陶醉其中。

在京日久，收藏增加，见闻愈广，李佐贤对古钱收藏与研究的认识也有显著提高。他认为，古泉中包含的历史文化价值是其他文物所不可替代的。如先秦钱币，古文奇字居多，《六书》《说文》所未备；而秦汉以来的钱币，则篆、隶、真、行各代书法俱在，胜于碑刻、刊版，是文字变革的见证；尤其是钱币的铸造方法和流通情况，更是研究历代政治经济制度变革及社会文化发展的重要依据。从这个意义上讲，古泉所关史实甚至超过鼎彝类的大器物。

供职国史馆九载，李佐贤熟读典籍，饱览书画，浏览文物，由此奠定了金石研究的坚实基础。出入于金石店馆古泉市场，结识众多泉友藏家，精心研味琢磨古泉学问，终使他走上了"尤以古泉为专好"的古钱学家之路。

三、全无媚骨不宜官

道光二十六年（1846），李佐贤出任汀州知府。上任之初人地两生，事多障碍。尽管如此，李佐贤勇于任事，同百姓以诚相见，尽最大努力改善民生。经过三年的治理，汀州稻禾丰收，世安民乐。在此期间，李佐贤公事之余不忘探幽访古，寻购金石书画，竟然得到白衡山、黄石的书画三十余件，异泉十余种，且都是稀世珍品，李佐贤称之为入闽第一奇缘。

咸丰初年，汀州辖内某县发生了一起奸妇害本夫的案子，县令一审呈报为投毒杀人案，李佐贤以原呈词审理上报。谁知六天之后，县令受贿作弊，又呈报为无毒命案，而按察使司官员对翻供的呈词竟予认可。李佐贤两次进省禀报实情，但上司却处处作梗，最后以李佐贤仅据原告呈词揭参为由，将他撤任留省。

此案错综复杂，一时难以厘清，后报刑部议处，才得以公正结案。朝廷由此给李佐贤官复原职，福建巡抚王懿德也想调他到首郡任职。但李佐贤对官场已心灰意冷，坚辞不就，以祖墓临河宜迁为由，于咸丰二年（1852）辞官归里，再未复出。他在给好友吴式芬的信中这样说："弟历碌簿书，毫无佳况。秋间因公严明省，拟调首郡。自顾悚惕，不宜繁剧。……弟于名场素无热念，自出守以来，目击宦场情形，弥觉淡而无味。惟金石书画之好，则仍然不能割舍。"

李佐贤获准引退后，偕夫人张畹芳，离开了莅政六载的汀州，百姓属吏洒泪告别，佐贤心潮起伏，思绪万千。他迂道江西，在九江乘船北上。此行虽故地重游，却是另一番心绪。回顾汀州六载，虽无卓著建树，但也无愧于朝廷百姓。望汀州渐远，大江东去，一种离索沉浮之感涌上心头，挥笔赋诗一首："急流送舟归，长空时雁鸣。梦影舟中续，秋痕陌上迷。六载汀州别，宦迹多沈浮。却余诗兴在，江上更留题。"

李佐贤有一首诗题为《辞官后戏作》，就是经历了这番刻骨铭心的身心折磨后的真情表露。诗文道出了李佐贤对仕途险恶、官场腐败的深恶痛绝，暗示自此不思官场之事，但仍不忘像西汉袁安那样保持做人的高洁情操：

> 七年支郡问心难，傀儡登场一例看。
> 剩有热肠谁识我，全无媚骨不宜官。
> 悔亲案牍抛书卷，便挂簪缨理钓竿。
> 免得衙斋听早鼓，从今高卧学袁安。

辞官后，李佐贤曾应聘赴济南书院讲席，任教四年，因黄河水患，返回故乡利津。回家后，他拿出多年的积蓄，在亲友的帮助下，于城南买了块庄田，有茅屋十余间，花果树木百余株，作憩息之地。

李佐贤并非一个优游好闲之人，家乡地瘠民贫，黄河连年水患，祸及身家性命，怎能袖手旁观。他虽已年近花甲，却仍不辞劳苦，连年协助县令王世荣，办理黄防事宜，写奏文、绘图纸，向清政府黄防阁中丞、河帅苏赓堂上书，转呈朝廷，参议黄河利津段的治理方案。李佐贤协办黄防数载有功，受到了朝廷的嘉奖，赏花翎道衔。他还在募捐赈济灾民、修葺书院方面多有义举。

四、广结同好富收藏

李佐贤研究金石书画，喜欢与人交流，从不囿于己见，入仕后结识了许多潜心实学的同道好友。其中有陈介祺、杜受田、吕尧仙、叶东卿、何绍基、刘燕庭、吴式芬、鲍康、许印林、李季云、六舟和尚、铭东屏等。他们或相邀长谈，或书札往来。遇有争议问题，他从不盛气凌人，尊重别人的不同意见。如有著述，则互相题跋，赞赏有加，由此结成了学术气氛浓厚的金石之盟。

乾隆名臣刘墉之后刘喜海（字燕庭），是当时著名金石学家。刘喜海得泉四千六百余，积四十年之功力集成《古泉苑》一百卷。李佐贤与他交往颇深，书信往来不断。他们互相投赠古泉，交换意见，扩展了视野，提高了鉴审功力。

李佐贤与金石家陈介祺交往密切，同在京城时，两人常相聚谈。陈介祺回归潍县（今潍坊市）故里，依然关注旧友。为帮助李佐贤编著《古泉汇》，他将自己珍藏的稀见泉范拓本相赠，李佐贤十分感动，致书感谢："承惠范拓六十四种，不啻百朋之锡，感铭奚似，各种奇品皆前人著录所未见闻者，真可谓集泉范之大观。"后来，李佐贤的长孙女嫁给了陈介祺的长孙陈阜，两家成为世交至戚。

清咸丰六年（1856），李佐贤之子李贻良考中进士，第二年冬天，他同夫人重入京都，租赁了一间小屋，安下身来全身心致力于古泉的收藏和鉴赏。往日同好故交或已去世，或各奔东西，李佐贤感慨万端，时常黯然神伤。恰在此时，他遇到了鲍康。鲍康（字子年），安徽歙县人，道光举人，官至夔州知府。他与李佐贤一样酷嗜古泉，鉴别精到而考订准确，被古泉收藏者奉为导师。李佐贤此时遇到鲍康这样的同好，相交成为知己，其欣喜可想而知。两人尽出所藏，相互研讨，考疑征信。他们见面就谈论古钱币，其乐融融。鲍康将李佐贤收藏的大量古币珍品与诸藏家比较，认为不仅在数量上有一定优势，而且在质量上也精于诸家。鲍康的一些真知灼见，使李佐贤耳目一新，受益匪浅。

金石之盟，情如金石。他们把所得金石、书画及古币，以实物或拓片相投赠，彼此毫不吝啬。李佐贤在晚年回忆与同道好友的交往时，经常感叹不已。由此也可看出，清代金石之学在历史上成就显赫，除特定的历史条件外，还与学者严谨执着的治学精神、坦诚交往的道德风气有密切关系。

五、心血倾注《古泉汇》

随着古泉藏品日益丰富，李佐贤将其辑录成册的想法越来越强烈。他多方搜集泉范拓本，细致整理多年收藏，集中精力进行研究。他蛰伏陋室，撷拾资料，整理拓片，注释文字，全力投入《古泉汇》的编著中。

在编著《古泉汇》的过程中，李佐贤始终坚守三项准则：一是专收亲眼所见的古币，仅见于拓本的一概不收，以免误收伪品；二是对当代藏泉家的珍奇之品，逐一钩摹填榻，以达到汇集历代诸家泉谱精华的目的；三是对于诸家泉谱旧的释文细加辨析，尽力做到既荟萃众家精华，又不苟且求同。在辑录方式上他重点坚持两条：其一是对所收古泉逐种加以考释，在每个或每种钱的图样下面，都有释文考证；其二是围绕钱币的形态、大小、轻重、质料、文字、标记、制作年代、通行地区、真伪等多个方面，详细记述钱币的铸造方法和文字的变化及流通手段。

同治三年（1864），凝聚着李佐贤毕生心血的《古泉汇》编辑成书。全书共十七册，六十四卷，分元、亨、利、贞四集。元集为古布，亨集为古刀，利集为圜钱正品，贞集为异泉杂品。《古泉汇》辑录了春秋战国时期流通的布币、刀币、蚁鼻钱以及秦至明朝历代所流通的各种钱币，总计有五千

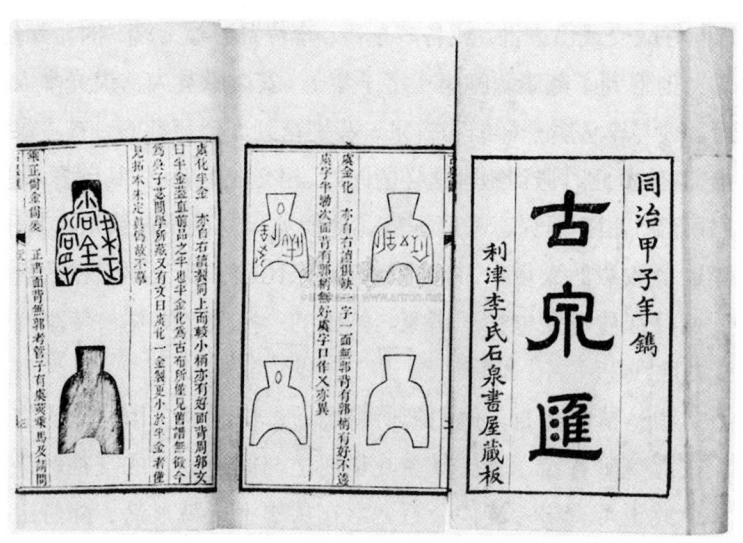

清同治三年版《古泉汇》

零三枚。其中不少奇钱异币，在历代史籍中都没有记载。

《古泉汇》是研究我国古钱学的宝贵资料,历代学者对其多有借鉴和评述。丁福宝在《古钱大辞典》例言中说："故凡刀布之释文,用以通检,附于各图者,姑以《古泉汇》为准则。"王献唐在其《五镫精舍印话》中说："利津李竹朋佐贤,以治泉知名。《古泉汇》一书,为历代之冠,刘氏《古泉苑》、翁氏《泉货汇考》,余皆见之,尚不如其精博也。"

这部皇皇巨著历经三十七年而成,凝聚了李佐贤毕生的心血。《古泉汇》刊行已百余年,现存山东图书馆。手稿部分尚存,其旧泉、刻版早已散佚。

六、书画诗钞集名篇

李佐贤不仅是古钱学家、金石学家、收藏家,还是著名的书画鉴赏家。除古钱著作《古泉汇》《续泉汇》《观古阁续泉说》等之外,还著有《石泉书屋类稿》八卷、《武定诗钞》六卷、《石泉书屋尺牍》三卷、《书画鉴影》十二册、《武定诗续钞》二十四卷等。亦有若干书稿未能刊行。

《书画鉴影》是李佐贤一生考据书画的实录汇编。其藏画如巨然的《万鼙松风图》轴（现藏上海博物馆），倪瓒的《小山竹树图》轴等，皆为传世之宝。李佐贤晚年隅居都门，富贵功名置之度外，惟翰墨之缘未能忘怀。他念其后人研究书画有籍可寻，录其自藏及所见书画，仿高士奇的《江村销夏录》、吴荣光的《辛丑销夏记》之体例，而加以变通，随阅随录，于同治十年（1871），编辑成书。全书共六册，二十四卷，编目历史跨度很大，自东晋到清乾隆止，收录作者百余人，书画千余幅。李佐贤用了十四年的工夫，详细笔录了每幅画的作者、年代、尺寸、装裱、内容、章法、笔墨画境、题跋、落款、印章等。《书画鉴影》以特有的形式，反映了清代对书画研究整理的成果，它对书画的鉴别，以及书画史论的研究，都有很好的参考作用，一直为书画研究者所重视。

李佐贤手迹

李佐贤自幼喜读诗词，时有习作。他深感编辑地方诗集的重要，于同治四年（1865）开始了《武定诗续钞》的编选。《武定诗续钞》改变了既往编辑之旧例。选诗不惟权贵名流，不拒布衣寒士，佳作取胜，以诗存人；诗体不拘一格，古体诗、近体诗兼收，不鄙薄女子，唯才是举。《武定诗续钞》有很高的艺术价值和史料价值，它对研究地方历史文化有重要的文献作用。李佐贤又先后辑成《石泉书屋类稿》八卷，主要内容是传记、诰命书、信函、金石书画题跋、碑文等。李佐贤于治印亦颇有成就，一生收藏铜器甚丰，集拓各家金文墨本六十大册，惜或散佚，或毁于兵火。

同村同窗同年的大诗人张铨对他长期专心研究古泉、书画并著作等身非常赞佩，曾有诗相赠：

敝衣淡食心自欲，海王村里觅古籍。

收藏切磋几十载，泉汇画影成巨著。

光绪二年（1876）润五月，李佐贤走完了六十九载人生之路，病逝于故乡利津。后被尊为本县四大乡贤之一。光绪《利津县志·文苑列传》赞其"博通群籍，事事皆工"，民国时期出版的《清画家诗史》载有他的传记。

1987年3月初稿，载《利津县文史资料》第二辑（1987年6月）

海岱大诗人张铨

张铨，字寅阶，号翼南，利津盐窝镇左家庄人，道光十一年（1831）举人，十五年（1835）进士，由刑部主事荐升员外郎，在京供职十余载，恪尽职守，勤理诉讼，查获清理许多冤案大案，颇有政声。道光二十七年（1847）放常州知府，咸丰四年（1854）回乡守制，从此老守田园再未出世。张铨诗作千余首，有《爱山堂诗存》若干卷行于世，同治十一年（1872）十二月病逝，享年七十七岁。光绪《利津县志·文苑列传》赞其"心力专在诗焉，笔妙墨精，兹维期选"。

张铨自少年时就勤奋好学，尤其喜欢唐诗。青年时写的诗已脍炙人口，在同年中以"诗才"著称。做官期间，他不喜欢官场应酬，挤出时间用于研读诗书文章。辞官后，更是全心致力于诗文创作。

张铨至孝至诚，文采过人，备受同乡前贤赏识。由吏部主事调任镇江知府的大北街人高佩苍，时任浙江盐运使的北岭村人岳镇南、都察院左副都御史的姜家庄人赵长龄等都对他赞赏有加，常有书信往来。张铨有题为《高佩苍太守、岳文峰观察以书来问，岁暮作自嘲》和《赠陈卓堂、赵怡山两

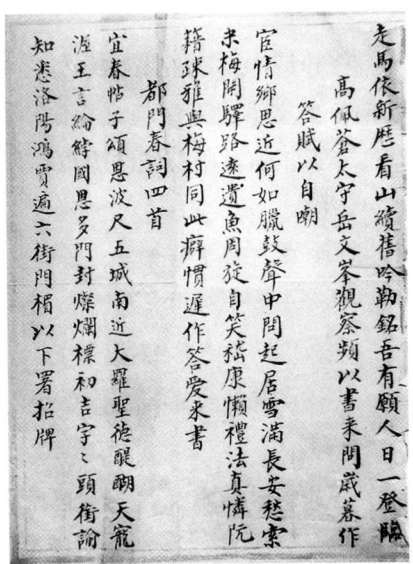

张铨诗稿手迹

侍御》的两首七律诗，表达了他们之间的这种友谊。

张铨和同窗好友李佐贤情笃谊厚，一直同声相应，同气相求。道光二十四年（1844），任国史馆总纂的李佐贤去江西主持府县考试，在刑部任主事的张铨为之送行，满怀激情写出《送李竹朋同年典试江西二首》，诗中"铁网红云盘大海，豫章白日动天风"句，语意高妙、旷达豪迈，一时广为传诵。

辞官后尽管同邑居住，因李佐贤倾力于《古泉汇》的著述，频频往来于京都与故里之间，见上一面也不容易。张铨居家十几年，渐已老病缠身，往往沉湎于往事，时常忆及比他小十二岁的这位挚友和自己在一起的时光。有一次李佐贤登门拜访，他高兴得像个孩子一样，当即命笔赋诗二首，题为《李竹朋过访留饮欣然有作二首》，读来如临其境，如睹其状，为其真挚情感激动不已：

> 正读高轩过，俄传上客来。残年知己少，老病为君开。
> 松菊犹三径，乾坤此一杯。平生贪故旧，况是谪仙才。

> 风雨名山业，如君复几人？青春续琴谱，白手铸钱神。
> 一郡风骚主，千秋著作身。殷勤问敝帚，未敢效西颦。

张铨诗中对李佐贤的褒扬之词，发自肺腑，甚至说对方著作等身，自己最好的文章也无法与之相比。此番分别后他对李佐贤更是思念不已，时隔半年，正值重阳，又浓墨重笔写出一首七言诗《九日怀竹朋》：

> 剩有黄花伴索居，思君又是半年余。
> 生徒女乐中悬帐，风雨名山老著书。
> 班马文章传四国，向禽心迹爱吾庐。
> 岁寒有约修莲社，莫使蓬门望久虚。

张铨的重情重义，在这首诗里表现得淋漓尽致。对朋友如此，对晚辈后生也分外关注，特别是对王会英（字薇卿）、王藻英（字椒庵）兄弟两人，更是赞赏有加。王会英后被誉为骨鲠之臣，王藻英与乃兄自幼禀性相

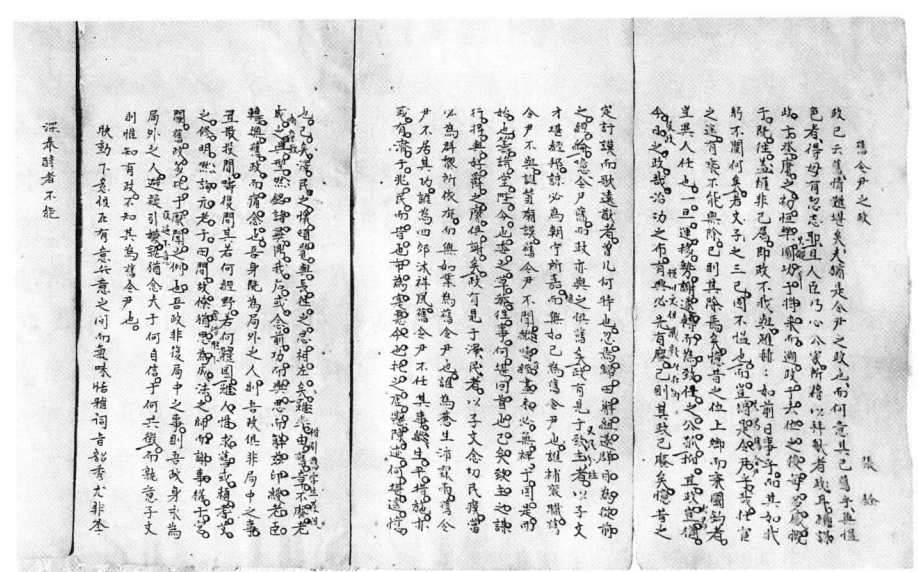

张铨亲笔《旧令尹之政》

近，视会英亦兄亦友，长成意气相投，棠棣情深，游学济泺京津时兄唱弟随，弟吟兄和，为时人所称道。张铨特别关注他们的行止，一旦发现有好的诗作，就予以鼓励，对于后生来说，这无疑是一种巨大的精神力量。下面这一首五言诗《示王薇卿、椒庵兄弟》，把他对其兄弟的殷殷之情表露无遗：

> 风雨联床久，池塘入梦闲。汝才俱大雅，吾道自名山。
> 雄视干戈后，狂吟海岱间。老夫荒落甚，把卷一开颜。

张铨是清代齐鲁大地的优秀诗人，他的诗刻意求新，不落俗套，语言流畅，通俗易懂。晚年突破传统束缚，从民歌中汲取营养，写了大量契合民风而感于哀乐的优秀诗篇。尤其是他的竹枝词，以描写黄河口风物为主体，记载了家乡的社会变迁与乡情事故，不但乡土气息浓郁，而且意境含蓄隽永，语言婉约清丽，给人以淳朴自然的美的享受。他有一首竹枝词这样写道：

> 劝郎莫离灶户家，长依灶户即生涯。

人 物 篇

> 挑沟得钱侬换袄，晒盐得钱侬戴花。

张铨这首竹枝词，写出了渔盐之乡儿女的朴实情感，记录了永阜大盐场兴盛时期的盐民生活和地方风情。大凡竹枝词，不论出自南方或北方，也不论是汉民族或少数民族，几乎都具有诗风明快、诙谐风趣特色。从这首词可以看出，张铨喜欢民歌清新流畅的特色，并有意识地学习屈原作《九歌》的精神，他写的这首小诗，明白如话，十分动人，读起来朗朗上口，让读者也好像听到了女主人的声音，为我们留下了一幅鲜活的灶户儿女生活画面。

张铨《永门竹枝词》之三十五，雄浑苍茫，大气磅礴，堪与杜牧《赤壁》诗媲美：

> 丰国场边问旧营，前朝几度设屯兵。
> 至今明月荒城畔，铁马金戈夜有声。

这是一首抒发对铁门关兴衰感慨之情的诗。铁门关地处利津北部的大清河入海口附近，自金朝筑城设防以来，逐渐发展成为兵防重重的海关重镇和车船辐辏、商贾云集的商业码头。清咸丰五年（1855）黄河夺大清河入海之后，几经河泛淹没渐至完废。其间，张铨曾策马行走过铁门关原址和丰国场旧营前，面对这昔日曾称雄渤海、奇伟壮观，如今却破败不堪的海防关隘，世事沧桑、逝者如斯之感油然而生。

李佐贤与张铨同庄、同窗，同年会试、同榜进士，对张铨的诗才推崇备至。在张铨诗集《爱山堂诗存》结集付刊时，他欣然赋成以下诗句，字里行间洋溢着浓重的情意，应该看作是对这位大诗人最适当的评价："凭陵沈宋薄应刘，瑰宝奇珍笔下收。十万珊枝穿网底，三千铁弩射潮头。游踪曾忆江南棹，豪气应高济北楼。当代诗人甘避舍，输君渤海盛名留。"

2009年3月23日定稿，见同日"微波龙鳞"新浪博客

骨鲠之臣王会英

王会英，字薇卿，号愚村，道光九年（1829）生于利津县老台子庄。祖岱岩封承德郎，以孝义闻名乡里，父朝栋候选孔府赍奏厅赍奏官，英年早逝。王会英幼年喜读书，过目不忘，十二岁丧父，即凝重如成人。及长受教于名师任魁扬先生，熟读诸子百家典籍，士林称其博学多才。同治十二年（1873）癸酉乡试中举，翌年甲戌会试成进士，朝考留庶常馆为庶吉士，光绪三年（1877）授翰林院检讨，充国史馆协修、纂修。先后任都察院兵、刑、工、户科给事中、巡城御史，掌福建道、云南道监察御史，甘肃平庆泾固化盐法兵备道道员。

黄河夺大清河入海后，利津河决海啸，灾祸不断，尤其光绪八年（1882）山东桃园决口以后，无岁不决、无岁不数决，连年水涨河决坝塌，督抚颟顸乏善可陈，官吏贪腐，河工糜烂，百姓难脱苦海深渊。都察院监察御史王会英生于斯长于斯，对父老乡亲屡遭水患之痛、荡析离居之苦感同身受。为此，他先后弹劾了两任山东巡抚。

光绪十五年（1889），黄河在利津境内第一次改道，这次改道始自韩家垣大堤漫溢，铁门关之旧河淤塞，韩家垣新河道则成为主流，黄河大溜东趋，改由毛丝坨入海。山东巡抚福润不察海口涨落之畅塞，徒执不与水争地之一说，上任伊始即主张拓展河身，弃埝守堤，命沿河州县强行迁民。迄至光绪十八年（1892）十月，此举在利津北部沿海酿成千人死难惨祸，福润隐瞒不报，竟然谎奏，奏折中仅云淹毙"六七名口。"

王会英回乡探亲得知，利津知县钱鏮纵容汛官王国柱霸占耕地，将耕民赶至临海垦荒，因遇风暴，二十九村被淹，死亡千余人。现任知县吴兆鑠坐视不救，上拨救灾库银两万多两，他只下发少数，其余都被贪污自肥。王会英大为震惊，立即着手进行调查，终于查明了事情的原委。

利津北部滨海，早年是盐碱之地，向来无人居住，那时海潮不常泛滥，加之黄河水浇灌，淤出部分可耕的土地。但是，海潮无常，况且地本苦寒，牛马与人常有冻死，即使素以捕鱼为业的船户，也不敢在此常驻。前任利津知县钱鑠纵容汛官王国柱在这些临海无主、被潮之地上安插灾民，而距海较远，已有业主，淤出的可耕之地，大部分被其收回，夺为己有。为进一步放地收租，捞取资本，钱鑠等还编造临海可安置大量灾民的说法，欺上瞒下。山东巡抚福润，不查真伪，驱八州县灾民迁徙海边。钱鑠等不是在离海较远处的安全之地安插灾民，而是将他们安置在海唇之处，本为灾民建房买牛用的两万余两库银，也大多据为己有，并威胁灾民具证甘结，以少报多，以假混真。灾民未种地先被索租税，每亩收制钱二吊多及一吊多不等，通共约收二万余吊，尽饱私囊，所以，老百姓不愿迁离故土。后任知县吴兆鑠充耳不闻，纵容衙役，在严寒之时"官斥吏骂，鞭笞交加"，将灾民赶至海边，灾民们挽车牵牛，怨声载道，处境十分艰难。至粗成村落，喘息未定，突然在十月初五日，风潮大作，灾民猝不及防，村舍成墟，被淹死的人口千余名，有的全家罹难，灾民哭声遍野，惨不忍闻。吴兆鑠却佯作不知，坐视不救，还在府中大摆筵宴，令民送万民伞，为其母祝贺寿辰。灾民愤怒，有的用车辆推着尸体到公堂号哭。

赶回京城后，王会英立即查看山东巡抚福润的奏章。奏折中不但不为灾民陈情，反而诬蔑灾民"依恋故土""不安本分"，并谎称"灾民悉迁大堤外近高阜处"，其余匿而不报。奏折中，福润还提请朝廷对历城等八州县滨河村庄迁徙出力官员进行奖励。读罢福润的奏折，王会英义愤填膺，拍案而起，当即奋笔疾书，弹劾福润纵吏毒民，草菅人命。

王会英在奏折中说："臣并非不知福润身任疆圻，事繁责重，境内所辖耳目或有难周，然此等民命所关，至为重大，而犹漫不察觉，罔闻之形同耳聋眼聩，其何以率司道监守令乎？而且使州县竞相效尤，漠视民瘼，作何究竟？伏愿暂停赏格，确切查核，勿使此辈幸邀宽典，治以殃民之罪，且令蠹臣奸吏稍之惩儆，庶吏治有起色矣。"福润被王会英弹劾后，朝廷以其在山东不宜，第二年将他调往安徽。

王会英弹劾山东巡抚福润纵吏毒民折

三年之后，王会英又弹劾继任山东巡抚李秉衡。起因为其不堵利津吕家洼决口之事。光绪二十一年（1895）六月十二日，黄河西岸利津县的吕家洼决口，地方各级官员熟视无睹，任其泛滥。巡察河务的候补道李希杰、丁达意为迎合上司，首次提出不堵之说。原先由盐务抽税准备修筑河堤的万余两白银，也被盐大使唐宝珍私吞。庄科庄的村民情愿出民夫五百名，自行筑堤，不用公费，也被官府殴赶驱散，耽误了最佳堵复时机，致使口门宽达五六十丈，并将永阜盐场淹没。永阜盐场当时为山东省最大盐场，年产五十万包（每包三百二十斤），是国课大宗。永阜盐场在河西的盐滩有一百五十副，这次决口淹没近九十副，如果及时抢修还能够恢复。但是李秉衡固执己见，听不得相反意见，在受灾民众奄奄待毙的时候，竟然横下一条心不堵决口。当地民众到省里请愿，盐场和灶户也联名上访，请求尽快堵复。李秉衡于九月间到现场勘察，灶户纷纷求见，说如果不尽快堵复决口，任河水漫流，恐怕要耽误盐运，影响国课。李秉衡怫然大怒，认为这是在要挟官长，无论父老如何哀求，他始终坚持不堵决口。

八个月后，利津民众得知靠省府已无希望，于是公推代表进京向王会英反映实况。王会英得知真情，秉笔直书向朝廷弹劾李秉衡刚愎自用，不恤民情，贻误河工。王会英在奏折中驳斥了李秉衡欺上瞒下的种种荒谬之说，所谓"吕家洼本为泽国"是其"不知洼乃地名，非潴水之区也。昔皆膏腴之田，且村庄连绵，人烟稠密，非比旷野。如第以其名而论，则县名'海丰'，何以不使之为海？县名'商河'，何以不使之为河乎？""夫既不通畅，何以出海？今决口宽仅里余，与其挑挖百余里不可知之河，何如堵筑里余之决口乎？且旧河已改从韩家垣入海，流非不畅，何苦又留

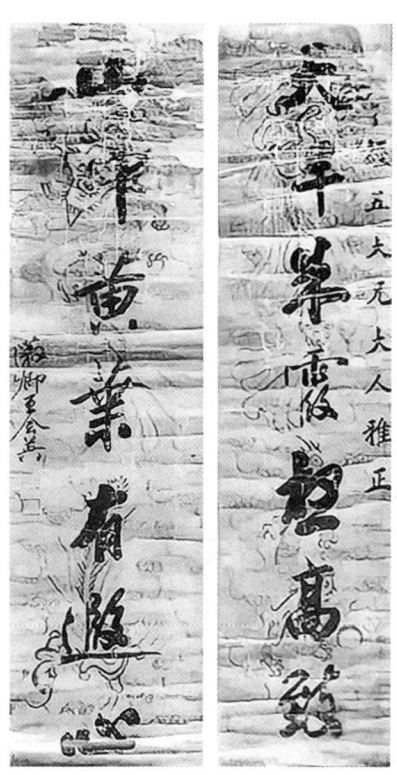

王会英七言行书联

此出海之路乎？"

王会英在奏折中详陈了吕家洼决口堵与不堵的利害，分析了洪水对山东最大盐场永阜盐场的影响，对国课大宗——盐税的收支利害，提醒朝廷："今春水弥漫、泛滥无归，东省逼近畿辅，桃汛将至，若不亟加修理，恐来日不堪设想！"

他在奏折中动情地说："臣前论东抚福润，今又论东抚李秉衡，非敢沽直声，而与疆臣为难也，特以无辜赤子陷此大难，诚为可悯，且谊系桑梓，不忍坐视，故敢披沥直陈，不避重臣切齿之祸。伏愿饬下大臣详细查勘，剀切晓谕，使决口速堵，安逸一方，则穷黎如获再生之庆矣。"朝廷闻知，上下皆惊，急谕李秉衡限期堵口。光绪二十二年（1896）十二月，吕家洼决口始告堵复。

光绪二十五年（1899），王会英出任甘肃平庆泾固化盐法兵备道道员。

平凉位于陇山东麓，泾河上游，是关中西去北上的通衢要冲，又依六盘三关之险，历来是兵家必争之地。平凉道台衙门建于崆峒山下的两层三级台阶之上，清墙灰瓦，乌梁朱门，门两侧各设石狮一尊。王会英一家老少受尽颠簸之苦，好不容易住进道台衙门，谁知尚未安顿就绪，就被持械民众所围，刀光剑影，气势汹汹。事起陡然，内外全无防备。生死关头，王会英异常镇静，他命全家人备好毒药，盛服端坐，一旦衙门攻破，即服毒而死。不知是何缘故，围攻衙门的民众哄然撤走，他们一家才侥幸得以保全。初就外任，王会英处处留心，诸事关切。时有俗语曰："翰林放道台——冤枉大老爷。"因道台夹在省藩、臬二司与府、厅之间，上下掣肘，左右为难，很难有所建树。而王会英不卑不亢，凛然为政，他在平凉城里访贤举能，时常便服行走市街，与平民促膝交谈，多方问计觅策，先是减税轻赋，继之整饬军纪，杀伐决断，政声斐然，卸任时平凉城数千人相送。

经年王会英辞官归故里，居于利津县城隅首。他一生清廉自守，两袖清风，且育有痴儿，向无积蓄，辞官闲居后家计艰难，一贫如洗。王会英致仕数年，有《鸿雪轩诗集》《荆华书屋课艺》《馆阁诗集》《律赋论策》等诗文传世。宣统元年（1909），王会英在县城家中奄然去世，钦加三品衔、赏二品顶戴，诰授通议大夫。这位被誉为"骨鲠之臣"的四品官，殁后竟无葬身之资，幸亏山东十三县同年悯而相助，才得以装殓葬埋，坟墓就在利津县汀河村西南上。

2010年5月定稿

不畏权贵的魏纶

魏纶,字理之,号东溟,明济南府滨州利津县人,生卒年月不详。出生农家,早年丧父,与母亲相依为命。魏纶自幼聪敏,做生员时已小有名气。明正德二年(1507)乡试中举,授河北雄县教谕。魏纶秉性刚直,步入仕途后多有作为。他历经弘治、正德、嘉靖、隆庆四朝,曾任南京刑部主事、贵州清吏司郎中、山西布政司参议、陕西按察司副使、浙江温处兵备道等职。当时皇帝昏庸,宦官擅权,权奸当政,为官清正者大都难逃荼毒。魏纶敢于同宠臣抗争,从不向权贵低头,最终竟能全身而退,在当时可以算得上奇迹。

魏纶中举之后,正逢刘六、刘七起义。正德七年(1513),魏纶在河北雄县任教谕,母亲也随在任所躲避战乱。魏纶目睹了黎民百姓在战乱中所遭受的苦难,再也按捺不住保国安民的冲动,满怀激愤地写出了《治乱安国疏十则》上奏朝廷。奏疏猛烈抨击了吏治腐败,提出了卓有见地的匡时治国办法。这件奏疏受到了朝廷的重视,正德十一年(1516),魏纶被起用典试湖南,之后又擢升为南京刑部主事。

正德十五年(1520),皇帝敕南京刑部主事魏纶:"两京并建,南京隆王业之基,书事分司主事郎曹之政,矧秋官之为职,实民命之所关,匪得其人竭称此任,尔南京刑部浙江清吏司主事魏纶,性资纯雅,器识宏深。早掇芳于乡闱,首居官于邑,泮学能成,物举模范以尊严,心在优时,见封章之剀切,旌书屡上留署超迁,折狱惟明,才实优于聪断,持身克慎志亦笃,于操守历岁浸深,课功惟最,宜加茂宠,以奖贤劳,兹特进尔阶承德郎。赐之敕命,于戏,奉公持法,以证宦迹之良,善始保终,勿替官规之戒,仁观来效,嗣有超登。钦哉。"(康熙《利津县新志》卷十)

魏纶在南京任职期间清理积压、重审错案时敢于同皇帝宠臣江彬斗争，表现了一种刚直无畏的可贵精神。江彬是被《明史》列入"佞幸"的人物，因受明武宗宠信而作威作福。正德十四年（1519）七月，宁王朱宸濠在南昌发动叛乱，江彬极力怂恿武宗南下亲征。热衷外出巡游的武宗不顾满朝文武的激烈反对，让江彬掌管锦衣卫护驾南征。一路上江彬率兵随侍皇帝左右，乘机胡作非为。慑于他的威权，随行官员都噤若寒蝉。到达南京后，江彬更是肆无忌惮，他假传圣旨、罗织罪名陷害杨经历等人。在众人都明哲保身之时，魏纶挺身而出，详列江彬罪行，向朝廷呈送奏章。武宗见魏纶所奏事理俱在，这才没有轻信江彬的谗言，放过了杨经历等人。江彬阴谋没有得逞，自是怀恨在心，蓄意置魏纶于死地。所幸的是六个月后明世宗即位，江彬被处斩，魏纶才得以转危为安。

魏纶不畏权奸的胆略和气节，得到朝中正直大臣的赞许，不久被任命为贵州清吏司郎中。到贵州上任时，因查处牛荣走私案又声名鹊起。

牛荣本为京城太监，正德后期出任广东市舶太监。牛荣对广东市舶大权独揽，趁机中饱私囊。他以进贡为名，派亲信蒋义山、黄麟等将朝廷严禁私运贩卖的胡椒、苏木等北运，沿途发卖以牟取暴利。此次走私被人举报，最后案子由魏纶审理。牛荣托人上下说情，贿赂求免。魏纶大义凛然，拒绝各路请托，坚持按律治罪。牛荣一伙恼羞成怒，探得魏纶有乘船北上的消息，就派人勾结江中盗贼，趁机劫杀魏纶。幸亏魏纶行至江中有所察觉，在江盗施行劫杀之前乔装改扮而逃离了险境。

牛荣走私案在嘉靖朝曾闹得沸沸扬扬，最终结果是没收全部走私货物，处死牛荣亲信蒋义山、黄麟等，而作为主犯的牛荣却一直逍遥法外。

嘉靖七年（1528），魏纶升任山西布政使司参议。这一年的十二月，巡抚刘大谟莅任，要召三司官吏问话，以示官威。魏纶秉性不事逢迎，此次见巡抚因礼数不周引起刘大谟不满。刘大谟以魏纶桀骜不驯、违背礼仪等为口实，连续向朝廷呈递奏章弹劾魏纶。内阁首辅大臣杨一清得知内情之后，奏明皇帝将两人同时革职。但时过不久，又重新起用魏纶，擢升为陕西提刑按察使司副使。

魏纶出身贫寒，一向关心百姓疾苦。在陕西任职期间，除督察官吏违法失职、惩处奸恶势力之外，还做了许多惠民的事情。在他离职南下的时候，当地百姓在陕西北部延川的韩范祠中竖起一座石碑，用以铭刻他的功绩并表达感激之情。

陕西任期届满之后，魏纶转任浙江按察司副使兼温处（今浙江温州市与丽水市）兵备道。温处兵备道职责重大，不但主管兵备整饬事宜，还要负责浙闽赣边界的防务。魏纶由此经历了一段军旅生涯，并且表现出异乎寻常的胆略和气魄。

浙闽赣交界处的仙霞岭绵亘百里，接岫连峰，峭壁千仞，是攻难守易的要塞，自古为兵家必争之地。从宣德至嘉靖朝一百多年里，不断有银场矿工在此聚众起事与官府对抗。也有部分因场矿破产成了无业游民，生活无计却遭受强人压榨不得已沦为"山盗"。至魏纶上任时，温处"山盗"已达五千之众。官军曾多次进剿，但每每都是无功而返。

魏纶认真分析"山盗"动向，多方请教应对之策。他采用威抚并用的方法，先大兵压境，断其后路，又派人抚招，给以生路，使几千"山盗"归顺了官兵。收伏温处"山盗"之后，魏纶名声大震，浙江布政使为他向朝廷请功。此时的魏纶已厌倦了官场，以奉养老母为由，急流勇退，毅然辞官回籍。

辞官回籍后，他悠游于林泉之境，以诗文自娱，无拘无束地安度时光。他的《小圃秋兴》诗反映的就是这一时期的生活情景：

篱落黄花老，秋风自掩门。林疏遥见寺，径细曲通村。

菜煮先天味，匏开太古樽。幽怀寄农圃，此意竟谁论。

光绪《利津县志·宦迹列传》赞魏纶："气折小人，雅有才略。其招矿贼归首，又何神也。"

2011年4月18日定稿，见同日"微波龙鳞"新浪博客

陆军上将石敬亭

石敬亭（1884—1969），字筱山，号筱珊，山东省利津县吉扬庄（今明集乡西冯村）人。出身书香门第，八岁入私塾，十八岁县试取得覆试资格，第二年再覆试落榜，二十岁应聘私塾任教，半年后投考东津学堂，接受新式教育。他学习用功刻苦，以优等成绩毕业，适逢新军招募，慨然投笔从戎，进入清军驻山东的新军第五镇当兵。

滦州起义，浴火重生

清光绪三十三年（1907），清政府发布上谕，废除了东北三将军，改建行省。负责京师治安的巡警部尚书徐世昌被任命为钦差大臣、东三省总督，兼管三省将军事务，他遂带新军第三镇和第一、第二两混成协出关。第一混成协由第五、第六两镇各抽调一标编成。石敬亭所在部队编入第一混成协，于六月十九日开赴奉天，驻新民府。

第一混成协由王振畿任协统，他是一位学识丰富、精明干练的将领，训练部队甚为严格，并且特别注重培育人才。在军中设立"随营学堂"，除下级军官以外，还吸收一部分有文化的士兵参加学习。石敬亭考入为期三年的"深造班"学习。学习的课目有基本战术、应用战术、兵器、日俄战史、率兵术、国际公法等。同学中有冯玉祥、郑金声、邱岘章、张之江、鹿钟麟、张树声、李显堂等，英俊之士甚多，当时被称为"龙虎班子"。由于石敬亭文化基础较好，接受新知识较快，成为这批学员中的佼佼者。

辛亥革命爆发的那一年，石敬亭参加了军中的"武学研究会"。这个组

石敬亭将军像

织因阅读嘉定三屠、扬州十日等清军入关屠戮百姓的记载而发起,继之以研究武学为名,实际上是一个团结同志、为推翻清廷做准备的组织。会员有王金铭、施从云、冯玉祥、郑金声、张之江、鹿钟麟、张树声、韩复榘等。当年春天,第二十镇统制陈宦调走,张绍曾继任。张绍曾是北洋陆军中的新派人物,比较同情部队中的革命分子,因而在第二十镇的中下级军官中,革命气氛日益高涨。八月,石敬亭随部队开拔进关,到滦州准备参加永平秋操。

十月十日,武昌起义爆发,永平秋操就此中止。革命派军官群起督促张绍曾响应起义,率部直捣北京,而反对派则力主赴湖北镇压起义。张绍曾顾虑第二十镇的协统、标统多数是保皇派,未敢贸然行动。但此间他在滦州扣留了清廷一批运往南方前线的军火,并于十二月二十九日向清政府提出"废除内阁,速开国会"的十二条政纲,主张宣布立宪,改革政治,反对讨伐革命军。这一事件被称为"滦州起义"。石敬亭时任第一混成协第二营前队队官,在滦州起义中曾看守被扣押的"钦命通永镇守使"王怀庆,起义失败后他带着两名士兵,在十二月改换服装秘密逃出,从泊头搭火车到了天津,藏身于金刚桥小店。

训练总监,从严治军

一九一二年春天,二十九岁的石敬亭赴山东烟台,投入蓝天蔚麾下的关外军炮兵队。年底这支军队被袁世凯遣散,他怅然若失,匆匆赶回利津老家扫墓,没过几天,即赶赴绥远投到徐廷荣部任下级军官。同年,石敬亭任绥远第十六混成旅参谋官,后任骑兵营营长、旅部参谋长、学兵团团长等。

从一九一四年起,石敬亭开始在冯玉祥部下任职。在冯部任职期间,由于他吃苦耐劳,严守纪律,对官兵上和下睦,表现出不凡的军事才能,冯玉祥对之甚是倚重,此后军中大事常咨询于他。一九一七年,冯玉祥为培训团以下军官和士兵，提高部队军事素质，成立了军事教导团，并举办军训班。军训各班毕业后，石敬亭再兼学兵团团长，张自忠任学兵营营长。一九二二年冯军移防北京南苑时，这种军训又连续举办了两年。当时的军事训练和教育均由石敬亭来主管。此后，石敬亭又担任了西北军的训练总监，负责全军的训练和教育事宜。

冯玉祥所统率的军队，素以能吃苦善战爱民著称，这与冯军独特的练兵方法是分不开的。石敬亭对冯玉祥练兵的方法，很是赞成，总结出不少经验，强化部队训练。在训练中，特别关注官兵生活细节。官兵起床、吃饭和学习，都有明确规定：借鉴首次欧战多做拂晓攻击，命令官兵拂晓起床，晚九时就寝；旅团长以上清晨三点起床，读军人训条、心范等；中级军官三点半起床，读军人课本，凡四十篇；下级军官四点起床，读《精神书》，临习楷书字帖；士兵四点半起床，跑步一小时（全体官兵都参加）。午后两点全体午睡，睡觉时数达八小时。每日两餐，上午十点半、下午五点半各一餐。吃饭时集合在连部，认字唱字，每排围坐成正方形共同进餐。军官必须读书，要求多能背诵名将贤臣的格言，例如曾国藩语录："天下古今之庸人，皆以一惰字致败，天下古今之才人，皆以一傲字致败……戒惰莫如早起，戒骄莫如多走路……"

一九二五年夏天，"五卅"惨案之后青年学生争相投笔从戎，冯玉祥就利用这个机会招考了六百多名学生，在张家口设立了西北陆军干部学校，由石敬亭兼任该校的校长。

石敬亭在担任西北军训练总监期间，按照冯玉祥的方针去带兵、练兵，非常注重对官兵进行体能训练。除射击训练、劈刺训练、夜间训练外，他还经常对官兵进行耐热、耐寒、耐风、耐雨的各种锻炼，真正做到了"冷练三九、热练三伏"，极大地提高了冯军的战斗力。在石敬亭担任西北陆军干部学校校长期间，冯军苦练"大刀"战术，士兵不仅人人"刀术"娴熟，而且个个勇敢坚毅，视死如归。

统军主政，两省主席

一九二五年，因讨伐李景林有功，石敬亭由旅长调升第五师师长，晋中将衔，特授三等嘉禾章。第二年四月调任第五军军长。一九二七年七月，石敬亭代理陕西省政府主席兼第二集团军第六方面军总指挥。为训练官兵，石敬亭结合自己的从军经历，编辑出《国民军简明历史》二十八则，还整理历代名将事迹——"亚夫治军""去病忘家""祖逖击楫""陶侃运甓""仲淹筹边""岳军爱民"等二十例编写出《军人榜样》。

在陕西统军主政期间，石敬亭经常以"十二事"劝勉部属。所谓十二事即：要早起，要惜阴，要守时，要清廉，要节俭，要勤劳，要谨慎，要信实，要绝嗜欲，要时巡察，要勤闻问，要事躬亲。他还为陕西省政府提"清慎勤俭"四字匾文。一九二六年九月，石敬亭参加五原誓师，国民联军成立后，冯玉祥任总司令，石敬亭为总参谋长。

一九二八年，第二次北伐开始进行。国民革命军编为第一、二、三、四集团军，分别由蒋介石、冯玉祥、阎锡山及李宗仁任司令，蒋介石为总司令。日本唯恐中国统一，派兵进驻济南、青岛及胶济铁路沿线，伺机挑衅。五月一日，北伐军第三师攻克济南，第二天上午，蒋介石入城。五月三日，济南惨案爆发。蒋介石骑马驰往党家庄，冯玉祥同时赶到，两人见面，放声大哭。然后商定绕道继续北伐，同时决定邀驻洛阳任训练总监的石敬亭到山东主政。

五月下旬，蒋介石偕夫人宋美龄、秘书长邵力子、财政部长宋子文等，亲至洛阳。石敬亭先赴巩县迎候，上火车面见蒋介石。蒋很赞赏石敬亭在陕西主席任内的作为，再三邀石敬亭主持山东省政。石敬亭以"我辈革命军人，不能再抱'鲁人治鲁'的旧观念"为辞，蒋介石不允，并给密电码一本，说"你与省政如有困难，我都可完全负责"。然后石敬亭陪蒋介石一行参观了洛阳名胜，第二天他们乘车离去。随即国民政府拨现洋五万元作开办费。五月下旬，石敬亭赴泰安就职。六月一日，山东省政府成立，石敬亭任主席，李子善任秘书长，何思源任教育厅厅长。

兵出潼关，中原大战

一九二九年，石敬亭任国民政府军事参议院上将参议，八月去山西拜访困居晋祠的冯玉祥，受到阎锡山热情接待。中秋节阎锡山设宴晋祠，与冯玉祥、石敬亭把盏赏月。席间，阎锡山对冯玉祥说："大哥，倒蒋之期已届。"他拿出布告、通电各一份让冯、石二人阅看，并商定让石敬亭尽快回陕西发动讨伐蒋介石的军事行动。

石敬亭对阎锡山的看法一直不好。年初召开的国军编遣会议，冯玉祥因为染感冒风疾，没有及时参加。石敬亭奉命专程去南京面见蒋介石，转告了冯玉祥"编遣宜用'按步下楼'办法"的意见。事后石敬亭得知，第四集团军代表没参加会议，蒋介石在预备会议中和阎锡山说："李德邻（李宗仁）不易就范。"阎锡山立即举手伸出两个指头，对蒋介石说："老四（指李宗仁）如不就范，尚属小事，老二（指冯玉祥）则更为棘手。"经此挑拨，蒋冯之间距离越来越远。石敬亭认为，之后蒋冯之间的摩擦，乃至中原大战的爆发，阎锡山在其中极尽操纵拨弄之能事。

第二天，石敬亭对冯玉祥说，"老阎诡计多端，见我们与南京方面日益接近，故施此种手段"。但是冯玉祥却对阎锡山深信不疑，认为他有诚意，"阎告诉我，如二集团失败，则三集团亦难幸存，所以我决心反蒋，助人亦助己也"。

九月下旬，石敬亭回到陕西，十月间发动讨蒋的军事行动。石敬亭任后方总司令，宋哲元为前方总司令，孙良诚为前敌总指挥。兵出潼关，如箭在弦上，引满待发。而此时阎锡山却按兵不动，结果南京方面对石敬亭发出通缉令："无故称兵，动摇国本，著即永远开除党籍，地方各机关，一体通缉严拿，如期归案究办。"至此，西北军的一些将领才知道阎锡山果然奸猾。

一九三〇年五月，中原大战爆发，石敬亭出任讨蒋国民军第一路总指挥，率部于陇海铁路沿线及河南、山东边界同蒋军何成濬部作战。中原大战历时七个月，双方投入兵力逾百万，战线绵延数千里，是中国近现代历史上一次规模最大的军阀战争。蒋介石取得了战争的胜利，暂时统一了国民党各军事集团。西北军在中原大战失败后，石敬亭隐居天津须磨街，与鹿钟麟比邻而居。

抗击日寇，同仇敌忾

九一八事变后，日本侵略者在华北平津一带不断挑衅。面对日寇猖狂、国土沦丧，冯玉祥痛心疾首，邀集原西北军将领，在天津英租界五十二号路平安里六号的石敬亭家中，召开谋划抗日救国大计的会议，参加会议的人中还有鹿钟麟、李德全等人。一九三三年五月二十六日，"察哈尔民众抗日救国同盟军"在张家口成立，冯玉祥任总司令，吉鸿昌任北路前敌总指挥，石敬亭始任南路总指挥，后任总参谋长。

抗日同盟军在全国人民的同情和支持下，积极抗击进犯察哈尔省的日伪军。石敬亭部屡挫日伪敌寇，威震华北。经过两个月的浴血奋战，夺回了康保、宝昌、多伦、沽源四县，沉重地打击了日本侵略者的嚣张气焰，让国人为之振奋。

石敬亭对爱国学生抱有极大的同情心。一九三五年初，石敬亭曾受冯玉祥派遣，两次由南京赴北平要求宋哲元释放"一二·九"运动中被捕的爱国学生。一九三七年二月，在国民党召开的五届三中全会上，宋庆龄、何香凝、冯玉祥、石敬亭等十四名国民党左派中央执行委员和监察委员提出了恢复孙中山联苏、联共、扶助工农的三大政策，实行国共合作的提案。九月，石敬亭随同冯玉祥赴山东桑园抗日前线指挥作战，重创日军。第二年，被任命为国民党军事委员会战区军风纪第二巡视团上将主任委员。

一九三九年八月，第三十三集团军总司令张自忠赴重庆述职。期间先后拜访了西北军的老长官冯玉祥和石敬亭等。石敬亭任第五军军长时期，张自忠在他部下任十五旅旅长。同乡同军同志，交情自不一般。这次战火纷飞中重庆相见，两人执手叙旧，关切殷殷。谈及上年三月的临沂战役，他率五十九军与日军鏖战七昼夜，击溃号称"铁军"的板垣师团，石敬亭对之大加赞赏。

让石敬亭难以忘怀的一件事，是张自忠跪别冯玉祥。张自忠非常崇敬冯玉祥，始终视其为自己的大恩人。见到张自忠，冯玉祥格外高兴，多次对坐畅叙，交谈甚欢。离开重庆之前，张自忠特地到冯玉祥处辞行。俩人互道珍重，依依惜别。出门不远，这个顶天立地的山东汉子，突然转过身来，扑通一声跪倒在地，向冯玉祥重重地磕了个头。

这一拜，生死决别，天地动容，山河垂泪。冯玉祥如闻龙吟虎啸，一股热流顿时涌上心头，他热泪盈眶，急忙上前把张自忠扶了起来，一时哽咽无语。后来，他对石敬亭等人说："张荩忱这个人，到底是条山东汉子！他临走前到我这里来辞行,走了又回来,趴在地下给我磕了个头,让我心如刀割,悲痛万分。"

石敬亭听后潸然泪下。这一跪,让冯、石二人心头像被阴云笼罩,觉得还有许多话要和这位老部下说。可叹这次相见竟成永诀,九个月后,张自忠将军率部与进犯鄂北随县、枣阳地区的三十万日军鏖战,血染沙场,壮烈殉国,遗言"我力战而死,自问对国家对民族可告无愧"。

文胆武魄,袍泽情深

石敬亭跟随冯玉祥将军南征北战,为其参赞军机,整训部队,功绩卓著,西北军无人可及;他们一起出生入死,袍泽情深。自滦州起义,到讨伐张勋,历经直奉战争、五原誓师、北伐战争、中原大战及抗日战争,石敬亭与冯玉祥肝胆相照,且为诤友,基于此,石敬亭不惜开罪韩复榘与石友三这两位"太保"。冯玉祥对石敬亭无比信任,十分赏识,把石敬亭奉为西北军总参谋长,视作自己的文胆武魄。在《我的生活》一书中,冯玉祥这样称赞石敬亭:

> 民国成立,他至绥远任参谋及骑兵营长,以吃苦耐劳,为徐廷荣所赏识。我停兵浦口时,徐介绍他来我处,历任差遣及教导团教官,学生无不敬爱。其为人肝胆义气,勤勉惕励,对主官真心实意,处同僚上和下睦,言动有定则,事事都有计划。国民军训练教育之事,他负责最多,出力最大,功勋是不会泯没的。后来又任山东主席。毕业于陆大特三期,于战史一门有特殊心得,真是国家有用的人才。

抗战胜利后,石敬亭曾被派往陕西任第一战区副司令长官、西安绥靖公署副主任等职,一九四六年七月三十一日授任陆军上将。

一九四八年冯玉祥黑海遇难,石敬亭十分悲痛。忆及往事,他始终尊崇这位识拔重用自己的大帅。暮年更是念兹在兹,梦萦魂绕,须臾不忘。他在自己的口述年谱中,经常述及冯玉祥的功德,满怀深情,比如提到一九二四羞辱日本公使的一件事,读后令人颇为解恨:"是年春,冯焕章宴各国使节于南苑，客室餐厅均悬万国旗帜，独除去日本国旗。日本公使芳泽遍寻不见彼国国旗，怪而询之。冯答称'余正欲向贵公使声明此事，自贵国提出二十一条以后，此间市上即不见贵国国旗。此次余遍搜各商店，终不可得。'各国使节闻之，相视而笑，芳泽公使亦无可如何。"

石敬亭对冯玉祥声名尤其珍惜，对其被称为"倒戈将军"十分愤懑，并郑重讲述事实，以期世人明察："一九二四年十月二十三日，冯军班师回京，神速解决一切。世人不察，以'倒戈'相称，实未明革命之真意，应称'首都革命'，方与事实相符也。冯（玉祥）、吴（佩孚）关系原浅，冯氏一生戎马，未受吴氏丝毫提拔，亦未尝直隶于吴之部下。督豫时间，吴据洛阳，冯在开封，二人为兄弟关系，互相合作，而非上下相隶也。如必谓'倒戈'，则吴子玉（佩孚）原为段祺瑞部属，衡阳撤兵之举岂非倒戈？民国史中，倒戈者屈指难数，而独以'倒戈将军'名冯，有失公允也。"

时为讨逆军第三军总预备队长官的他，全程参与"首都革命"，说话掷地有声，令人信服。此时仗义执言，振聋发聩。山东汉子，义薄云天，侠肝义胆，石敬亭也！

一九四九年夏，石敬亭由重庆去台湾。第二年被聘任为国民党"总统府"国策顾问。这位曾以"无故称兵，动摇国本，著即永远开除党籍"的西北军儒将，一九五七年当选为国民党第八届评议委员会委员，一九六三年当选为国民党第九届评议委员会委员。人生沧桑，恍如云烟。一九六九年一月十九日，石敬亭在台北病逝，终年八十五岁。

2010 年 6 月初稿，2022 年 8 月定稿

学界俊杰李长之

清宣统二年（1910），黄河秋汛汹涌，大溜侧注，把利津县城东北的大坝冲毁，决口一百余丈。离决口处不远的庄科村里，降生了一个激荡二十世纪中国文坛的精灵，他就是从利津走出来的学界俊杰李长之。

二十世纪三四十年代，中国历史长河转了个弯，尽管社会险象环生，岁月风雨如磐，但是文化上却一点也不寂寞。在这民族危亡之秋，一批又一批的中华学子，本着良知素养，殚精竭虑，探索救亡之道，并且以生命践信。他们振民族之睿智，汲异域之精华，在文化领域筚路蓝缕，于融会贯通中各领风骚，开创了一代新风。李长之就属于这一时期崛起的美学家、文论家和文学批评家。

一、以一人之力而横跨文、史、哲、艺诸领域

李长之生于书香门第，其父李泽培系利津县左家庄李氏十三世孙，早年迁居庄科村，是清末秀才，上过山东高等学堂，既有深厚的文言功底，又懂英文和法文，还写得一手好古文——左家庄李氏世有名宦，科第相望簪缨不绝，一部《古泉汇》名扬天下的清代金石家李佐贤，即李氏族中佼佼者。

李长之幼年随父在济南上学，九岁入省立第一师范附属小学读书，从十二岁起写新诗，进省立一中后，受举人老师张次山的影响，又迷恋文言。他升高中的作文《士先志》，俨然是一篇八股的策论，张次山得意地说，如果科举不废，李长之也是可以中举的。

二十一岁时李长之考入清华大学生物系，两年后转入哲学系。这一时

李长之

期的李长之犹如白袍银枪将赵子龙,纵横捭阖古今中外文史哲,笔扫千军,名动京华。清华岁月,也许是李长之一生中最快乐的时光,斯时虽然处处有"城春草木深"的凄凉,可是纵观李长之坎坷的一生,清华岁月无疑是沧海明月好清秋的人生机遇。此时的李长之敢写、能写,洋洋万言而倚马可待,所以无论盛传的"清华四才子",还是所谓的"清华四剑客",李长之都名列其中。毕业后李长之留校教学,历任云南大学、重庆大学、中央大学教师,所授课程有中文、英文、美术史、哲学概论、文学批评、西洋美术史、中国文学批评史、文学概论、中国文学史、逻辑学、伦理学。以一人之力而横跨文、史、哲、艺诸领域,其才学非同寻常。

从十七岁至二十六岁,是李长之从事文学评论的初始阶段。这个时期他批评了卞之琳、老舍、张资平、茅盾、梁实秋、臧克家等人的作品,尤其对鲁迅作品的评论用力最勤,影响最大。

一九三四年秋天,李长之和杨丙辰在北平创办了双月刊《文学评论》,又出版了《鲁迅批判》。这本写于毕业之前不足十万字的小册子出版后,在学术界引起了强烈反响。就鲁迅研究说,这是第一部体系完整、科学性强的系统著作;就李长之来说,这是他从事文学批评的开始,具有奠基作用。

李长之的文学评论并不满足于一般地描绘和介绍作家的创作生活道路，也不沉潜于史料的搜罗考证，他着重把握作家的人格精神与创作风貌，阐释人格与风格的统一，领略作家独特的精神魅力及其在创作中的体现。在《鲁迅批判》这本书里，李长之坚持批评家实事求是的科学态度，对鲁迅的文学成就既有充分的肯定和热情的赞颂，同时也绝不虚美饰非，而是完全本着求实求真的目的，以一种独立的批评精神对鲁迅进行了评论。

《鲁迅批判》创作于鲁迅在世时，是系统评介鲁迅作品的专著。李长之在写作前后，曾跟鲁迅通信，这确凿无疑。不过说此书"经鲁迅审阅"，就不够确切，也找不到相应的证据。从一九三五年五月起，李长之的《鲁迅批判》在天津《益世报·文学副刊》和《国闻周报》上连载。同年七月二十七日鲁迅复信李长之，表示"对于自己的传记以及批评之类，不大热心，而且回忆和商量起来，也觉得乏味"。从这些直白的字句中，很难找到支持和鼓励的意思，但是有一点可以肯定，这本书鲁迅曾经亲眼看到并且读过，书中的基本观点鲁迅必然知道，而且私下里对李长之及其观点是不以为然的，这有他后来跟朋友的通信为证。

《鲁迅批判》出版后屡遭批判和查禁，李长之也因此蒙垢而沉默多年。是金子总会发光，李长之文学批评的成就毕竟遮挡不住，近来人们开始意识到他作为一个批评家的重要性，有关他的研究论文多了起来。研究者从不同的方面、不同的角度对他的作品进行解析，不少人形成了这样的一种看法：李长之的人物传记文学批评是独具一格的，特别是他对鲁迅的研究，对作品风格与作家人格之一致性与相关性的深切关注与深入探讨，从另一个视角为我们展示了一个真实、完满、另类的鲁迅形象，堪称鲁迅研究中划时代的扛鼎之作。

二、"要以文字之力，和社会环境去恶战"

作为山东人，李长之身材虽然瘦小，性格却真诚爽朗，耿直豪放。"求真而不惜破坏，求善而不惜疾恶如仇，为美而热烈地爱护、礼赞，与一切不完整、不调和、污秽、丑陋、缺陷相奋战的精神，便是伟大的批评家精神。"他似乎把自己说过的这句话当成了座右铭，在文学批评和其他社会活动中，始终坚持高远的理想和志趣，保持不与世俗同流合污的孤高品格，认真践行了这种"奋战的精神"。

一九三七年，李长之准备去心仪已久的德国留学——他对德国古典美学情有独钟，先后译有玛尔霍兹的《文艺史学与文艺科学》、康德的《判断力批判》，出版了《德国兴亡鉴》《西洋哲学史》《德国的古典精神》等系列专著——谁知已经走到边境了，却接到当地政府通知，出国前必须承认"满洲国"，离境还要改道东北。李长之痛恨这种卖国政策，更不能接受必须承认伪满政府才能留学的这个"污秽、丑陋"条件，于是果断放弃留学，坚持了他的人格操守。

还有一件事也表现了李长之天真率直的个性。放弃留学不久，震惊中外的"八·一三淞沪战役"爆发，李长之应云南大学校长熊庆来之邀，与施蛰存等西去云南大学任教。抗日战争期间，昆明接纳了由清华、北大、南开三个北方著名学府组成的西南联合大学，一时学者名流云集，文化盛况空前。斯时李长之著有获学术界高度评价的《中国文学史略稿》《批判精神》等，可谓才华丰赡，意气飞扬，援笔立就千言，不断有新文章发表。不料一篇短文给自己惹了祸，酿成轰动一时的"李长之事件"。

这桩事件与李长之的个性紧密相关。李长之浪漫而喜欢"评头品足"，在文学评论上，他以敢说敢写驰名，在社会生活中，则以天真率直动人。他曾自言"要以文字之力，和社会环境去恶战"，因此他四处出击、到处立言，爱之即给予轰轰烈烈的讴歌和颂扬，恨之辄施之毫不留情的批评。"来到云南的学者名流，对于云南的批评，总是冠冕堂皇的一套恭维，如云南天时气候如何，人民性质如何，社会秩序如何之类，照他们说来，云南真好得像天堂一样了。"李长之却是有啥说啥，不会随别人打哈哈。

起初李长之对昆明印象还不错，说这里既不是某些中国人印象里的"不毛之地"，也不像某些外国人所描述的那样神秘，大体上与内地的几个省城没多大的分别。夜间，他还常常与施蛰存、吴晗一起到福照街赶夜市，到那些"电石灯"的绿色火焰照耀下的旧货摊上"觅宝"。时过不久，李长之对昆明的气候和环境感到有些不适应，就无所顾忌地在《昆明杂记》中说了出来。

在这篇文章中，李长之还批评昆明人"懒洋洋的"，工作缺乏效率。他举了三个例子，一是他请一个木匠做一个书架，那是他急等着使用的东西，"本来说好是五天送来的，但是隔了一个月还没送来"；二是他到云南省图书馆借阅书籍，发现书目编写得很混乱，而且管理人员行动迟缓，查阅起来极不方便；三是昆明马市口世界书局的门前，有一个宣传橱窗，里面贴着一些广告和漫画，可是已经半年多了，橱窗里的内容竟然从不更换，但奇怪的是每晚八点钟，这里依然有成堆的热心观众，还在津津有味地争着瞧那橱窗。

《昆明杂记》发表在一九三八年五月广州出版的《宇宙风》半月刊上，而四月正是滇军在台儿庄战役中智勇超群、神威大展的时节，昆明人正自觉扬眉吐气。《昆明杂记》无疑给正在兴头上的昆明人兜头一盆冷水。当地人在这篇文章中根本找不到恭维、夸耀昆明人如何热情好客和云南民族文化如何丰富多彩的字眼，也找不到赞美昆明的气候如何美好的文字，只看到对昆明的指责和批评。于是好事者从文章中找到了攻击李长之的口实，说他在《昆明杂记》中把牛与人放在一个时空里对比，是讽刺"云南人不如牛"。云南舆论界对此反应强烈，不少社会知名人士群起而攻之，连云南省政府主席龙云也表示了"震怒"，熊庆来为此称病若干时日。迫于压力，李长之存身不住，只得离开昆明，一走了之。

昆明风波，飞短流长，有人说李长之"被云南人驱逐出境"，亦曰"据云绥靖公署欲请去谈话，李乃大恐，或云坐飞机离滇，或云坐长途汽车他往"。这么一渲染，好像李长之因此而魄荡魂飞，惶惶不可终日了。然而不然，离开昆明的途中，李长之安之若素，且满怀激情地思考着中国文化的未来。

三、充满激情的独立精神和轻松坦荡的文人情怀

李长之自幼受儒家仁德思想教育和中国古典文学熏陶，进入清华园后，在郑振铎、宗白华门下如鱼得水，对中国文化有了进一步的深湛体悟；继而又受德国文学教授杨丙辰影响，经受了德国古典美学的浸润，获得了更宽阔的眼光与胸襟，因此富有独立精神和文人情怀。

这种独立精神首先表现在李长之对中西文化的态度上。他钟情于古今无法磨灭的永久文化价值，主张对本民族文化的核心要有透彻的了解，同时

还要全面地吸收西洋文化,以填补"前不见古人,后不见来者"的文化空白。概括地说,就是继承弘扬民族文化传统,构建中国新文化,对此,他有一个明确的说法:"照西洋的方法,开中国的宝藏,这是这一代中国人的义务。"

李长之把儒学思想看作中国文化的基本精神核心,他在《儒家的根本精神》中说:"如果说中国有一种根本的立国精神,能够历久不变,能够浸润于全民族的生命之中,又能够表现中华民族之独特的伦理价值的话,这无疑是中国的儒家思想。"在这篇文章中,李长之分析了中国儒家的根本精神,"孔子是奠定中国儒家思想的人,也是把中华民族的所有的优长结晶为一个光芒四射的星体而照耀千秋的人",孔子的真价值"在他那刚强、热烈、勤奋、极端积极的性格。这种性格却又有一种极其特殊的面目,即那强有力的生命力并不是向外侵蚀的却是反射到自身来,变成一种刚强而无害于人,热烈而并非幻想,勤奋而仍然从容,极端积极而丝毫不计成败的伟大雄厚气魄"。

在对待儒家思想的态度上,李长之很坦诚,一方面,他也承认儒家思想对个体人格有戕害,但是这属于儒家思想的影响,而不是儒家思想本身造成的。他打比方说:孔子被历代帝王利用了,责任是在历代帝王,不在孔子。就好像"强盗用火烧房子,火可以说被强盗利用了,难道也是火的过错吗?"另一方面,他主张继承传统文化要讲究科学方法:"先民之伟大的思想创造,当然值得发扬,但我们不是盲目崇拜,而且发扬需要发扬的方法,这方法是唯有科学的方法(就是需客观,需体系,需思辨,需精确!)可以当之。否则牵入死人的坟墓,这是不发扬古人,却是葬送今人了!"

这两段生动论述出自《道教徒的诗人李白及其痛苦》,这本书笔力雄健,自成一格,生动地体现了李长之做学问时的激情与独立精神,让人读来满纸新意。

中西文化论争,自清末民初跌宕起伏,从未消停过。最早有张之洞的"中体西用",五四运动后又有胡适、陈序经等人的"全盘西化",三四十年代"反传统"在学界成为时髦。作为新文化运动中成长起来的青年,李长之却不赶时髦,也不轻易改变自己的观点,他在重估五四文化运动的基础上,提出了中国未来文化建设的构想,成功地瓦解了"中西之争"天然的不可调和性。

李长之的构想，是既要跳出保守主义的"开倒车和复古"的圈子，又要跳出激进主义的"移殖的截取"的圈子，是建立在"民族的自觉和自信"、彻底吸收西洋文化与把握中国文化基础上的中国新文化的创造。李长之曾经把这种文化运动概括为"近于中体西用，而又超过中体西用的一种运动"，"其超过之点即在我们是真发现中国文化之体了，在作彻底全盘地吸收西洋文化之中，终不忘掉自己！"

正是这种宽阔的眼光和开放的胸襟，使得李长之对"中体西用"的认知与众不同。譬如对"中体西用"中"体"的理解，李长之把它定义为以"真善美的人生观"为基础的中国"古典精神"。他向往人类的天才，他赞颂艺术的巅峰，在他心中，屈原是浪漫的高峰，而孔子是古典的极致；他能欣赏司马迁的浪漫，也能深味李白内心的寂寞。他把孔子与屈原比作西方的歌德与席勒、托尔斯泰与陀思妥耶夫斯基，说他们是"代表人类精神上两种分野的极峰"。他热烈礼赞了孔子和屈原，激情四溢地写道："孔子和屈原是中国精神史上最伟大的纪念像，是中国人伦之极峰。孔子代表我们民族的精神，屈原代表我们民族的心灵！我们民族是幸福的。"

将浪漫纳之于古典，是李长之毕生努力的方向，在中国，他最爱的是孔子，在德国，他最喜的是歌德。他尤其偏爱在屈原身上体现的"浪漫精神"，他专门论证了"孔子之浪漫情调"，并且以"浪漫精神"来研究司马迁和李白等古代经典大家。他的许多著作都由作品出发研究作家的精神人格，来重塑中国文化精神。在《道教徒的诗人李白及其痛苦》中，李白更成了李长之心目中具有"浪漫精神"的精灵；在《司马迁及其时代精神》中，他称司马迁是"抒情诗人"，认为司马迁生活的汉代的时代精神，继承了楚、齐文化的"浪漫精神"，说司马迁是这种时代精神孕育的"第二个屈原"。

李长之的这些著述，坦露出深邃的思想和对中国传统文化深刻的理解，同时澎湃着中华文化的"浪漫精神"，正是这样的"浪漫精神"，才让他对中国文艺复兴产生了热切的希望和强烈的期待。

四、民族危亡激发了他强烈的文化自觉意识

李长之生于辛亥革命大潮中，乱世纷争、新旧冲突一直伴随他成长。

十八岁时"济南惨案"发生，他在济南城门骤然而起的枪炮声中，第一次见识日本侵略者的残暴和狠毒，目睹了上千同胞横遭屠戮的惨烈情状。一九三五年，北平的"一二·九运动"，他亲身领略到人民大众高涨的爱国热情。九一八事变后，他踊跃参加了清华大学南下请愿团，强烈要求南京政府抗日。他不是漠然的读书人，他一直痴情于中国文艺复兴，他爱憎分明，胸膛里始终跳动着一颗炽热的赤子之心。从这位学界俊杰的人生轨迹中可以看到，是抗日战争把他卷进了时代的旋涡，是民族危亡激发了他强烈的文化自觉意识。

卢沟桥事变以后，李长之在炮火硝烟中离开北平，应邀去云南大学任教。他经济南到南京又转往汉口，由粤汉铁路南下广州，然后取道香港，搭渡轮赴海南，在抗日烽火中辗转近两个月，终于到了昆明。一九三八年六月，李长之不得不离开昆明，于是乘车经过贵阳，一路颠簸到了重庆，然后进中央大学任教，同时受聘梁实秋主持的北碚国立编译馆。

抗战时期，国民政府迁都重庆，位于重庆西北郊缙云山下的北碚，成为迁建小区，许许多多的政府机关和文化机构迁驻此地，一时文人巨擘云集、名流政要汇聚。梁实秋的《雅舍小品》、老舍的《四世同堂》、郭沫若的《屈原》等鸿篇巨制，就在这一时期从这里走向全国、风靡世界。在这座嘉陵江畔的小城里，李长之和老舍、陈望道、陈子展、章靳以、马宗融、洪深、赵松庆、伍蠡甫、方令孺、梁实秋、隋树森、阎金锷等人经常在一起，他们关注时局，纵论古今，吟诗作赋，关系相当融洽。李长之的文学评论代表作《司马迁之人格与风格》，即始创于此时。

此时正是抗战最为艰苦的时候，李长之是家中长子，下面还有长楫、长模两个弟弟。父亲中风病逝后，他负担着全家的生活重担。在中央大学和编译馆工作期间，每当日军飞机前来轰炸，李长之都要拉着或是背着母亲躲进防空洞里，生活艰难且动荡不安。在这颠沛流离和恶劣的生活环境之中，常人很容易心思烦乱，萎靡不振，可是李长之却思如泉涌，文如奔马，不屈不挠地去攀登学术创作的高峰。

好文章是血泪的结晶，是真情实感的奔涌，读来会有一种江海直探源头的痛快，《司马迁之人格与风格》就给人这样的感觉。李长之研究司马迁，着眼于人情，立根于人性，从司马迁的行为和思想去仔细探究，就司马迁人格的思想内涵、性格特点、交友观念等方面做了全面而深入的论述，使司马迁的人格形象清晰而生动地浮现在我们面前。《司马迁之人格与风格》这本书中，处处跳荡着火一样烫人的句子，映现出司马迁悲苦无比的遭遇和他的伟大人格魅力，深深地打动着读者的心。李长之将司马迁比作孔子，将《史记》比作《春秋》，更是叫人拍案叫绝。

抗日战争是一场关乎中华民族生死存亡的战争，许多人都将这场战争看成是中国由民族屈辱的"弱者"转向"强者"的历史临界点，人们试图在战争的环境下寻找中国发展的新路，思想文化领域异常活跃。就是在这样的历史背景下，李长之开始全面地思考世界文化和中国文化的问题。他由国防文化，想到了文化的国防，由战前的五四运动想到了战后中国的文艺复兴，在创作《司马迁之人格与风格》的同时，还写有一部论文集《迎中国的文艺复兴》。

在《迎中国的文艺复兴》的自序中，李长之强烈的救世情怀表露无遗，他自惭自己是"不能执干戈以卫社稷的人，似乎至少应该对文化建设的问题贡献一点自己的意见"，于是他非常急切地要为当时中国的文化运动把脉，给战时的文化开处方。李长之和所有乐观的中国人都坚信抗战即将胜利，他自然由此想到了战后的建设："在那百废待举之际，文化的建设岂是可以忽略的！"他提出了复兴中国文化的建设方案，他深情地展望着："就中国说，我愿意在战后做一个巡礼，重温一温我们的锦绣山河！并在新世界，新文化中，看新中国！"

读罢《迎中国的文艺复兴》，很容易为李长之的气魄与雄心所倾倒。文艺复兴是人类历史上一场人文范畴的变革运动，激起了自然科学的蓬勃发展，激发了工业革命，带来了近现代物质文明与精神文明。"迎中国的文艺复兴"，自然是无比鼓舞人心的号召，在中国近代史上，许多学者呕心沥血，莫不钟情于此。李长之在这本书中明确、深入地提出了中国文艺复兴问题，对五四运动文化精神的批判、对中国未来的"真正的文艺复兴"的提倡，极富理论洞见。与其说《迎中国的文艺复兴》这本书的创作意图是给五四运动来一个总结、给未来画一个草图，不如说李长之在民族与文化的双重危急关头，提出了一个时代的关键问题，并发现了中国走向新路的可能性，这确实具有不可估量的价值。

五、坎坷跌宕的命运闪耀着迷人的光芒

李长之把德国古典美学人格概念与中国儒家仁德思想结合在一起，提出了理想人格的概念，使他的作品激情四射，魅力非常。有这种理想人格的支撑，并时时以这样的观念去写文章、做事情，李长之也成为理想飞扬，情操高尚的一个人，由此让师长关爱，使朋友倾慕，令后人敬重，教他坎坷跌宕的命运闪耀着迷人的光芒。

李长之长期住在北京西单的一个小独院里，每天黎明即起，一直忙到夜阑人静，常常废寝忘食，通宵达旦。酷暑盛夏，他伏案于简陋的室内，赤膊挥笔，汗如雨下。隆冬雪夜，寒气袭人，他一边呵手，一边写作。他曾由于劳累过度而吐血，但是他仍然不停地写。

晚年的李长之孤独而寂寞，他患有严重的类风湿关节炎，手指僵直，脚趾卷缩，很少离开他那个小独院，甚至很少离开屋子。"尽管腿脚不便，但他决不躺在床上看书，而是坚持在桌前正襟危坐看书看报。偶尔孩子们把他搀扶到屋檐下晒晒太阳，他眯着眼睛，抽着烟斗，陷入沉思，很快又要求回屋看书。""那只本该拿笔的手拿着扫把，直到手因类风湿关节炎变成鹰爪状，连扫把也拿不住并再也无法拿笔。"

在他孤寂、痛苦的时候，也有朋友常到家里来看他、劝慰他，和他一起谈天说地或是探讨学术问题。最让人感动的是宗白华先生，郜元宝、李书在《李长之批评文集》中曾这样记述："来家次数最多的是年长于他十几岁的他的老师宗白华先生。在长之先生被禁锢的二十多年中，无论酷暑，无论严寒，他一直风雨无阻。那时也不像现在交通方便，出门可'打的'。那样一位白发苍苍的师长，牙也掉了，年迈、气喘，拄着拐杖了，从城外北大校园换几次车，辗转来到市内西单武功卫来看望长之。有时下雪，路滑，他深一脚，浅一脚，来到长之家时已成一个雪人。"

这几句看似平淡的叙说，却让人心中掀起波涛——罔顾世态纷争的师生情义山高水长，弥足珍贵。在风雨人生中，竟还有这么耀眼的亮色，照耀过李长之的晚年生活，确实值得庆幸。

一九八一年，身在台湾的梁实秋非常思念几十年未曾谋面的三位好友，

作者与李长之女儿李书（左）、女婿于天池（右）合影

让回大陆的女儿梁文蔷替他寻找，最终却没有找到李长之。梁文蔷后来著文回忆说："……季先生也很容易地找到了，我到他家代表父亲致意，顺便打听李长之先生的下落。季先生告诉我李先生已与世长辞了，没有多说一个字。我当时几乎脱口而出，'怎么死的？'可是立刻就咽下去了，没敢问。所以，我回台湾向父亲汇报时，只能说李先生已经逝世了，其他不详。"

作为梁实秋的幼女，梁文蔷对李长之的印象深刻，她这样写道："我在北碚时对李先生没有很多记忆，倒是后来在北平时，他和季羡林先生常来我家闲聊，给了我一个深刻的印象。他和季先生两人，一高一矮，两人都穿长衫，李先生是一袭蓝布大褂，头发蓬松，不修边幅的样子，很潇洒。"——

看那张抽着烟斗满脸沧桑两眼茫茫的旧照,哪里还能找到李长之当年风采?

梁实秋因一篇批评文章,与李长之成莫逆之交,这是广为人知的一段文坛佳话;抗战期间,二人同在重庆编译馆做事,李长之自告奋勇愿意翻译康德的三大批判,而且是直接从德文译出。梁实秋听后大吃一惊,李长之告诉他,自己清华毕业以后曾师从北大德语教授杨丙辰学习德文,苦读二三年,对德文哲学典籍还算熟悉。事实果如李长之所言,梁实秋对这位忘年交更加刮目相看;抗战胜利返回北平,两人共住一院,在文字与学术上,梁实秋将李长之视为至交诤友,在日常生活中,梁实秋对李长之也是关怀备至。

梁实秋这位才如江海的文学家,晚年怀念故人、思恋故土的散文写得更深沉浓郁,他难忘故交情谊,饱蘸深情写出了《忆李长之》这篇感人肺腑的文章,追忆的是旧友轶事,刻画的却是一个知识分子面对艰难世事难以苟全的单薄命运。若无非凡的人格魅力,谁能让这位名扬海内外的"雅舍"主人牵挂一生、如此心仪?

李长之是中国传统文化的深刻批判者和中国文化传统的卓越继承者,他不仅拥有丰富而清新的文化反思与文学批评理论,而且在艺术哲学、文艺美学、审美教育等学术领域皆表现出超凡脱俗的才华。"山色浅深随夕照,江流日夜变秋声",李长之虽然远去,但是他那美好的憧憬依旧教人向往,把卷深思,他那先行者的激情、思想家的睿智和文学家的魅力更是令人钦佩。

2010 年 8 月 1 日定稿,见同日"微波龙鳞"新浪博客

华裔报人王潜石

不经意间看到一则来自美国纽约的通讯，上面有我心仪已久的王潜石先生的大名，让我兴致大增。这则通讯为新华社记者二〇〇八年十二月七日发出，题目是《中国京剧魅力让纽约观众陶醉》，说在纽约梨园社的精心组织下，京剧四大名旦传人等京剧名家齐聚纽约京剧舞台，为观众倾情奉献《锁麟囊》《三娘教子》等京剧名段及京胡专场演出。纽约著名华裔报人王潜石在观看演出后说："很多年没有在纽约欣赏到如此高水准的京剧表演了，这令我大开眼界，大饱耳福。听那熟悉而亲切的京腔京韵、绕梁三日的唱腔、沁人肺腑的京胡琴声，看名家的举手投足，感觉是那么过瘾，那么酣畅。"

细看这则通讯，更增加了我对潜石先生的敬意。我与之同乡，和其弟王象焕先生交往数十年，对潜石先生身世也略知一二。王潜石名象观，系清末翰林王会英后人，潜石乃其号也。说起王象观，家乡人大都知道，对于他的事迹，却知之甚少。

潜石先生一九二六年九月二十八日生，利津县北岭乡台前村人。十九岁在济南考入大华日报社，从业不久，即显示出不凡的才华。一九四七年莱芜战役，已被称为名记者的潜石先生在济南采访新闻，生动形象地报道了蒋介石亲自飞到济南，在济南机场召见王耀武及辟室密谈的情形。消息据实描写："蒋劈头就问王耀武：'你把李黑子怎么样了？'李仙洲的皮肤颜色深，脸上有忠义之气，蒋校长喜欢他。王耀武低声分辩了几句，蒋举起手杖就打。"潜石先生发表在《大华日报》上的这篇消息，被国内各大报纸纷纷转载。

一九四九年一月初潜石先生到台湾，一九五一年在台湾参与创办《联合报》，并为三版主编，著名武侠小说家司马翎、伴霞楼主、卧龙生与潜石

王潜石

先生结拜,合称"武林四友",一时传为佳话,享誉至今。潜石先生编发连载的武侠小说,轰动港澳台,被誉为"天下第一名编",《联合报》销量大增,一时洛阳纸贵。

台湾著名武侠小说评论家胡正群先生在《神州剑气升海上》中写道:"这誉满港澳台的三支健笔,一度在名编辑王潜石的擘画下,合办了台湾第一本大型武侠杂志《艺与文》。只可惜世事瞬变,不久,这本独一无二的武侠杂志,就因伴霞楼主一剑下香江而风流云散。"

潜石先生与台湾一些小说作家曾为好友,例如高阳、林海音等均是也,古龙亦是他的朋友。潜石先生对古龙评价甚高,说他是"武侠世界的一颗彗星,一直隐藏在辽阔的夜空。直到他要坠落的时候,忽然大发光华,照亮暗夜。似一道长虹,瞬息在天幕上湮灭,使人们在眼花缭乱之后,发出长久的喟叹"。

潜石先生与古龙的交往,是一个很有趣的故事。古龙本名熊耀华,生于香港,幼年迁居台湾,毕业于台湾淡江英专。有父亲在台北,却不相往来。

他没有身份证，也无任何合法证件，等于台北市的一个怪异流浪儿。六十年代卧龙生武侠小说正红，他常混在台北公园路卧龙生居处，偶尔代卧龙生写小说，每逢潜石先生到公园路卧龙生处，他便借故开溜。卧龙生对潜石先生说："邪不胜正，他有些怕你，因为你太正直，他自觉有些邪门。"

有一次古龙见到潜石先生又想开溜，潜石先生叫住他说："你不要走，每个人只要不犯法，都有其生存条件，生活方式尽管不同，我行我素，与人何干？故人不下流，无须自惭。"

以后他们常常在一起，潜石先生对古龙的帮助可称无微不至。台北警方每次临检，都宣告戒严，到时公共场所有可疑人物，以及夜游者常被抓入警局讯问，每次临检，被捉者总有古龙，因为他酗酒，又徜徉于花街，加之没有身份证，再辩解也没人相信，多少话都等于白说。遇到这种情况，古龙只有打电话到报馆找潜石先生，潜石先生亲自持戒严通行证到警察分局去保他，因为潜石先生与警察分局的人熟悉，由他签字担保，古龙便可获释。

古龙文笔流畅，叙事跌宕起伏，能出奇峰。那时潜石先生在《民族晚报》任总编辑兼采访主任，有时所派人手不够，潜石先生便口授新闻，拉古龙写稿，他也能按照原意，很快完成任务，行文沙明水净，几乎不需修改。潜石先生曾一度推荐他为报馆记者，但因为他没有身份证，谁也不敢任用。

潜石先生和古龙在一起的时候，除谈武侠小说外，也谈现代知识。潜石先生以大报名编的眼光，发现他有才气，可是他的写作能力，仅限于传统武侠小说。潜石先生对他说："武侠小说，现在正在开创一个新世纪，诸子百家，众芳齐放。台港两地，应以金庸为此中翘楚，他以现代笔法，呼应历史，夹叙边陲干戈，种族冲突，再突显中原帮派，奇技人物，交织成侠骨柔情，诡异故事，故能吸引读者，自成家数。但春秋责备贤者，他也有抄袭他人之弊。"

见古龙眼色迷茫，潜石先生讲出了自己的看法："好像在他的《书剑恩仇录》中，有一段完全抄袭《水浒传》的闹江州劫法场，而在某一书中，他又照抄安妮塔·艾格宝与约翰·韦恩所演的西片《宝城艳姬》情节。凡此，对于一个武侠世界的文坛巨匠，都是白璧之玷。"

古龙讷讷言道："我从小读武侠小说，郑证因、还珠楼主等都看得滚瓜烂熟。"古龙最初是写纯文学小说的，写武侠小说，始于一九六○年，他的武侠处女作《苍穹神剑》，形式是传统的对仗回目，内容是还珠楼主式的神怪荒诞、"胡编乱造"。

潜石先生喜爱并写过武侠小说，他非常关注从事武侠小说写作的人，看出古龙糟就糟在受还珠楼主之毒太深，觉得应该给他指出来，帮助他走上一条新路。潜石先生对武侠小说自有精辟的见解，他认为《蜀山剑侠传》是还珠楼主在大烟灯前编造的神话。他对古龙说，什么"尸解"，什么"飞升"，日游万里，无远弗届，在这样的笔下还有不能解决的事情吗？其乖缪荒唐，有不可思议者，这种作品写的是仙不是人，所以能够一扯三万里。对此，潜石先生早有清晰的识见，他认为这样的作品不能称之为小说。

对于潜石先生的见解，古龙由逐渐领悟到完全接受，他向潜石先生表示："不错，他写的是'剑仙'，可以信笔乱写，我们如果写的是'人'，便不能写'不是人味'的东西。"

潜石先生诚恳地告诉他："古龙，你读的是外语外文，应曾窥探西洋文学的门墙，汲取他们的营养，做你自己的饲料，至少，侠盗罗宾汉的洒脱，可作为参考，大、小仲马的风格，也可化为己用。我想你会善用个人智慧，会走出一条新路的。"

对武侠小说写作，潜石先生在二十世纪六十年代就有如此精湛的认识，堪称高屋建瓴，真知灼见。他对武侠作家古龙的关爱指导，能于其徘徊彷徨时准确指出路径，实为雪中送炭，拨云见天，可见这"天下第一名编"，绝非浪得虚名。

此后古龙隐居芳镇三年，潜心悟道，求新求变，写作有了明显变化，他以超凡的想象力、深厚的文学底蕴和锐意变革的创新意识，突破前人窠臼，赋予武侠小说新的生命，使之以全新的面貌出现在世上。他创作的《多情剑客无情剑》《楚留香》《陆小凤》《绝代双骄》《欢乐英雄》等多部脍炙人口的经典小说，非但征服了亿万读者，深远地影响到后来者的武侠创作，同时，也引发了持续不断的影视改编热潮，长时间风靡中国乃至东南亚各地，历久不衰。

古龙非常感谢潜石先生的指教与提携，在台湾也跟着卧龙生、司马翎等尊潜石先生为大哥。不知有意还是无意，古龙在他的《欢乐英雄》中塑造了一位可爱可敬的父亲形象，就叫王潜石，关于他的故事，都是由书中人物金大帅叙述引出，篇幅很少，却很精彩，其形象丰满，让人感动。谈起对古龙的帮助，潜石先生十分谦虚，他说："古龙的写作有了显著变化，我想，我的刍荛之见，对他也许有点关系。"

人们说是美酒丽人造就了古龙，也不是没有道理，古龙因酒而思如泉涌，创造了好酒的楚留香、陆小凤等大侠形象，使他登上武侠小说艺术的巅峰。同时，也因酒消耗掉了他自己，他因酒进医院，出院再喝，再进医院，一九八五年九月二十一日走完了他多姿多彩的传奇人生，年仅四十八岁。潜石先生闻讯十分悲痛，并撰文悼念，为老朋友英年早逝"独怆然而涕下"。

潜石先生一九七三年辞卸台北《民族晚报》总编辑后，专任《联合报》副总编辑，担负北起宜兰南至中彰县市十六个地方新闻版的审核付印之责；翌年报社又成立由刘昌平社长主持的"编务改进委员会"，潜石先生为委员之一，督导"联副""万象""家庭生活"三个副刊，及"市政""影艺""体育"等版之充实内容、革新版面工作，这期间曾兼任台北市政府顾问。

一九七四年九月下旬的一天，报系董事长王惕吾召潜石先生上楼到他的办公室，告诉他要在北美办报，希望潜石先生到纽约负责编务。当时潜石先生很惶惑，对他说："我学历不高，英文极差，本报人才济济，怎轮到我'土法炼钢'的出国工作呀？"王惕吾说："我也不擅外语，照样走遍天下，我们办的是中文报，传播中华文化，你不必顾虑太多，主要是我相信你具备联合报精神，有'开拓'能力。"最后，他意味深长地说，"古人云：'筚路蓝缕，以启山林'，我们这是去拓荒，需要一些穿草鞋的弟兄！"一句话让潜石先生沁入肺腑，回家告诉妻儿，决定暂时只身赴美。他一面准备卖掉仁爱路的房子，一面辞掉台北市政府的顾问兼职，办妥出国签证，于一九七六年一月二十八日风雪之夜，偕同先到旧金山的十几位同仁飞抵纽约。社长马克任与总经理李厚维，冒风雪严寒接机。

第二天正是除夕，他们在华埠一家叫"唐宫"的餐馆吃年夜饭，年初一便到窝克街租住的报馆房子清扫、布置，工厂领班杜浩明与印务部同仁安排字架，铺设地毯，到了年初三即摆好桌椅，安妥制版、传真及照明打字等机械，开始试版工作。

潜石先生与名编辑刘洁承担全部编辑事务，加上编译采访及后勤共有二十余人。他们是一个开荒团队，经过短短旬日的"克难"筹备，对开两大张，震烁华人小区的《世界日报》，于二月十二日，在纽约、旧金山同步出版，立即散播于美、加两国通都大邑。

《世界日报》的诞生，似春雷惊蛰，使侨界耳目一新，确曾引起一番震动，华人艺文社团的一位负责人道："华埠虽已有几份报刊，但世报之出，不啻为荒漠的华文园地加注一泓清泉！"

那年潜石先生五十岁，他自己说，"在编辑台上，原本已是解甲老兵，可到了美国又披挂上阵"。报纸中午出版，潜石先生每日固定工作须编两版新闻，及一或二页画刊。他教手工分色编一彩色版，为纽约华文报刊空前创举。

《世界日报》创刊后，潜石先生夙兴夜寐，早晨五点多起床，转两次地铁——报馆在曼哈顿下城，宿舍在皇后区木港——中午吃两美元"便当"，在那栋冬缺暖气、夏欠空调的百年老屋里工作至下午五六点钟。

某次代总编，深夜一时许正分稿、核稿手忙脚乱时，三版主编林某来电话说在新泽西途中汽车抛锚，无法上班，潜石先生只好亲自编一大版。不管溽暑大停电，还是浸腰大风雪，只要轮到他值班，总是冒寒暑亲自到报社坐镇。

潜石先生回忆起一九七六年这段经历时说："身体的劳累尚在其次，精神的压抑，令人难堪。因为美国正处石油危机，纽约市财政破产，市面萧条，治安狂乱，抢劫、杀人案甚至在光天化日下发生，我曾两次目睹，在东百老汇戏院中拖出被枪杀的尸体。最惨的一次，华埠餐馆遭冲锋枪扫射，死伤十余人，震惊全市，使中国城变为鬼域，半月空城。可叹我们这些早出晚归的工作者，大环境受社会暴徒的震慑，小圈子遭某些派别的滋扰，如此艰苦奋斗的工作，直到报馆迁址法拉盛，始渐告安定。"

潜石先生服膺《联合报》创始人王惕吾的办报理念。《联合报》是什么样的报纸？王惕吾如是说："《联合报》是正派的报纸。我常常对报系的同仁说，我们《联合报》不是官报，而是民营报纸，这是基本的报纸立场。但是，我们不是左派，不是右派，也不是中立派，而是正派的民营报纸。正派的报纸也无所谓前进或保守。我们是正道的、正直的、正确的、正当的、正中的、正义的报纸。"

王惕吾亦赞佩潜石先生的人品才学，曾对潜石先生说过这样的话："无论才气，无论经验，你都比我强。"潜石先生素有才子之称，但他生性耿介，棱角分明，敢作敢为，常发激烈言论，有乃祖之风。因工作问题数次与王惕吾争论，咄咄逼人，王惕吾也能保持风度，每每避其锋芒，默然离去。两人关系默契，亦属诤友。

三十多年前，从台北《联合报》出来的、被王惕吾戏称为"三十六天罡"的潜石先生等三十余人，在东西两岸"赤膊上阵"，像是负弩前驱的斥堠部队，不断地冲锋陷阵打硬仗，致洛杉矶、多伦多、温哥华相继独立编印，汇成五家《世界日报》，遍峙美、加东西两岸。潜石先生觉得也可以这么说：看今日千岩竞秀，万壑奔流，昔时的穷山恶水，变为一片如画江山。而披荆斩棘的三十余人，也成了"吹箫引凤"的乐手，招徕翩翩多士，亦可谓"门迎珠履三千客，檐挑锦衣八面风"。

二十一世纪之初，潜石先生退居幕后，做《世界日报》编辑部顾问，报社诸事常向之垂询求教，潜石先生亦自道："我像某要人卸职讲演所说，'觉得既渺小，又骄傲。渺小，是因为很多人的功业都远远超越了我；骄傲，则由于我曾是这个光辉团队的一员'。"

潜石先生二十五岁参加《联合报》，以《全民日报》副采访主任的职务，改作省市版主编，以后主持地方新闻及社会新闻版，在编辑方面有突出表现。他长期主持《联合报》的黄金版面第三版，善制标题，多有脍炙人口之作，亦可谓名满天下，在事业上将会有更大发展，到了美国，岛内外同仁大都为之惋惜。一个大雪天，香港《新闻天地》社长卜少夫在纽约中国城的唐人街一间叫"枫树之叹"的中餐馆里与潜石先生喝茶聊天，他长叹一声说："老弟啊，你来美工作，是英雄无用武之地啦！"

潜石先生却不这么认为，他倒是觉得，渡过千山万水，一团紫气东来，也自骄傲，他达观而舒畅，常自诩"是背负着道德老君西游的青牛"。从一九四五年考进《大华日报》报馆，自己就立志一生做新闻从业人员，只要是新闻岗位，无论何处，都令他满足，能在海外扎根，尤为梦寐难求的奇遇，"又有何怨何悔？"

潜石先生性情中人，他虽自言"又有何怨何悔"，实为庆幸自己未勉力做官为宦也，亦言有特指，不属盖全之说。有谁不眷恋故乡，谁又能不思念亲人？潜石先生一去三十年，杳无音信，故乡亲人时时刻刻盼望他归来，而身在海外的他，也无时无刻不在思念故乡亲人。每当皓月当空，佳节临近，思乡之情就如潮水一般涌上心头，"怨"与"悔"二字难以说得清楚。

黄河尾闾淳美质朴的民俗风情，故乡村头春雨秋露中那一片柳荫，是他永久寻觅的生命原色，故乡永远是魂萦梦绕的精神家园，此情难忘，且愈老愈炽。他思念年迈的母亲，惦念着他的两个弟弟，多年来一直想方设法与亲人取得联系，直到一九七八年有亲戚自渥太华赴大陆讲学，不忘潜石先生之殷殷请托，费尽周折，终于找到了他的亲人。

当得知老母健在，两个弟弟安好，潜石先生如逢大赦，如得重生，他喜极而泣，恨不能立即飞回家乡，飞到母亲身旁。谁知三十年日夜祈盼游子归来的慈母，此年偶尔听人提到南航空难事件，深恐出意外之事，执意不允爱子坐飞机回家。

自此雪笺鸿飞，殷殷问询，天涯游子，绿卡羁身，昼思夜想，辗转凄怆。一九九八年八月，潜石先生终于回到了故乡。可惜时光延宕，天不假年，等潜石先生回到故乡的时候，他的母亲已奄然故去，此为潜石先生终生之憾也。吾友李建华曾有诗赠潜石先生："欲说家世仰天怅，百年往事尘飞扬。兄弟企望圆缺月，母子泪洒太平洋。应愧人生逐名利，最苦亲情牵肚肠。归来匆惶寻故旧，荒冢累累心茫茫。"

此次归国返乡，圆了潜石先生半世纪梦想，也了却了他平生心愿，半月的旅行，他实感精神振奋，获得心灵抚慰。潜石先生将此行称为"悲喜之旅"，行前原拟悄声敛迹，回家扫墓会亲，不想惊动地方桑梓父老。没想到去中国驻纽约总领事馆办签证时，他以美国公民护照申请，总领事馆索阅他自台到美旧照，即知道了他的身份，并通知了东营方面，一下飞机，潜石先生就得到各方的热情接待。

回到故乡，年逾七十的潜石先生泣拜母亲之墓，肝肠摧折，哀哀不已。然得见故园，心甚慰，尤其是见到两位弟弟，生活虽非富裕，但温饱无虞，更是喜不自胜。他嘱咐二弟王象焕，要放宽心胸，勿多思虑，眼光多往前瞻，少做回顾，时至今日，不要老是沉湎于过去的回忆里。他深情无限地对二弟说，我为中外两家庭兴衰所系，你对三弟及侄辈也有安定责任，所以我兄弟必须为亲人珍重，不作任何消极、逃避之想，此次返乡接触地方人士，均盛称吾弟多才艺、有见识，为各方所重视，且身为政协常委，亦晋位地方名流之林，故勿自菲薄，须不骄不馁，磊落处事。

返回美国，他写就一份谢函，函曰："潜石去国半纪，还乡数天，诸蒙政府领导热诚接待，地方父老盛情欢迎。桑梓温馨，热我肝肠，而政绩展示，启我聋聩。欣见昔日之穷乡僻壤，一变而为物阜民丰之珂里。油田广袤，沃野无际，且海市蜃楼平地起，竟成我东营之现实景观，凡此宏观开发，奇迹建设，惊叹之余，疑为梦幻。归来中心激荡，欢洽莫名。谨述观感，向富国利民之各级政府致敬；至于侨民侨眷多年来所受之爱护照拂，如沐春风化雨，尤不胜其铭感之至也！"

潜石先生耄老之年仍然笔耕不辍，二十一世纪之初，写出数篇小说，有一篇两万多字的武侠小说刊登在香港《武侠世界》上。这次中国京剧四大名旦传人等京剧名家齐聚纽约演出活动，即为王潜石先生参与的"纽约梨园社"精心组织，他们是向美国主流社会努力推介中国国粹，也是让西方观众共同分享这一人类共有的文化遗产。

潜石先生曾感慨说："我年八十，已自《世界日报》'下岗'五载，俨若老骥伏枥，却已无'志在千里'，面对暮云残照，回首前尘，只觉充斥胸臆的是无限'沧桑'之感。"潜石先生虽"廉颇老矣"，而雄风犹在，他精神矍铄，思维敏捷，近年活跃在纽约华人圈中，一直深受大家敬重。

载《东营日报》，2009年4月2日，第6版

英贤辈出的李布政世家

自金明昌三年（1192）建县以来，利津涌现出无数名人贤达，使这方土地平添了无穷的魅力。在利津名人荟萃的史册中，县城附近的庄科村李氏一族，便是其中辉煌的一页。

庄科李氏属利津旧族，自宋代起就在这方土地上繁衍生息，他们与左家庄李佐贤家族同为利津名门，但同姓不同宗。庄科李氏始祖李彦实是元朝的审理官，二世李益官至山西布政使，世称"李布政家"。在明初到清末的漫长岁月里，李氏家族人文蔚起，先后有三十八人成为贡生，九人中举，三位考取进士。在当时，这不仅是庄科村李氏家族的荣耀，也是利津全县的骄傲。尤其令人称道的是，出自庄科李氏的名宦乡贤，不但满腹经纶，才学出众，而且为人诚信耿直，不畏权贵，为官清正廉洁，政绩卓著。

淡泊名利的县教谕李聪　李聪，字存智，李益之子。永乐十五年（1417）乡试中举，出任直隶大名府训导。大名府位于河北省东南部，属历史名城。可惜的是，建文三年（1401）的一场大洪水淹没了这座城市，结束了大名府长达千余年的历史。从此民生凋敝，文教不兴，多年来没有科举及第之人。李聪通晓经学，品行端正，教人有方，成为当地读书人的楷模。他大力革除陋习，严格月课季考，很快就改变了局面。在三年一度的乡试中，大名府终于有一人榜上有名，这可是破天荒的一件事情。当时朝廷有规定，成绩卓著的训导可以直接荐举为监察御史，恰巧一位同僚任职九年期满，但是因为任内缺一个中举的名额而得不到这样的待遇，于是李聪就把自己的这份功劳让给他，最终让这位同僚梦想成真。过了不长时间，大名府又有一人中举，李聪因此被提拔为山西汾西县教谕。到任之后，根据当地学规废弛的状况，李聪订立了严格的科目与条例，他循循善诱，在奖掖人才方面极为用心，让当地士风大振。可惜的是，他在汾西县任上刚满两年就去世了。李聪注重品行，不逐名利，勤于助人，疏于理家，居官二十年囊空如洗。到了成化十年（1474），朝廷以其子贵敕封李聪为监察御史，尽管这是他去世以后得到的荣誉，但是也很让人羡慕，知情的人都说这是当年他把功劳让给别人的回报。

诗书为业的府学教授李英宗　李英宗，字绍之，是李聪的第三个儿子。天顺三年（1459）中举，成化元年（1465）任山西平定州训导，继任河南南阳府教授。明代对儒学教师的选用比较严格，要求各地必须选择有才德有学问并通晓时务的儒士担任。李英宗学行笃美，诲人不倦，很快获得了当地士子的尊重，人们以师从于他为荣。河南解元李鸾出自他门下，曾写诗赞扬自己的老师："孝友宅心，诗书为业。太和之气，中秋之月。"河南的官员也都认为他是一位不可多得的人才，按察司以精通五经之学的名义将其上报朝廷，李英宗由此而声名远扬。弘治元年（1488），他被举荐为河南纂修总裁，不久南阳郡三城王朱芝垝请他到王府主讲"五经宾会"。"五经宾会"是藩王仿效朝廷"经筵"而设置的王室教育方式，主要内容是探究经书中的微言大义和"以古证今"。李英宗学识渊博，每次临讲意赅言简，条理清晰，备受朱芝垝称赞。朱芝垝是朱元璋的重孙，他博览群书，工于绘画，对学以穷理为先的李英宗非常赏识，到了任期届满时还不忍与他分别，作赠行诗曰："方资进讲六经学，遽尔还登千里途。"后来李英宗转任河东运司学教授，他一如既往、勤勤恳恳地课徒授业。有一天夜里，他忽然叫来书童点燃蜡烛，随即穿戴整齐，然后端坐而逝。

不避权贵的按察使李芳　李芳，字德馨，李聪之四子，天顺六年（1462）中举，成化二年（1466）进士，先后任都察院广西道监察御史、江西按察司副使、江西按察使。明代宦官擅权乱政为害最烈，成化年间更是登峰造极。宪宗皇帝朱见深宠信太监汪直，使其掌管西厂，监督军务，提督京营，并操纵官吏任免。汪直专横跋扈气焰嚣张，屡兴大狱陷害忠良。兵部尚书项忠不堪忍受，与九卿联名弹劾。汪直恨之入骨，唆使心腹诬奏项忠，项忠因此遭锦衣卫审判。朝中大臣被汪直的淫威所震恐，竟无人为项忠辩白。在这种严峻形势下，李芳挺身而出，毅然上疏宪宗皇帝，对汪直之流的不实之词——抗辩，无所畏惧地为项忠洗刷罪名，使之得以保全，最终官复原职。李芳奉命巡历山西时，正值历史上有名的"成化大旱"之年，晋境赤地千里，米麦不收。李芳据实奏报灾情，主张减免赋税，并广设粥厂赈济灾民，使濒临死亡的万余饥民存活下来。李芳曾任畿内八府巡按，所到之处执法奉公，声名清正。在江西按察使任上，他大张旗鼓地剔弊除奸，凡利国利民之事无不奋力而为。李芳居官数十年，一直囊橐萧然，从未购置产业。辞官归里后，他谢绝人事往来，盖了两间草房，把族中数十名弟侄召集起来，与他们一起烧火做饭，一起读书习文，并且持之以恒，常年乐此不疲。这些弟侄在他的熏陶下，深切体会到"布衣暖，菜根香，读书滋味长"的意蕴，注重修德养性，致力读书上进，大都有所成就。

赤诚为民的巡按御史李植　李植，字子木，号玄笃，系李彦直九世孙。天启四年（1624）中举，崇祯七年（1634）甲戌科会试第十五名，先后任河北博野知县、陕西韩城知县、山西道监察御史、河南巡按御史等职。李植步入仕途的前十年，是明末最为动乱的时期，当时外有强敌、内有祸乱，天灾流行、民不聊生。李植以拯救民生为己任，博野任上，他修城铸炮，严密防守，保障了一方平安，得到藩臬两台交章举荐。四年后，李植到陕西韩城任职。韩城古称"龙门"，素有"解状盛区""士风醇茂"之誉，是史学伟人司马迁的故乡。李植喜欢韩城人文萃聚的氛围，经常召集文人名士吟诗作赋，并编撰了《龙门社稿》一书行世。这期间陕西出现了严重旱灾，导致禾苗枯、人相食的大饥荒。李植带头捐献俸银，募集到四千两银子，然后设粥厂，办赈济，救活数万人。他还采取送耕牛、发种子等办法招抚流民，一时间闻风归乡者达到一千六百九十多家。随后李植多方勘察，发现韩城西北角有山泉涌出，于是他决定疏通水利，抗御连年荒旱。他相度地形，随山泉涌出高下引水灌溉，开凿二百四十八道水渠，灌溉田地三百九十多顷。他因地制宜，在那些没有泉水可通的地方，组织人力凿井五百多处。李植采取的这些行之有效的抗旱措施，使辖内耕地大都得到浇灌，在大旱之年取得好收成。韩城百姓感恩戴德，为他树碑颂德，以志永世不忘。陕西总督和巡抚先后七次以政绩卓著的名义向朝廷推荐他，又以"修练储备"四事特疏荐举。后来李植被授予山西道监察御史，就职后，他弹劾内阁首辅周延儒蒙蔽推诿、督抚范志完贪懦怯战，此举震动朝野。他还据理力争，疏请朝廷蠲免山东两年钱粮，让全省百姓免受赋税之苦。崇祯十七年（1644）五月，清摄政王多尔衮在数万名亲兵的簇拥下进入北京，并在武英殿称制，是为顺治元年（1644）。是年，清廷授李植为河南道监察御史，李植以母老多病为由辞官回乡。时过八年，山东巡抚夏玉一再荐举，朝廷下特旨命李植巡按河南并兼理屯政。此时如抗命将祸及家族，李植只好奉旨到任。他秉持民本意旨，致力屯田垦荒，不到半年，发动民众垦荒一千八百六十余顷。河南任上，李植于垦荒治河、澄清吏治、严饬军纪以及奖孝节、赈孤贫等方面政绩优异，受到两河父老的称颂，并且在都察院考核时被评为称职留用第一。任职两年后，李植因母丧回家守制不出，从此优游林泉，教子课孙，不再与官宦交往，遇到乡党朋友谦恭和蔼，从不装腔作势。李植享寿七十三岁，逝后被乡绅公推为乡贤。

注重家教的增贡生李昺 李昺，字明远，系"李布政家"十三世，十九岁成秀才，屡次参加乡试未能中举，后来就把主要精力放在对后代人的教育上。李昺设家塾、请名师，给子侄提供了良好的读书条件，并时时督促检查，从不懈怠。他主持家政，夙兴夜寐，数十年如一日。在处事为人上，李昺也是子侄的楷模。他对两位长兄毕诚毕敬，闲暇时就与兄嫂欢聚一堂，有时流连一整天还依依难舍；他与人交往不设城府，并且有求必应，还能做到皆如其意，不留遗憾。乡人或有争讼，只要他出面调停，无不迎刃而解。晚年他曾对儿孙感叹："吾家自侍御公（李植）以文章经济显于世，今已百余年矣。汝曹果振奋克绍先猷，则吾愿足矣。"《李氏族谱·懿行列表》对他的评介是"温温穆穆、情文周至、遇事侃然、勇于为义"。庄科李氏与滨州杜家有秦晋之好，李昺就是太傅杜堮的岳父，他的女儿即太师杜受田的母亲。李昺的重孙李星纬，也是十九岁入庠的少年才俊，他和杜受田的女儿是同龄的表兄妹，后来喜结连理，成为杜家的乘龙快婿。李昺的后人从不以他人的显荣引为自己的光耀，在他们的家乘传记中只字未曾道及与滨州杜家的关系，从中也看出庄科李氏不事炫耀和平实本分的家风。

庄科李氏家族英贤辈出，民国时期还有两位有社会影响的人物，一是国民军将领李朝杰，二是激扬文字为抗战的李竹如。李朝杰曾随从蔡锷讨袁护国立有殊勋，后任甘肃第二混成旅旅长、肃州城防司令，在中原大战前后是甘肃省执政的"八大委员"之一，同时兼省政府民政厅厅长；李竹如二十二岁时加入中国共产党，抗日战争全面爆发后，他在山西创办《中国人报》，后历任华北《新华日报》副总编辑、中共山东分局宣传部部长兼大众日报社社长、新华社山东分社社长等职。一九四二年初冬，日寇对山东大规模"扫荡"，李竹如在临沂对崮峪突围时壮烈牺牲，年仅三十七岁。

2011年1月24日定稿，见同日"微波龙鳞"新浪博客

父子观察方伯第，兄弟翰林进士家

岳镇南家族的始迁祖岳东常是南宋抗金名将岳飞的后裔，系岳飞之子岳雷一脉，明末迁至利津县丰国镇，后来定居在北岭村。岳家在利津传至岳镇南的父亲岳吉士时为六世，他本人虽只是位增广生员出身的布衣，但他教子有方，两个儿子岳镇东、岳镇南先后中了进士，并均授得翰林院庶吉士。自此，岳家家道兴盛，科第不绝。岳镇南之子岳玉溪、岳云溪也是为官一任，造福一方，芳名留世。因此，岳镇南家族被誉为：父子观察方伯第，兄弟翰林进士家。

轻财重德岳吉士 岳吉士，字霭如，清乾隆间进县学为增广生，因子岳镇南官至布政使而被朝廷敕封为光禄大夫。岳吉士为人重大节，素不与官宦往来。要是村里有人因贫困卖妻鬻子，岳吉士一律赠钱送粮给予救助。乡亲们对他非常敬重，只要产生是非纠葛，大都请他出面调解。他处事谨慎公允，一句话就能平息争端，让双方免受官司之苦。乾隆四十七年（1782）秋天，海潮漫溢，利津北部庄稼绝收，但有司隐瞒不报，因此税赋并没有减少。村里很多农户举家逃亡，他们在逃亡前把自己的地契抵押给岳家，以期得到一点接济。岳吉士慨然留下地契，尽全力周济乡邻，同时请人将受灾情形书写清楚呈送官府，从而使本地当年的粮税得以蠲免。灾后逃亡的人返回到家里，岳吉士当众将抵押的地契焚毁，把土地无偿地还给了大家，众乡亲感激不已。自此，岳家更得人敬重。

清勤为政的岳镇东 岳镇东，字鲁山，号青峰，岳吉士长子、岳镇南之兄。嘉庆二十一年（1816）中举，第二年联捷二甲进士，授翰林院庶吉士，历任广东吴川县、福建长乐县以及奉天广宁县（今辽宁省北镇市）、盖平县

（今盖州市）知县，后任青州府教谕，敕授文林郎。岳镇东任广东吴川令期间，清廉而有惠政，审理案件严明恰当，深受士民拥戴。后因有疾回家调养，康复后到福建闽江口南岸的长乐县任知县。长乐县有很多险峻的大山，当地民俗彪悍不惧生死，常有借命案诬告善良的事情发生，使不少受害人倾家荡产。在办案过程中，衙役们往往敷衍主官，致使命案十有八九无法擒到真凶。岳镇东洞察秋毫，到任不久即严厉整饬县衙风气，着力纠正这种"役不为官用"的恶劣现象。凡有借命案诬告善良的诉讼发生，他首先围绕稽查真凶这一主旨，依法审理，最终让诬告者受到严厉制裁。由此，长乐县同类案件大幅减少，民风有了明显好转。不久岳镇东改署奉天广宁知县，很快又到附近的盖平县任职，他在这两个县有兴学劝农、优待商贾等造福民众的举措。岳镇东翰林出身，以七品知县奔波于江南、辽东等地，政绩多且仕途平，但职位始终没有得到提升。但他为人不计名利，胸怀豁达而淡定。谢官后悠然安度晚年，得享八十八岁高寿。

廉能明断岳玉溪 岳玉溪，字昆圃，岳镇南长子。以附贡生身份被提拔为山西神池县令，上任不久既展现出善于查办悬疑案件的才能，因此被调往以好讼出名的太原府崞县（今原平市）任职。崞县素有"东山摇钱树，西山聚宝盆，中间米粮川"之称，是个非常富庶的地方。不过，这里的文人偏偏喜欢打官司，有的心怀不端，或专为从中谋利。岳玉溪到任后经过多方了解，知道崞县包揽诉讼的确实大有人在，这些人有的是贡士，有的是被斥罢的胥吏，有的是势家宗族子弟。针对这种情况，岳玉溪经常召集文人在县城学堂聚会，对其进行礼乐法度、文章礼仪等方面的教化，并结合自己审理冤狱的实践，宣讲《韩非子·用人》中"争讼止，技长立，则强弱不觳力，冰炭不合形，天下莫得相伤，治之至也"的道理。他还让县学中的读书人写文章来痛斥争揽诉讼之危害，让人们对争讼斗狠行径普遍感到厌恶，自此颓坏风气大为收敛，正文教、劝农耕蔚然成风。

岳玉溪如此干练，深得上宪看重，不久他被调到山西省西南部的永济县任县令。永济县在秦、晋、豫三省交界处，地处偏僻，盗匪横行，有王氏夫妇、李四八、张亮娃三股各百余众的盗匪不断劫掠扰民。岳玉溪侦缉了一个月，就抓获贼首并绳之以法。从此盗匪匿迹，四境重获平安。

岳玉溪声名远播，远在山西做官，河北发生大案也请他去审理。滹沱河南岸的晋县有一桩因奸情谋杀本夫和小叔案，本县延迟很长未能破案，受害方请求巡抚衙门请永济县令侦审此案，河北巡抚随即商调岳玉溪前来勘察。岳玉溪奉命来到晋县，首先通过验尸和明察暗访搜集到确凿证据，再进行详细审问取得翔实口供，最后将凶手数人一一抓捕。

岳玉溪一生审理过许多重大疑案，没有一件出现舛误。岳玉溪官至直隶知州晋知府衔，和他父亲岳镇南一样，因积劳成疾而英年卒于任上。

沉毅果敢岳云溪 岳云溪，字雨亭，岳镇南季子，岳玉溪之弟。咸丰元年（1857）由附贡生选为山西襄陵县（今襄汾县境内）知县。当时北伐太平军刚刚从这里离去，战乱后赋税和徭役加重，民众不堪承受。岳云溪到任后收拾残局，大力革除弊端，严惩包揽诉讼的讼棍。这一系列的举措，减轻了百姓负担，受到民众欢迎。

襄陵地处汾河之滨，农田却是用山泉灌溉，民户经常为争水源相殴斗。岳云溪为之订立章程，保证了水源的有序利用，从此大家以此为规，避免了过去的乱象。襄陵县在他的治理中由"难"变"简"，与其兄岳玉溪治理的永济县并列为山西最好的县，时人称"山西二岳"。岳云溪离任后，襄陵士民为之立碑，以铭记他的功德。咸丰十一年（1861）八月，数万捻军攻入县境，岳云溪拿出家资以供军费，募集壮勇万余人，严密防范，致使捻军不敢来犯。事后朝廷擢升他为陕西兵备道，负责西安城防以及管理军需。他严格管理部队，对民众秋毫无犯。

同治元年（1862），他又遇到一件大事。当时甘军被捻军击败，溃兵作乱，总兵杨得胜以为他们哗变，即指挥大军对其讨伐，把他们逼上绝路，与捻军结伙，有位参将奉命前往招抚也被他们拘押。岳云溪奋不顾身，单骑入敌营，向叛军首领陈说利害，于是反叛者全部接受招抚，这才化险为夷。岳云溪后来奉命负责陕甘粮台、浙江两湖等七省转运事务，他都应付裕如，办理得有声有色。

同治七年（1868），岳云溪返乡扫墓，正值西路捻军向定州进发，逼近京城，山东巡抚丁宝桢率兵驰援，命岳云溪在后方协助治理河防团练事宜，他备御有方，受到丁宝桢褒奖。西路捻军兵败后他回到家乡，朝廷给他加盐运使衔，并赏戴花翎。岳云溪在家闲居，时常过问本地盐务，不断更除弊政，让盐商和灶户的经营困境得以纾解。光绪元年（1875），"丁戊奇荒"

蔓延，有许多饥民涌进利津北部。岳云溪率先倡议，带领富户捐资设粥棚赈灾。岳云溪一生劳碌，六十四岁病逝于家中。

北岭岳家家风严谨，后人时时牢记先祖遗训："祖训世守精忠传，家风丕振翰苑声。"岳家还十分注重培养后人，早在岳镇南时就已创立了家族学塾，使后代子孙都能受到良好的教育。由于诗书传家，厚德恤民，岳镇南家族历代贤能辈出，名传乡里。

2011年5月10日定稿，见同日"微波龙鳞"新浪博客

书香望族李佐贤世家

明朝中叶，李氏先祖为避战乱，自枣强迁利津，居县城仁义街，后迁城北左家庄。李氏子孙严守"重孝悌、崇经书、存忠厚"的家规，一直保持着优良门风，逐渐成为名门望族。自明末至清光绪年间，这个家族计出进士五人、举人十人、贡生二十三人，文武官员达百名之多，可谓科第名门人才济济，官宦望族瓜瓞绵绵。李氏家族的十一世孙李佐贤，是这个家族中文化成就最突出的一位。

李佐贤的四世祖李登仙，是一位谈元讲易、超凡脱俗的人物。李登仙，字见田，生于明万历十八年（1590），卒于清康熙十一年（1672），自幼聪颖，生性倜傥。喜读北宋哲学家邵雍撰写的《皇极经世》一类的书籍，对运用易理和易教推究社会历史变迁非常痴迷。他生逢乱世，不图仕进，不置家产，遨游四方，寄情于山水之间。后得一道长传授功法，对天象数学、周易五行学说有深入研究，"生平救济多人，不可称数"，有"神仙"之名，且名动公卿。时常有文武官员召请他参谋军事机宜，如都督田洪遇等，经他谋略，打了不少胜仗，躲过了几次灾难，他们把李登仙敬为上宾。明末两位著名书法家，礼部尚书董其昌、大学士王铎，对他也"倒屣以迎"。王铎有诗《赠李真仙诗》：

> 吾爱李见田，其人非碌碌。
> 内观无一心，飘然游云躅。
> 握元数可扐，人间皆藏谷。
> 长笑震旦中，太极敦屯复。

愿此携瓢笠，与君枕霞宿。

眉垂过胸膈，海天色色绿。

太史朱沧起与万历进士、镇江知府李中行，曾分别为他写传，题为《李神仙传》。临终，子孙有以神仙术相问，他只是说："厚德传家，天根月窟之理，亦俟人自悟耳。"

李氏家族有好几位官员任职边陲，为民族和睦做过贡献。李佐贤的曾祖父李嘉猷，字允升，号东府，官至广西按察司经历。乾隆五十二年（1787）署全州州同。全州居湘桂走廊的咽喉，宋元以来成为桂北湘南最重要军事要塞，军队和居民迁徙频繁，设有六处关隘，向来有守关"隘丁"和军屯"隘地"。乾隆时期天下承平日久，以致"隘丁"多空额，"隘地"也多被倒卖。李嘉猷到任后认真治理，凡有丁无地的关隘，他就把倒卖出去的"隘地"追回，而对有地无丁的情形则充实"隘丁"，做到丁地相符，并对"隘丁"进行严格训练，以备边患。全州境内苗族与瑶族交错居住，时常因争夺田地发生械斗。李嘉猷高度重视土地纠纷，有这样的诉讼往往亲赴其地仔细审纷，勘定界址，持平而断，使纠纷尽快得以平息。州民十分感激，在城隍庙为他立长生位。李嘉猷离职的时候，百姓恋恋不舍，"老幼载壶浆者相属于道"。

李佐贤的父亲李文桂，字镜秋，号鲁村。嘉庆间授云南路南州知州，曾任思茅厅（今普洱市）同知、普洱府知府等职。他为人纯正谨慎，处事有担当，就是遇到十分棘手的事情，也不影响他那慎密优雅的气度。在思茅任职的时候，他关注民生，禁止贱收贵买茶叶，并将禁令刻在石碑上，永远废除奸商垄断，保护了以茶山为业的少数民族利益，当地民众建立生祠来颂扬他的功德。他在云南任职期间，正值车里宣慰司使刀绳武潜居内地。车里宣慰司是清廷在云南西双版纳地区设立的傣族土司机构，刀绳武生性懦弱，本族人召拿觊觎他的位置，勾引缅甸人假称修好前来与刀绳武歃盟，设下陷阱要俘虏他。刀绳武知道真情后非常害怕，请李文桂出面相救。李文桂慨然承诺，招募乡勇团练与宣慰司兵丁共同御敌，夺舟断渡，逼退了召拿引来的缅甸人，立下赫赫战功。大学士杜塄作《镜秋李君家传》，介绍李文桂生平，论说他的品德才能，并感叹道："或谓君之位不足以配其才，君之遇不足以称其志，是则然矣。"

从江油知县李愉开始，继之按察司经历李嘉猷、京山令李华、路南州知州李文桂到汀州知府李佐贤，祖孙五代都做过府州县官员，他们勤政爱民，清廉自守，有很高的声望。李愉在江油做知县，与人推诚相见，不摆架子，不严词峻色，居官如居乡。先后署理平武等地长官，所至有廉名。因病辞职时，当地民众攀辕遮道与之话别，并立去思碑以铭记其功德。李嘉猷廉而好施，以致宦囊羞涩，十分清贫，病逝后多亏同僚凑钱相助，才将其灵柩运送回故里安葬。李华任湖北布政司经历时，负责一省饷银的度支出纳，他精打细算，五年间节约开支二十余万两。李佐贤辞官归里后，为谋生计四处奔波，家境与平民无异。李贻良是李佐贤长子，咸丰丙辰科进士，先后任内阁中书、刑部四川司员外郎、江西司郎中，英年早逝。他没有做地方官员，却也有廉能之名。

李氏家族经历了明清两代，见证了清王朝由强盛走向衰败的过程，始终保持厚德传家的祖训。光绪元年（1875），李佐贤续修《李氏族谱》，自十世至二十九世排续二十字，曰"文贤贻泽长，吉善友余庆。光大辉先业，和平衍世昌"，其含义与其家规十分吻合。

李佐贤家族不仅是瓜瓞绵绵的科第世家，更是人才济济的名门望族。近现代，李氏家族出了著名文学理论家李长之，教育家李焕昌等，为李氏家族再添新的荣光。

2011年7月18日定稿，见同日"微波龙鳞"新浪博客

贾光大均田平赋

利津有县以来，先后有不少贤官明吏，其中贾光大便是一位体恤民情的好官。贾光大，字实甫，河南杞县人，明隆庆五年（1571）任利津知县。他为官清廉，勇于任事，上任后大刀阔斧地清丈土地，平均田赋，让穷苦人家普遍得到实惠，因此名播大清河两岸，一直受世人敬仰。

利津原属东汉渤海郡，北临渤海湾，东瞰大清河，南有桑枣之饶，西达舟车之利，是一个适宜居住的好地方。到了明朝中叶，由于豪强兼并与隐占土地，致使民户四处逃亡，利津境内日益萧条，土地渐至荒芜。据康熙十二年（1673）《利津县新志》记载：明初利津县就有八千三百五十六户人家，人口总数已达五万〇五百五十五人，而到贾光大上任时的隆庆五年（1571），全县却只有六千五百〇八户，人口仅二万五千三百三十三人。整整二百年，人口不但没有增加，反而减少了一大半。

早在明嘉靖十年（1531）推行的一条鞭法，已涉及均田及赋税统一征收等问题。但利津地处偏僻，长期以来被做官的人视为畏途，来此任职大都敷衍塞责，只盼及早脱身。因此百姓疾苦无人问津，赋敛横流得不到遏制。贾光大特立独行，不因环境恶劣而丧失信心。下车伊始，他就深入民间与村夫野老座谈，询问民间疾苦，对民户逃亡、土地荒芜的情况了解得非常详细。

明代的土地分"官田""民田"两大类，所交赋税差别极大，征收办法极不合理。民田每亩以五升起征，官田一般每亩征粮七斗，豪强富户为逃避征收，采取许多卑劣手段向民户转嫁负担：一是投靠权门，将田产和户口寄其门下，利用特权免赋或由其包揽减赋；二是勾结官吏舞弊作奸，或串通书吏在造册时隐没田产，或多买少报，把官田变为黑田；三是把官田登记为民田，把民田登记为官田。这样一来，官田与民田混淆，粮税与田亩不符。最终种田人家为地所累，不得已把赖以生存的土地卖掉。可卖掉土地后仍要纳税，还要承担外逃人口的粮赋。

贾光大洞察利弊，知道官田与民田赋税不一是民不聊生的症结所在，而要解开这个死结，必须从清丈田亩做起。当时隆庆皇帝依靠高拱、陈以勤、张居正等大臣鼎力相助，革弊施新，抑止土地兼并，在全国推行限田制，朝政为之一振，社会出现转机。贾光大决意遵从朝廷限田的意旨，参照应天府（今南京市）的举措，在利津施行均田平赋。

为了把这件事情做好，他虚心向著名的乡绅以及有见识的读书人请教询问，反复和自己的下属商议。筹划完备之后，县衙即把均田规划张榜公布，让民众知道这次清查审核土地的内容和道理，以及均田的法度、丈量的规则，并把欺瞒不报者的惩治条例和隐田自首者的宽恕办法同时公示于众。之后让有田人先行丈量自己的土地，详细填写亩数及四至，由地邻证明后交给里长详细查验，经过广泛认可后登记造册，呈交县衙以备参考。

四乡田亩自行丈量之后，贾光大轻车简从，亲自下乡清丈田亩。每到一处，首先访问父老，查询前段丈量时有无作弊现象，然后核查簿册数字与实际田亩是否相符。一旦发现问题，当即进行处理。贾光大对部下宽严有度，在此期间他三令五申，清丈必须尺步精确，一分一厘也不能含糊，如有违背一律从严处置。同时他也知人善任，有位叫朱俊甫的书办，一向明达廉谨，贾光大就把一些重大事项交由他去处理。这位庐陵（今江西吉安）人果然不负所望，清查诡寄恪尽职守，惩治奸猾最为得力，在履亩丈田、清理逃税的过程中成为吏胥们的榜样。

贾光大将利津四乡田地全部依土质、地势不同划分为三等，不同等级核定不同数量的税粮。即使这样，他还是担心税多地少、民众仍然不堪重负，于是又将一部分田亩的税粮降为最低。其中包括七十五顷五十三亩七分五厘的官府垦地、二十四顷六十九亩九分的新开荒地，还有一百八十五顷六十四亩九分的河滩地。

清丈田亩事项纷繁复杂，贾光大秉公办事，一丝不苟。他以厘清田亩属性为重，把官田、民田区分清楚，以取消税赋差别为主，将粮税公平地落实在每块地亩上，保证了均田平赋顺利进行。全县清丈结束时，原来共计二千七百一十三顷六十四亩九分耕地，最终核实为二千三百五十四顷五十九亩七分，减少了近四百顷；原来的税粮是一万四千三百多石，清丈后只需缴纳九千五百石，减少了三分之一。

历朝历代，均田平赋被看作"天下难事"。贾光大满怀爱民之心全力以赴，在任期内很好地完成了这件天下难事，利津民众对其恤民之举感激不尽，赞扬他"为政如迅雷烈电，骤雨飘风，见者秋月皎皎，空隙即通，纤毫毕照"。对他的清廉政绩，交口称赞，并为他建立生祠以做纪念。有一首赞颂他的四言诗，在当地流传多年，诗曰："我有荒芜，侯其开之；我有灾害，侯其除之；我有生养，侯其遂之；于维我侯，万世仰之。"

2011年5月13日定稿，收入《山东区域文化通览（东营卷）》一书

季元方镇守叶尔羌

季元方，字叔度，山东利津县盐窝镇人，生卒年月不详。清乾隆元年（1736）武举出身，先后任陕西秦州营都司、阶州高台营都司、新疆叶尔羌都司。因治军抚民有功，擢守湖北襄阳营，官至从三品游击将军，祖父兄三代都受到封赠。

乾隆十六年（1751），季元方调守新疆叶尔羌（今莎车县一带）。叶尔羌原为西域莎车国，自西汉起即归大中华版图。神爵三年（前59），汉宣帝设置西域都护府，以郑吉为都护，莎车国自此隶属大汉王朝。明时叶尔羌城内商贾如鲫，货若云屯，人如蜂聚，奇珍异宝往往有之，牲畜果品尤不可枚举，川、陕、江、浙一带的商客，不辞险远来这里做生意，很多外国人也纷纷过来贸易。

季元方文武将才，长处险地，久经沙场，战守都能称职胜任。他翻阅史籍，对驻地古今事多有了解。叶尔羌意为广阔土地，南宋理宗宝庆元年（1225），成吉思汗封次子察合台为察合台汗国领主，察合台得到从畏兀儿境一直延伸至河中的草原地区。明正德九年（1514），察合台后裔在这里建立叶尔羌汗国，历经六代、十一位汗王主政，到康熙十七年（1678）被准噶尔部灭亡，存在了一百六十五年。叶尔羌是丝绸路上国内南道最后一站，昆仑山脉绵亘本境，越过葱岭向西可达中、南亚各地。西汉时境内就有铁山，出青玉，粮产丰足，能输出邻近依耐、蒲犁等国。班超、唐玄奘、马可·波罗等历代名人驻足流连，解忧公主、阿曼尼莎汗王妃及十二木卡姆套曲等为后人所熟知。

叶尔羌是军事重地，一直由游击衔武将领兵屯守。上任伊始，季元方将叶尔羌城修葺一新，城周十余里，四面有十二门，规模宏伟，一时成为南疆最好的城池。他传扬汉家礼仪，派兵保护阿勒屯麻扎、阿孜勒清真寺与阿曼尼莎汗陵，同时严禁部下扰民，对违反军纪者严惩不贷。

叶尔羌田地肥广，草木饶衍。环绕叶城的叶尔羌河，源自喀喇昆仑山口，汹涌的山间急流出昆仑峡谷向北，分支散布在冲积扇上，灌溉着叶尔羌绿洲。明末以来，外敌觊觎，战事不断，内争屡起，灾祸连连，让这个美丽富饶的地方百业凋敝，疮痍满目。明末曾有畏兀儿之民从天山南迁，到叶尔羌河两岸从事农耕，当地人称之为"塔兰奇"，即农耕者。准噶尔战乱之中，伊犁的塔兰奇人大多逃走，农耕之地大都荒芜。

当时叶尔羌二十一城村，三万余户，回民部众十万人。叶尔羌回部是马背上的民族，毛裘蓬首，不惧生死，逐水草而居，以畜牧为主，狩猎次之，不识耕种之法，亦无内地农具，春耕时纵马牛于田，往来践踏，将草地践踏成泥，随手撒种粒于上，不耕不耘，任其自生自长，收获甚少。

叶尔羌驻军五千六百人，距内地遥远，兵粮最关紧要，季元方审时度势，清楚地意识到，只有大力屯田垦荒，及时提供军需，才能保境安民。他首先以"本城孤悬边疆"为由，向伊犁将军府提出"给牛、种以资开垦""免起科以广召种"等条陈。待将军府转奏朝廷得到允准后，季元方立即把部队分作两部分，三分守城，七分耕作。每人授田十亩，给予耕牛、种子，让其耕种。他还定下军规，垦荒军士遇事统一征调，无事则散还各处，管军官员不许擅自调用。此后叶尔羌垦荒面积不断扩大，百姓衣食无忧而军饷益加充裕。

季将军驻守叶尔羌六年，军务之外最注重的是当地农事。他不断到各处巡察，组织回部民众安设村堡，修葺沟渠，引水灌田，并配给各种农器具及口粮、籽种，劝导牧民从事耕作。他还在城内设立了铁木作坊，先后制作了大批耙子、犁、耧、耙、锄、镰、锨、镐，在叶尔羌各地推广。先进的劳动工具得以广泛使用，使回部民众告别了原始农耕方式，逐渐学会了精耕细作。由此屡年粮丰棉茂，不断获得好收成，以致谷价比内地还要便宜。尤其是在他驻守后期，叶尔羌贸易复兴，人口增长，一派繁荣景象。

季元方为叶尔羌地区的草原游牧与绿洲农耕结合立下了汗马功劳，受到回部民众的普遍爱戴。乾隆二十二年（1757）平定准噶尔，季元方离职转守襄阳。叶尔羌百姓在城内给他立生祠以作纪念。生祠有两方匾额，一曰"正直永垂"，一曰"功垂百代"，至光绪年间仍保存完好。

2010年3月31日定稿，见同日"微波龙鳞"新浪博客

程余庆及其《史记集说》

程余庆,字椒园,号广文,山东利津县务本乡杨家庙村人,生卒年月不详。道光二年(1822)壬午科副贡,曾任寿张县教谕,以修治学政著绩。平生著有诗文、史论若干卷。他编著的《史记集说》考证精辟,注释详明,出版后一直受世人推重。

程余庆自小酷爱读书,对文辞优美的《史记》更是爱不释手。年少时还不解其意,只是在诵读的同时,见到有关《史记》的注释,就抄录在相关段落的旁边。时间长了,他读过的《史记》书页上,抄满了各种各样的评说。经过反复对比,他觉得这些评说的是非也不难分辨。程家虽然贫寒,却有数千卷藏书,程余庆逐一阅读,对许多经史著作悉心做了笔记。成为秀才后,他常常把《史记》与《左传》《战国策》《国语》等对比评点,逐渐产生了将《史记》诸说汇集成书的愿望。

道光二年(1822)三月,程余庆参加山东乡试被列入备取,之后远离家乡,到与河南交界的寿张县(今阳谷县)任教谕。教谕是不入流的吏员,每月不足三两俸银。他生活清苦,难以顾家,任满回家后依然贫困如故。

程余庆生活在清嘉道时期,这一时期王室贵族穷奢极欲,各级官员贪污腐化,吏治全面败坏,百姓苦不堪言。在这样的社会环境中,作为一个正直的读书人,程余庆怀有对这个愚昧时代的强烈激愤,又有被压抑窒息的沉重苦闷,但是他无力改变自己的贫穷境况,只好从诗书中寻找慰藉,与古人交流以抵御饥寒。他穷年累月埋头于古籍考证,日复一日沉浸在浩如烟海的文字里,研读《史记》以致痴迷的程度。

在十余年的漫长岁月里,程余庆参考《史记集解》《史记索隐》《史

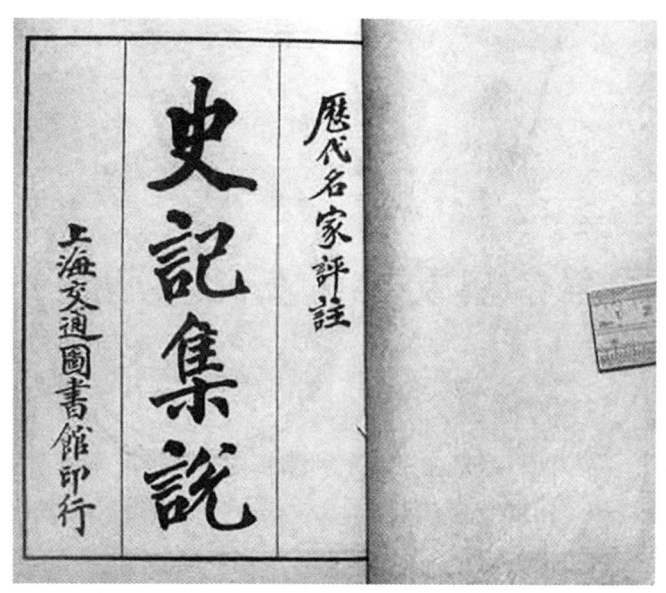

民国七年版《史记集说》

正义》及《史记评林》等历代名家著作，收集雍乾时期方苞、梁玉绳、王鸣盛等人的著述，通过训诂、笺释、校勘、辨伪等方法和手段，对《史记》进行全面系统的整理研究。为了找到切合原作精神的评点，他广泛考证，把握《史记》纷繁复杂的章法结构，对字法和句法做出了细腻贴切的解读。在编著过程中，他始终一丝不苟，无论是文字校勘，还是文章断句，都力求精准少误、切近原意。

道光十九年（1839），程余庆将编写的全部资料次第归置，结集汇为一书，题名《历代名家评注史记集说》（简称《史记集说》）。书前载有他自己写的一篇不足七百字的序言，还有经过他"截瑜剔瑕"筛选的三十三位名家的五十三段评论，书中每篇后面附录着名家的相关评说。之后两年，程余庆反复披览初稿，从头至尾细致修改。在修改过程中，他字斟句酌，尽力让自己的注释精确简练，做到语言挥洒、句法错落，富有节奏感。他还把眉批的片言只语分类整理，大部纳入行间夹批及篇后总评之中。这样一来，不仅让书稿整洁美观，而且将品评集中表述，洋洋洒洒，犹如一篇论文，读起来印象深刻。

道光二十一年（1841）秋，程余庆将《史记集说》修改完毕，又写出一篇序言，进一步阐述考证《史记》的观点和编著《史记集说》的宗旨。看着自己呕心沥血写成的书稿，程余庆无限惆怅，不知是喜是悲。暑来寒往，这位穷困潦倒的学者日渐衰老，一直无力将这部凝聚着自己毕生心血的著作付梓。临终前，他把嗣子程贻型叫到身边，手指那一摞又一摞的书稿，老泪纵横，欲言又止，继复长叹一声，抱恨而逝。

《史记集说》的出版费尽了周折，说起来还多亏了一位县大老爷。光绪十六年（1890）冬天，江苏武进人钱鑅来利津任知县，一次偶然的机会，见到了《史记集说》书稿，阅后赞叹不已，称"其书可传丰城剑气，必有不能秘终者"，并表示愿为刊行此书尽力。钱鑅在利津任职不到两年，就被山东巡抚福润提拔为历城知县，行前他请利津名士高凤岗雇人誊抄副本，等待时机出版。后来钱鑅因滨河村庄迁徙事受到弹劾，被贬往博山任职，还没有忘记这件事情。他在这个阶段校对完《史记集说》副本，还写了一篇序文，一并交给程贻型。二十六年后，清王朝已经覆灭，中华民国进入第七个年头，程贻型携带书稿找到寓居天津的钱鑅，商量出版事宜。钱鑅又将书稿检点一遍，然后送交上海交通图书馆"以西法印之"。这部卷帙浩繁的史学巨著，在湮没了七十七年后终于得以面世。

《史记集说》全书七十卷十六册，是程余庆毕生研读《史记》的心血结晶。长期以来，他细致入微地体察司马迁的心灵世界，对这部巨著的理解极为深刻。他在序言中说道："《史记》一书，有言所及而意亦及者，有言所不及而意亦及者；有正言之而意实反者，有反言之而意实正者；又有言在此而意则起于彼，言已尽而意仍缠绵而无穷者。错综迷离之中，而神理寓焉。是非求诸言语文字之外，而欲寻章摘句以得之，难矣。"寥寥数语，足以表明他领略了司马迁特殊的写作手法和写作旨趣，并能够深切体悟其笔墨之外的哲理意蕴。

程余庆对司马迁不阿君主、不惧权贵，敢于"贬天子，退诸侯，讨大夫"的崇高人格推崇备至，而对《汉书》的作者班固连篇累牍照录《史记》原文却嘲笑司马迁"其是非颇谬于圣人"大不以为然。他在《史记集说·序一》中，对班固等进行了犀利的批驳，鲜明地表达了自己的观点："越百余年而有班氏、孟坚者，因其成规作为汉书，使百世而下并称良史，亦可谓传之得其人矣。然其所云先黄老而后六经，退处士而进奸雄，崇势利而羞贫贱者，犹未免得其粗而遗其精，得其表而遗其里。"

从程余庆品评《史记》的语言可以看出，这是一位饱览诗书、学识渊博的史学俊才，文字功力非常深厚。在《平原君虞卿列传》的品评中，有这样一段精彩文字："虞卿之言如珠明月朗，乃郝绥于珠明月朗下又复雾起云兴，亦自横绝尤妙。于段段插带王语，一则月明水清，一则毒雾四塞。而王于其间，目转心摇，情态如绘，真写生手也。"《史记集说》一书中这样辞采飞扬的品评处处可见，让读者赏心悦目、兴会淋漓。

《史记集说》对《史记》的解读全面细致，其中既有感性的随笔抒发，也有深刻的理论总结；既有对前人的积极继承，又有自己的独特创新。全书以取证广泛、考证严密、观点鲜明、文字优美见长，是研究《史记》的集大成之作，有其不可磨灭的价值。

2011年3月21日定稿，见同日"微波龙鳞"新浪博客

石敬亭将军二三事

光绪十年（1884）岁尾的一个傍晚，黄河岸边的吉杨庄石家胡同，传出了一阵嘹亮的婴儿啼哭声，未来的民国上将石敬亭呱呱坠地，一颗耀眼的将星从这里冉冉升起。

读《史记》眼前蓦然一亮

石敬亭世居山东利津县吉杨庄，祖父晓岩公是一位私塾先生，父子全公以祖传油坊为业。石敬亭的降生，让他的祖父欣喜无限，这位邑庠生（秀才）的乡试卷子曾被举荐，得到"文有金碧气，无土沙痕，诗可"的朱批。他学养醇厚，教书育人多年，深受乡邻敬重。

一有闲暇，晓岩公就把牙牙学语的孙儿揽在怀中，手把手教他读书写字。石敬亭九岁入私塾，对《三字经》《百家姓》《千字文》等蒙学教材已经能够背诵，塾师石修甫先生便教他读朱熹的《四书集注》。

入塾读书的这一年冬天，有件事情让石敬亭难以忘怀。腊月初八，大雪漫天，石先生入城饮酒。他年事已高，犹嗜酒贪杯，傍晚回家醉卧路边，第二天早晨才被人发现。等学生们闻讯赶到，已冻僵多时。石敬亭痛失尊师，非常痛心，并引以为戒，发誓一生不饮酒。

正当石敬亭潜心读《易经》、学"五言八韵"的时候，日本逼签《马关条约》的消息传到北京，在京城应试的一千多名举人，联名上书光绪皇帝，痛陈民族危亡，提出变法主张，史称"公车上书"。这一事件揭开了维新变法的序幕，逐渐酿成了"戊戌变法"。其实"戊戌变法"只是表明，清政权已腐朽不堪，连统治者自己也觉得难以为继，所以提出了包括"废科举、兴新学"在内的一些变法主张。不过，十五岁的石敬亭对此并不知晓，也不知道变法期间曾经废除过八股取士制度、随着变法失败又告复活的经过。

京都戊戌喋血，县城一切照旧，乡村波澜不惊。石敬亭两耳不闻窗外事，一心跟祖父学做八股文，练习三个月后，即能做出满篇文章。此后他经常诵读康熙朝大学士张玉书的文章，深为其平稳畅达的文风所倾倒。对乡贤岳镇南的文章，石敬亭也十分推崇，称其"天衣无缝，自然有致"。岳镇南是利津县北岭村人，少负大志，向来有殿试夺魁的欲望。后来殿试二甲，竟大哭不止，引为终生憾事。他曾任湖南学政，选才极为用心，自题一联曰："错看一字丧十目，屈断人才绝子孙。"他的二弟镇东也是进士，三弟镇北是举人。岳氏昆仲在利津很有声望，石敬亭爱屋及乌，对其后裔岳朝相也很赏识，后来把他留在自己身边任上校干事若干年。

石敬亭发奋读书，很快考入县城的东津书院。此时年迈的祖父不再亲自督查他的课业，只是不断叮嘱他尽心攻读，殷切盼望他及早考取功名。在石敬亭十七岁的时候，科举考试已改八股为策论。这年八月，八国联军攻占北京，慈禧太后弃都而逃，天下人心惶惶，学子前途无望。石敬亭放弃八股课业，开始研读吕祖谦的《东莱博议》。

《东莱博议》包含着南宋思想家吕祖谦的许多真知灼见。全书分析透彻，议论明达，不少地方，阐发了他卓越的史学思想，让石敬亭受益匪浅。此后两年，他在县考中成绩优异，府试列十三名被取为童生。十九岁到济南参加院试的时候，他把一篇题为《孟之伐不返奔》的策论写到最后一字，不料时限已到，被监试官突将考卷抽去，因墨笔涂污考卷，竟然名落孙山。

院试落榜，石敬亭十分懊丧。第二年他应聘教家塾，给十个学生授课，这些学生的年龄与他只差四五岁。在石敬亭二十一岁这一年，朝廷颁布《奏定学堂章程》，开始在各县设立学堂。此时，科举尚未废除，因利禄所在，人们仍然趋之若鹜。而石敬亭深感科名无常，当塾师也觉得乏味，于是投考东津学堂，接受新式教育。石敬亭用功苦学，读英文、习算术、学地理知识，月考经常名列第一第二。如此三年，以优等成绩毕业。

石敬亭喜读兵书，一天读到《史记》中的田忌赛马一节，眼前蓦然一亮，心中豁然开朗——要想以文章翰墨出人头地，可不是一件容易的事情，不如弃文就武，凭自己的学识，不难于行伍之中脱颖而出。恰巧在他毕业的这一年，山东第五镇新军来利津招募士兵，石敬亭毅然入伍，编入九协十八标一营前队。

永平秋操与滦州起义

石敬亭加入的"新军"，是清末仿照西法添设的北洋六镇，以洋操为训练内容，以洋枪洋炮为使用武器，还设有随营武备学堂。只是朝政腐败，新军也是百弊丛生，尤其军中充斥着满汉不平等，必定引起官兵的强烈不满。比如军伍中按比例安插满人，明显带有监视的意图；同样当兵，满人竟拿两份军饷；汉人官兵三次逃亡捉回后即押赴校场处决，而满人三次逃亡捉回后仅罚吃单饷而已。

入伍后第二年，徐世昌出任东三省总督，将石敬亭所在的山东第五镇第十八标与冯玉祥所在南苑第六镇第二十四标合编为第一混成旅，调入奉天，驻扎在新民府（今属辽宁省广宁、承德两县）。当年冬天，石敬亭考入随营学堂深造班，同学中有冯玉祥、鹿钟麟、张树声等英俊之士。在深造班三年，石敬亭刻苦学习兵法、军器、炮台、算法、测绘知识，认真操练炮队、步队、工队、分合阵法，毕业后返回新编第二十镇，与冯玉祥过从甚密。

宣统三年（1911）二月，石敬亭升为本队队官（相当于连长），参加了以王金铭为首的"武学研究会"，随后又成为"山东同乡会"的骨干。这两个会的主旨一样，都是讨论革命，联络同志，密图举事。此时中国的形势，已如干柴烈火，一触即发，四月广州黄花岗起义，一时风声四播，全国震动。三个月后，石敬亭随部队开拔入关，到滦州准备参加永平秋操。

这次永平秋操，其实是清廷为震慑全国性的叛乱而举行的一次大规模的军事演习。参加秋操的新军将领张绍曾、吴禄贞、蓝天蔚三人，秘密策划在开操之时举行兵变。可是在秋操的前一天夜里，辛亥革命爆发，"秋操"停办，兵变流产。清廷调兵遣将，准备将武昌起义军一举消灭。张绍曾等拥军抗命，拒绝南下镇压起义，并截留大宗军火，发动了以立宪为旗号的兵谏。清廷一面答应立宪，一面削去张绍曾兵权，刺杀了吴禄贞，以卑鄙的手段化解了这场军事危机。

兵谏失败后，二十镇所属部队被拆散，滦州只剩下第七十九标的三个营。当时石敬亭在第二营任前队队官，他与张之江、鹿钟麟等人共同推举第一营管带王金铭、第二营管带施从云等出来主持起义大计。吴禄贞被刺杀的消息传来，王金铭与施从云深感形势紧迫。十二月三十日，以王金铭、施从云、冯玉祥的名义致电袁世凯要求实行共和，电文称："全国人民望共和政体，甚于枯苗之望雨也。诚以非共和难免人民之涂炭，非共和难免外人之干涉，非共和难免后日之革命。"

袁世凯派遣王怀庆以"钦命通永镇守使节制海防各路军"的头衔，到滦州安抚。一九一二年一月一日，王怀庆到达滦州，召集官兵训话，他头戴花翎红顶，身穿貂皮马褂，堂而皇之地以"天理、国法、人情"训勉官兵效忠皇室。当天晚上，王怀庆下榻滦州城外的偏凉汀车站清室行宫，石敬亭负责警卫。夜间王金铭、施从云去见王怀庆，以民族大义、民心向背力劝其共举义旗，并以革命军大都督相推许，王怀庆佯作应允，并议定次日举行誓师典礼。王、施二人将信将疑，回城时一再嘱咐石敬亭小心看守，千万不要让他逃走。

第二天一早，王金铭、施从云自滦州城来迎接王怀庆。此前石敬亭已将守卫任务交卸，王怀庆骑马上路后，由第一营左队夹道护送。大队人马来到滦州与开平的交叉路口时，没想到王怀庆突然掉头勒缰，向开平方向疾驰。因王、施二人随后紧追，卫兵不敢开枪。而王怀庆精于骑术，其所乘之马雄健有力，王、施二人无法追上，就这样眼睁睁地看着他逃走了。

王金铭与施丛云等立即召开紧急会议，宣布成立北方革命军政府，王金铭为大都督，施丛云为总司令，冯玉祥任参谋总长。考虑到清军必然进剿，他们决定先发制人，把驻滦州部队分为三个梯队，计划夜袭开平，再取天津。滦州起义第一梯队是在乘火车西进天津途中，在雷庄车站遭遇埋伏的。经过一夜激战，由于寡不敌众，绝大多数官兵战死沙场。王金铭和施从云英勇就义，与他们同时遇难的还有二十一人，世称"二十三义士"。

石敬亭属第二梯队，奉命于晚九点搭乘第二列车出发，为第一梯队后援。石敬亭率前队出北门的时候，本营右队的一位士官生跑过来告诉他，第三营可能要袭击他们。话还没说完，城上连响两枪，城门也随即关闭。事后才知道，第三营管带张建功，对起义后的职位安排非常不满，竟然投靠王怀庆，在关键时刻公开叛变，向起义部队发动进攻。城门关闭后，石敬亭急命部队沿北关师范学堂散开，各寻隐蔽地方与之对抗。

石敬亭部所在的位置，恰巧在城墙脚下，是射击的"死角"，叛军虽然在城上凭垛口正面射击，但他们并无死伤。从早晨相持到午夜，石敬亭命令部队分段跃进，到偏凉汀车站集合，再向第一梯队前往的雷庄挺进。此时阴云遮蔽，月色朦胧，由于视线不清，城上的枪声渐渐稀落，前队全体官兵顺利脱险。石敬亭他们在半路上遇到雷庄溃兵，才知道王、施等人已不幸遇难。

王怀庆的部队分据山隘要冲，对起义部队堵截搜捕。石敬亭率部在永平（今卢龙县）、丰润（今唐山市丰润区）一带盘旋了三十天，弹尽粮绝，外援不至，军心涣散。鉴于大势已去，难有作为，石敬亭带着两名士兵化装潜行，搭乘火车去了天津。

从政四字诀与西北军编遣

石敬亭是冯玉祥最信任的主要谋士，在西北军鼎盛时期，他同时兼任着四项重要职务，即国民革命军第二集团军的总参谋长、训练总监，以及第六方面军总指挥、陕西省政府主席。

石敬亭是继赵长龄之后第二位利津籍封疆大吏，在主政陕西期间，他为陕西省政府题"清慎勤俭"四字匾文，并解释说："清"者一介不苟，辞粟却金，无贪无竞，寡欲清心；"慎"者畅深衾影，戒懔冰渊，洁短以行，免尔龙欲；"勤"者祖逖起舞，陶侃运甓，终日干干，自强自立；"俭"者民膏民脂，物力艰难，省钱省事，清夜心安。

西北军高级将领大部分是行伍出身，他们学识不够，头脑简单，在任中下级

石敬亭

军官时，还能服从命令，遵守纪律，当升任军师长之后，自己独当一面，权高位重，便忘乎所以，骄悍成性，不受约束。冯玉祥的同学何基沣曾感慨地说："冯先生净用兔子来驾辕，早晚非倒霉不可。"

对此冯玉祥亦有觉察，北伐战争结束后，冯玉祥的国民联军正式改称国民革命军第二集团军，冯玉祥为总司令，石敬亭任总参谋长。在第二集团军中，石敬亭已经成为学生出身的军官的首领，他力主以军校生统军，提拔军校出身的军官担任师、旅长，以逐渐提升高级将领的整体素质。冯玉祥让石敬亭兼第二编遣区主任，主持西北军编遣，石敬亭一动手就让保定一期的李兴中接韩复榘、佟麟阁的第二师，让张允荣接刘汝明、程希贤的第二十九师，此举惊天动地。

韩复榘对此大为不满，认为是削他的兵权，从此与石敬亭结怨甚深，后来韩复榘受蒋介石收买叛冯投蒋，还说是石敬亭所逼；西北军行伍出身的将领们，已经各有一套人马，根深蒂固，调动牵扯甚多，也对石敬亭侧目而视，认为是他在冯玉祥面前献计进言，企图夺取军队的控制权。

平心而论，石敬亭的主张，不失为改造冯玉祥部队的一种方法，可惜为时已晚。一九三〇年中原大战，阎锡山与冯玉祥大败。晋军失败后，大部分撤回山西，仍然保有一定的实力，而且内部相当团结，为阎锡山再起奠定了基础。而冯玉祥的西北军失败后，缴械的缴械，投降的投降，竟然土崩瓦解，一败涂地，其失败之惨，大出世人意料之外。韩复榘与石友三叛变之后，冯玉祥军中有些人认为是石敬亭破坏了西北军的团结，石敬亭有口难辩，辞去了总参谋长职务。一九三八年，石敬亭被任命为国民党军事委员会战区军风纪上将主任，负责巡视第一、第五、第六战区，一九四一年任第四军风纪巡视团主任委员。

一九四五年九月，他被派往陕西任国民党第一战区副司令长官、绥靖公署副主任，或许因为西北军编遣的教训，石敬亭在以后的职位上少有建树，不再多提意见。

2010年12月23日定稿，见同日"微波龙鳞"新浪博客

主要参考文献

1. 《明史·列传》，中华书局 1997 年 3 月版。
2. 清康熙、光绪年间《利津县志》。
3. 〔清〕李佐贤《续修李氏族谱》，光绪元年刻本。
4. 〔清〕李佐贤《石泉书屋尺牍》，同治十年刻本。
5. 民国二十五年《续修广饶县志》卷十九。
6. 王增山存《赵长龄行述》。
7. 台湾近代史研究所《史料丛刊》第 36 辑，《石敬亭将军口述年谱》。
8. 于天池《论批评家李长之对鲁迅的研究》，载《鲁迅研究月刊》2000 年 8 月。

Feng Wu Pian

渠展边城甲下邑

甲下邑曾经是渠展之地的海边重镇,其立邑建城的具体年代已难以确考,但从三国桑钦《水经》和北魏郦道元《水经注》可知,甲下邑在魏晋南北朝之前,就矗立在东汉大河入海口处(今东营域内)"瓶"状自然海湾的东北岸上。

《水经·河水》中有明确记载:"(河水)又东北过蓼城县北,又东北过甲下邑,济水从西来注之,又东北,入于海。"郦道元《水经注》卷五注曰:"河水又东,分为二水,枝津东迳甲下城南,东南历马常坑,注济。《经》言济水注河,非也。河水自枝津东北流,迳甲下邑北,世谓之仓子城。又东北流,入于海。"

郦道元从总角之年就跟随做官的父亲生活在青州,对青州北部渤海湾畔大河入海口处的边镇甲下邑的自然环境有所了解,所以才有"(河水)枝津东迳甲下城南,东南历马常坑,注济"与"(甲下邑)世谓之仓子城"之说。

"仓子城",疑即"苍子城",以边地盛长苍耳等野草的环境特点来命名城邑。这与从西汉时就在此地设都尉县邑的蓼城的命名情况大致相同,蓼城得名于当地盛长的一种蓼科植物(俗名"蓼香棵")。"苍子城""蓼城"等地名,从一个侧面反映了当时甲下邑所在地的自然生态特点。

关于甲下邑所在地的近现代地理位置,清人杨守敬、熊会贞合著的《水经注疏》说得较为明确。书中注云:蓼城县"当在今利津、博兴之间",甲下邑"当在今利津县东南"。根据清人注释,再参以谭其骧《中国历史地图集》中魏晋时"青、徐州"地图所示的今利津县城、古蓼城县城与甲下邑之间所形成的三角关系,以及甲下邑在东汉大河(黄河)与渤海"瓶"状自然海湾之间的地理位置,可大致确定甲下邑应在今东营市垦利县董集镇与东营区龙居乡交界地一带。

甲下邑所处的地理位置很特殊,它位于东汉大河入海口的南岸、渤海伸向千乘郡内地的"瓶"状自然海湾"瓶口"处的北岸,与古蓼城县城同在大河与海湾之间的狭长高地上。了解"瓶"状自然海湾当时的基本状态及其后来的变化,对今人考察古镇甲下邑的地理位置等情况有极为重要的作用。所以,说到甲下邑,就不能不说说"瓶"状自然海湾的相关情况了。

从《中国历史地图集》上看得很清楚,千乘郡地的"瓶"状海湾是从先秦就有的一道自然海湾,东西八十里,南北三十里,其"瓶口"的位置大致在今东营市垦利县董集镇南户村与东营区史口镇之间,"瓶底"处则延伸到今滨州市滨城区的小营镇一带。

这个自然海湾的"瓶底"处,原本为禹河枝津漯川入海口,东汉以后,随着黄河主河道移至海湾北邻,漯川水源渐竭,入海口也渐趋淤平成陆。与此同时,河水在入海口处(史称"千乘海口")经年不断漫溢泛滥,海湾亦渐被淤积填塞,至北魏时已成半沼泽之地,到隋代时则全然消失。

郦道元在《水经注》中称"瓶"状自然海湾为"马常坑",而他对"马常坑"的描述则是,完全是一种沼泽湿地的自然状态:"(漯川)又东北为马常坑,坑东西八十里,南北三十里,乱河枝流而入于海,河海之饶,兹焉为最。《地理风俗记》曰:漯水东北,至千乘入海,河盛则通津委海,水耗则微涓绝流。"

清人熊会贞对这段话的注疏说得就更为清楚了:"会贞按:证以《济水注》河水别流注海,今所辍流者惟漯水耳。知漯水自高唐以东,后魏时已辍流,故以河之消长为盈涸。"正因为北魏以后漯水辍流,原"瓶"状海湾逐渐淤塞成为沼泽湿地,沼泽中水之"盈涸"又是以"河之消长"为依的,所以"马常坑"这里才可能发生地处坑北的"河水"与地处坑南的"济水"之枝津间互相注入、交汇入海的情况。由此也可以理解,《水经注》为什么既说"河水"迳甲下邑北入于海,其枝津东迳甲下城南并历马常坑注济,又说"济水"东北至甲下邑南又东北入于海了。原来这里既有河水枝津乱流的原因,又有"瓶"状自然海湾逐渐淤塞为沼泽湿地的原因。

谭其骧《中国历史地图集》中魏晋时"青、徐州"地图,所标注的边城甲下邑在古蓼城县城（今利津县北宋镇刘城村）东北方向，从今之利津县城来看则在县城东偏南方向，古蓼城县城在今利津县城南偏西方向，三点形成一个以今利津县城为顶点的三角形。三角形的顶点（今利津县城）位于古黄河北岸，而古蓼城县城与甲下邑则同处古黄河南岸、"瓶"状海湾北岸，此时的济水入海口则在"瓶"状海湾东南岸与甲下邑隔湾相望。《中国历史地图集》所示的三地位置，跟今利津县城与今利津县北宋镇刘城村、今垦利县董集镇南请户村偏南的几个村之间的位置及三角形比例关系等都基本相似。

拙作《"渠展之盐"说略》论及，这个被称为"马常坑"的自然海湾，周边有绵延二百里的滩涂，即为齐国渠展之盐的主产区，而甲下邑就是渠展之地东部的一个海边守防重镇。甲下邑是何时废弃的，废弃的原因是什么，至今还是说不清楚。

2011年7月定稿，选入《山东区域文化通览（东营卷）》一书

观澜听涛永利镇

金明昌三年（1192）之初，大清河入海处建筑了海防重镇铁门关，南北商船自渤海驶入河口，在此处卸载装盐，海篷南运，河帆西行，铁门关乃漕舸经泊处，渐渐成为漕运、海运的咽喉要地。同一时期，大清河两岸盐滩星罗棋布，海盐生产规模庞大，坐落在大清河岸边的永利镇日渐繁华，于是这个设立于南北朝时期的市镇就成为利津置县的重地和依托。

古代利津域地濒临渤海，黄河支流漯川由此入海。当时刘城庄一带（今利津南部）即著名的扼海关防蓼城县城所在地。王莽新朝始建国三年，黄河改道东流，至千乘郡入海（今利津县境地），初时流路散漫，至东汉明帝永平十三年王景治河后，河槽稳定，史称"东汉古道"，又称"千乘河口"。东汉末年，海口地区经二百多年淤积，海岸向东延伸，蓼城东北十余公里处出现较大居民聚落甲下邑，河水主流在甲下邑北入海。稳定的流路，充沛的水源，便捷的航运条件，造就了商业重镇永利镇。

南北朝时期，今利津县城东侧黄河东岸已是较为繁华的市镇，黄河东西两岸民众的交往、商业贸易均靠市镇西侧的渡口，这就是著名的商运码头东津渡的前身。唐代在渡口西二十里处建置渤海县，属棣州（沧州）。渡口在州县东方，又是黄河上最东方的渡口，故称东津渡。

永利镇设置于北魏，隋开皇十六年（596），设立棣州蒲台县，辖永利镇。宋金时期，黄河三角洲以永利镇为顶点，呈扇状扩充开来，河口北移近百里。随着地域的扩大，民众趋之或垦荒种粮，或设灶煮盐，永利镇成为黄河尾闾一个重要城镇。

东津渡在永利镇西侧，利津县旧志载："东达青莱，北连山海，舟车辐辖，烟景迷离。"唐末黄河改道西迁，此后济水入黄河故道，先后称北清河、大清河。大清河东岸永利镇，西侧有东津渡，居民市肆夹河布列，形成一体。

金代正隆六年（1161），"东京政变"，金世宗完颜雍即皇帝位。从世宗大定时期到章宗明昌前期，金朝政治上广泛吸收汉族等官员参与军政，注重守令之选，严密监察之责；经济上重农桑之利，放免二税户和奴婢，在接界地点广设互市市场，规定商税法，铸铜钱，取消坑税，成为多民族的统治核心，经济空前繁荣。金代明昌三年（1192）十二月，升永利镇为县，是为利津县的肇始。《山东通志》记载："利津县，本隋永利镇地，又邑有东津，合以为县。"

永利镇为利津建县时的依托，后因城地狭小卑低，常遭河泛海潮之患，遂陆续迁往河西。永利镇为利津县故城，《山东通志》和《武定府志》皆有记载：利津故城"在利津县东门外，大清河东岸，隋以废湿（漯）沃县地置永利镇。金明昌间，升镇为利津县，此其故址"。后来由于河道变迁，永利镇塌入河中。至元代，又在大清河西岸圈建新城。永利镇建置规模为周长七里，其后在河西岸建设的利津城，周长也是七里十八步，基本仿照永利镇的规模所建。利津城有四大城门，东曰观澜门，西曰朝京门，南曰迎薰门，北曰镇海门。张铨在一首《竹枝词》里写道："古城七里镇河东，一片荒烟蔓草中。苦为明昌寻故迹，观澜镇海想遗风。"

利津古城又称"凤凰城"，起于形似之说。查看明清时期的利津县城轮廓图，利津古城北靠高家村，南接官庄村，西邻侯王村，东依滔滔黄河。城内，以大隅首为中心，东西南北正向辐射四条大街，分别命名为进贤街、太平街、慕义街、永安街。环城青砖高墙峻挺，城墙上建有四门，分列东西南北，其东、南、北三门各有一条官道向外延伸，而西门的官道却是一分为三远去。因为古城整体轮廓恰似一只凤凰，头朝东、尾向西，西出城门的三股道，犹如凤凰尾巴上的三根长翎，昔有贤人说利津城是：头枕天河水，脚踏进京路，两翼有高官，尾后有王侯，占尽了"风水"。

永利镇商埠的繁华，依赖的是东津码头的特殊地位。金朝至明清时期，大清河为海运要道，山东十七州县的漕米、货物都由大清河道经利津出海。舟楫络绎不绝，首尾相连，均在东津渡经过或停泊。明成化年间利津训导章忠有《东津晓渡》诗，描绘了当时东津渡的繁华景象：

津河环带碧流长,舟子清晨渡口忙。
缥缈云边人竞济,汪洋浪里棹轻扬。
寻常荡漾沉波月,来往栖迟向晓霜。
幸际政平方系缆,行人犹似唤渔郎。

清康熙年间利津人刘学渤也有一首《东津即事》诗,诗中所描绘的这个商埠重镇的繁华景象画面感十足:

济流千曲赴东津,万壑朝宗汇海滨。
岸阔潮平飞野鹜,帆悬风静照游鳞。
青齐车毂争先渡,吴越艨艟列异珍。
此地由来似都会,千村河润泽斯民。

2011年7月定稿,收入《山东区域文化通览(东营卷)》一书

说不尽的铁门关

铁门关设立于金章宗时期。章宗在位十九年，坚守世宗南北和好之策，与南宋相安共处，治平日久，宇内小康。尤其是明昌至承安年间，时局稳定，仓廪充实，人口增长，是完颜氏建金七十年来少见的太平盛世。这一时期，大清河河门通畅，南北商船自渤海驶入河口，在此处卸载装盐。海篷南运，河帆西行，铁门关乃漕舸经泊处，渐渐成为漕运、海运的咽喉要地。

利津建县前，大清河河口北岸上，筑起了一座土城关隘，方圆五里，圈地近百顷，屯兵防守。城东有东西两处营寨，再向前是南码头避风港，训练水兵的船只就停泊在那里。明昌三年（1192）十二月，永利镇升置为利津县，属山东东路滨州刺史郡，原招安县之永阜、渤海县之丰国、宁海三镇划归利津县，各镇置巡检司，催收盐课，查验盐引，缉检海上蛮航夷舶、内河盐船私贩。招安县在明昌六年（1195）更名为沾化县。

金末三朝四十多年，是铁门关发祥时期。铁门关城墙红泥黏土夯筑，城厚四丈五尺，高二丈八尺，东、西、南、北四门，城门用坚实木材做成，门扇由铁板包裹，布满蘑菇铁钉。南门上有一座重檐歇山顶式城楼，青瓦铺顶，独椽撑台，一脊八面，四角飞翘。城楼通高三丈，通面五丈三间，回廊环绕，雕栏横档。八樽铸铁火炮，贴在城墙垛口边缘。城前四角雕台瞭望，成犄角势，铁门关城楼迎风耸立，观海揽涛，瞰河锁浪。

有关以来，朝廷不断增兵派将镇守。终元一代，利津为下县，住户不足两千，人口仅有五六千，至元末，铁门关前兵车辚辚，战马萧萧，商贾稀少，生意萧条。明代"南倭北虏"始终为朝廷心腹大患，在沿海广建卫所、营寨，严密海防。铁门关初名"乐安防御千户城"，后改为"武定防御千户城",关内有文武所署、镇抚司、吏目厅等,驻军一千一百二十人,设千总、守备等武职,初始为防止张士诚故事重演,继为抵御倭寇进犯,始终是山东有名的水旱码头和海防关城。

自明初起,铁门关附近的永阜场灶户一直偷偷烧"九四香",为的是纪念张士诚。泰州白驹场人张士诚小名九四,以驾船运盐为业,因不堪富户凌辱,聚盐丁盐贩万余人起义,席卷江浙,横扫千军,给元朝以重创,至正十六年(1356)在平江建都称吴王。至正二十七年(1367)朱元璋率军攻占平江,张士诚被俘,解至金陵后自缢身亡。张士诚余部不肯降明,逃亡到海岛,勾结倭寇,抢掠沿海。《明史》记载:"方国珍、张士诚相继诛服,诸豪亡命,往往纠岛人入寇山东滨海州县。"

为防御倭寇侵扰、断绝陆路与张士诚残部的联络和粮草供给,洪武七年(1374)罢市舶司,厉行海禁,下令"片帆不许入海",并在山东沿海设登州、莱州等四卫,每卫设五个千户所,南有奇山北有铁门关。铁门关以南沿途设驿站,海边每十里有哨船,汀河以北沿海高阜处筑起三座烟火墩台,一在大盖,一在东庄,一在流沟。高大的圆形墩台上面,建有铺房,配有旗、锣、烟筒,墩台相望,首发尾应,有寇来犯,昼燃烟,夜举火,千里之地,瞬息可知,渤海西南岸海防甚是严密。

位于铁门关西边的汀河庄古时为水边小洲,初名黄沙岭,坐地户有焦、聂、窦、戴、史五姓。据传元末明初,此地瘟疫流行,红头苍蝇遮天蔽日,叮着人就死,五姓人家死亡殆尽,只有在蚊帐中赌博的几个人,躲过了这场大难——其实"红头苍蝇"乃瘟疫加兵乱之隐晦说法,与外地"红蝇赶散""洪武赶散"之说极为相似。

元明易鼎,乱世纷争先后三十多年,先是驱逐异族,后是同室操戈,大清河两岸多次为征战之地,白骨乱蓬蒿,不见有人还,入海处的铁门关几为荒城。至正十七年(1357)毛贵进山东,淮右之军头裹红巾食人成性;洪武元年(1368)常遇春北征,花马大军铁蹄铮铮杀人如麻,这场酷烈无比的浩劫绵延十一年之久。史籍讳言不载,时人不敢说破,只能以"红头苍蝇"来比喻。岁月弥久,真相几至湮没无闻,好在有"红头苍蝇"的故事广为流传,且有山东沿海徐、鲍两姓族谱,以下列文字记载下来:"自大明洪武即位,常遇春将军率花马军平山东道,平而复起者再三,于是赫然斯怒,所过州县无论盗贼良贱，概行诛戮，虽有存焉，然百不一二，是以地广人稀。"

洪武二年（1369）后部队调防，有裴、曹、任、林、崔五姓军户迁居黄沙岭，以煮盐打鱼为生。之后，燕王朱棣借清明节为父皇扫墓，由北平起兵，向南京的建文帝发难，史称"靖难之役"，亦称"燕王扫碑"，由此拉开长达四年、前后百余次的叔侄大战。有志载"青鳞白骨，怵惊心目""长淮以北则鞠为草莽"，惨烈情状可知。利津地处河海要津，难以幸免，被燕军掠杀至十村九空，铁门关愈加破败。当其时也，山东白骨露于野，千里无鸡鸣，利津境内积骸成丘，有金银掩于白骨扒之即见者。

盐业支撑王朝运转，向来为官府严加把控，至洪熙、宣德两朝，铁门关因滨海之盐得以修葺，且日渐起色，常见商贾过往。终明一世，禁海作为"皇祖遗训"，在南方沿海严格执行，而铁门关关防逐渐松弛，驻军裁至五百六十人，间有夷人海客投税司纳税，听其入关贸易，他们的洋船运来大宗金银，或载少量红铜、硫黄、牛皮、西洋铁诸项，又运走花生、大豆、丝绸等物。宣德年间，永阜场盐产大增，铁门关里建起关帝庙、龙王庙，还有一座财神庙，三庙在北门右侧城墙下，坐北朝南一字并排，戏楼在龙王庙前，大门朝南，悬挂"庆献龙宫"金匾，分上下两层，地基由石块铺成。成化朝实行盐商开中则例，利津境内宁海、丰国、永阜三大盐场盐产丰饶，大清河航运无可替代，铁门关控河面海，属海防重镇，亦为沿海与内河水路交通要冲，遂成人口密集、店铺林立之繁华关城——此为铁门关复兴时也。

是时丰国镇设巡司与海运分司，海滨地益拓，黄沙岭建起一个盐码头，舟泊车过，人往客来，此处从一片沙洲芦滩变为河边大镇，不复旧日之寂

"庆献龙宫"金匾

寥汀渚矣。黄沙岭生机盎然，多出秀士俊儒，他们生于斯长于斯，常有"在河之洲"的感动，取王勃《滕王阁序》中"鹤汀"之意，改黄沙岭为汀河庄。汀河庄正东的北码头是盐坨，盐坨北边有一条引河，过引河往西走是前庄后庄，前庄后庄连着腰庄，这三个庄住的大都是灶户和打鱼的人家。

一地之毁坏，多因战乱与天灾。多尔衮统兵入关，以残暴屠戮来推行野蛮制度。天灾与人祸相连，顺治七年（1650）黄河水决，溢至大清河，为害六年，利津北部田舍淹没，铁门关倾废，只有遗址尚存。

而某处之繁华，主赖位置之优越。大清河一水四达，康乾间为山东主要航道，永阜大盐场冠盖山东，他处积盐滞销，这里航运通畅，停泊此处的盐船以百千艘计，河岸码头上装卸货物的号子声不绝于耳。大清河中的盐船，一年要装载五十多万包食盐，运往鲁西、豫东、皖北、苏北的六十六州县，官船运盐，或三四船，或四五船，双结续编，不绝数十里，相随而行，发自铁门关的运盐船队，远抵亳州、阜阳、蚌埠、淮南。船队在大清河口集结，列樯蔽空，桅杆林立，看上去就像是城郭一般。铁门关西边的丰国镇有兵驻扎，派千总一员，把总二员，兵勇四百多名，重在防范盐民反叛，主务为缉查海上违禁船舶，河中私盐贩运，边关防务似有若无。

嘉道间山东人口增长，本地农产不敷支用，全仰关东粮食供给，海运漕运日益繁忙，大清河口铁门关地位凸显，于是修旧城建码头，接纳自渤海北岸源源而来的高粱、粟米、苞米。利津县铁门关与福山县烟台一起，成为关东粮食输入山东的沿海两大港口——烟台为明置"奇山守御千户所"，时与铁门关齐名。

自嘉庆至咸丰五十多年里，铁门关名闻天下，各地商贾往来如梭，晋徽二省之盐商亦纷至沓来，铁门关内外既有民区又有官防，客店货栈、茶坊酒肆、戏楼庙宇、当铺药店、兵营鳞次栉比，逐渐向城外拓展，顺河有路，住家逾千户，大街交叉两条，一条北去腰庄，一条西渡汀河。铁门关与丰国镇连接，不再是旧关城之规模，关里有经纪行，有和益、天成、仁泰等二十几家店铺。外地商贾、本地铺主、滩户轮流出资，招班邀戏，隔天演出。每年三月三和六月六赶庙会，方圆几十里的人们，一大早就赶了过来，铁门关里的六排蓝布长棚下，杂货、饮食摊档相连，各色货物陈列，品种齐全，琳琅满目，十字大街上，人声鼎沸。有歌曰："豪哉铁门关，帆如驶人如蚁，海客来耀锦绮，掷腰缠如敝屣。熙来往兮宴宾朋，祈灵佑兮隆典，梨园一曲醉升平，酒绿灯红罗甘旨。更有星相医卜，舞女歌姬炫厥，聪明妙听视，不远千里来，逦迤风尘几过客，叹羡为抚嗟，兹海滨一蕞尔，滋息繁荣得至此。"

黄河夺大清河而来，由铁门关以北、萧神庙以下二河盖牡蛎嘴入海，灾祸骤降，从此海啸河患连绵不断，永阜盐场淹毁过半，铁门关频遭洪流损毁。铁门关声名远播，若不及时修复，将获罪于朝廷，省道衙门也惧怕京中清流弹劾。可是藩库入不敷出，实在拿不出钱来，本想以募捐的方法来应付一下，没想到却筹集了不少银两料物，连一些夷商也捐了款，相关职司只好在同治帝病入膏肓的那年夏天，第三次大修铁门关。这次大修以陈姓盐商及张姓船主为首，他们聘请李燕和王廷萃两位画师重画了庙内的壁画。

李燕的山水画多取荒寒萧疏之景，剩山残水，仰塞之情溢于纸素；王廷萃画龙只露三爪，讲求"三停九似"之法，下笔云墨翻飞，气吞山河。龙王庙里那条龙即将画成时，王廷萃停笔后退三步，伫立在壁画前，引颈四顾，迟迟不肯落笔点睛。此时背面李燕的《农夫雨归图》亦将收笔。这边王廷萃握管审视良久，扭头长吐一口气，悠然踱步向前，气定神闲地旋笔一点，

铁门关遗址

就见那条巨龙曲颈昂首腾跃于天空，搅动云气，须目怒张，鳞爪锐利，势不可挡，犹如破壁飞升情状——就在王廷萃画龙点睛这一刹那，庙内顿时电光闪闪，雷声隆隆，庙外突然狂风大作，大雨滂沱。

黄河在此处冲直大清河弯道，铁门关与汀河庄被甩在河东崖。永阜场盐大使衙门也从辛庄迁到了铁门关，黄河尾闾车船云集，商贾辐辏，还常见到一些金发碧眼的西洋人，这里倒是更加繁华起来。铁门关里也不乏一夜暴富之人，这些人财势通天，与官府关系微妙，各衙官吏亦仰承其鼻息，敬为上宾。他们肥马轻裘，招摇过市，追蝇逐臭，装腔作势俗不可耐，琼浆玉液，豪饮于肆，附庸风雅，满嘴粗俗不堪。太平日久，兵营中也混进了不少纨绔子弟，坐茶馆，进澡堂，听说书，看演戏，赌博耍钱，寻娼宿妓，铁门关里酒肆烟馆、歌场妓楼应运而生。

这个时期，河门铁板沙尚未成坎，河口淤积渐高还能出入，山东盐运仅此一条水路，盐亩大减而盐价大涨，外地商贾利好不弃，内地官吏钱多不遗，盐课灶粮是块肥肉，王孙公子频频来吃，灶户滩汉尚未命尽，敲骨吸髓正乃时机。那海关缉查、催课征税的差事，向来是官亲宦戚为之，得之即富，耀武扬威，横行霸道，以索逼商贾摊贩为能，豪商得课醉且歌，总催得钱歌且舞，他们只顾自己享乐，哪管平民百姓死活。

黄河尾闾之黎庶苍生，讷讷无言，盐池堆山，田间耕获，城乡驾车，河海把舵；铁门关前之俊儒秀民，披肝沥胆，云中射雕，席间挥毫；大清河边之能工巧匠，辛勤劳作，坊中刻画，点石成金。是他们的躯体和智慧托起了砖瓦，砌成了殿堂，化作雕梁画栋飞檐斗拱，造就了这一方盛况。世间万象的形形色色，有机缘聚各样财富于一时一地，不可等闲视之；时至运作，人文荟萃，铁门关繁华如昔，亦足称颂焉。

铁门关这最后的繁华只有十几年的光景，光绪十二年（1886），铁门关被黄河水淹没，后屡经淤埋，关址不复见于地上。没有了永阜场，铁门关精气魂灵全无，难现旧城；不见了大清河，铁门关瞰河锁浪皆空，无可复故——洪流涌过，留下一地荒凉，繁华尽处，沧海归于桑田，梦魂醒时，往事却已随风，实为大憾事也。

2008年8月1日定稿，见同日"微波龙鳞"新浪博客，载《东营日报》

海口灯塔萧神庙

利津北部曾经有一座始建于明万历年间的宏大庙宇——萧神庙，又称"牡蛎嘴海神庙"或"萧公祠"，当地人称其为"老爷庙"。这座神奇的庙宇，曾是一处救苦救难的慈悲场所，更是黄河口岸上一座光芒万丈的灯塔。

萧神庙在清代曾经是黄河入海口的重要地理标志之一，其名在史书、文献中也有记载。如《清实录》载："利津县韩家垣地方，新河通畅，请筑堤束水，俾全河由此归海……于该处两旁，添筑大堤，束水中行，并于萧神庙以下河身，截筑土埂，以免两行力弱，易致停淤。"清代利津籍文人张铨曾经写过一首《竹枝词》："萧王庙上走群灵，天外孤灯照北溟。鼍作鲸吞风雨夜，迷航遥识定盘星。"说的就是萧神庙的故事。

故老相传，明万历年间的一个夜晚，一艘宁波商船在大清河入海口附近的海面上突遭风暴，不辨方向，风大浪急，樯倾楫摧，眼看要船毁人亡。在万分危急时刻，远方突然升起了一盏红灯，光芒四射，船上众人操舵挽篙，拼死奋力向闪闪红灯驶去。船越往前行，风浪越小，灯光也越来越暗，而船后不远处，狂风恶浪仍势头不减，令众人惊异。待大船行进中搁浅并稳稳停下时，四周已是风平浪静，那红灯也忽然不见了踪影。天色渐亮，大难不死的人们这才发现大船竟靠在了一个小岛样的牡蛎堆上。牡蛎堆似石非石，似沙非沙，由层层叠叠大小不等的牡蛎壳坨积而成，众人认为船停牡蛎堆旁是得到了水神萧公的护佑。于是船主率众下船，面向西南方向炷香膜拜，感谢神灵拯救之恩，并郑重许下在此为萧神立庙的愿心。

第二年船主率船队跨海而来，在那牡蛎堆上修建了一座飞檐翘天、石狮镇门的恢宏庙宇。庙门面向大海，十八级汉白玉石阶，大门上方正中镌刻"萧神庙"三个大字。庙内分正殿、偏殿、藏经殿,还有耳房与东西厢房。庙内正殿大檐上刻有龙船,两侧各雕一条腾空欲飞的金龙,墙上挂一艘南船模型,庙堂正中,塑萧神伯轩丈二金身供奉。大门外矗立十三个石狮,院中竖一根三丈高的风斗旗杆。自此每遇狂风暴潮,庙顶即高悬红灯,为茫茫大海中的航船指引方向。

萧神庙大门上有一副对联,上联为"云朝朝朝朝朝朝朝朝散",下联为"潮长长长长长长长长消",套用的是南宋状元王十朋为温州江心寺撰写的对联,这幅千古奇联据说有十一种念法,至今无人参透。

萧神庙建在牡蛎堆上有明确记载,见于光绪《利津文征·碑记》。亦说萧神庙的原址在大清河入海口附近的一处贝壳岛上,这处岛礁大约于明弘治七年(1494)之前就成陆了。明清时萧神庙与大清河河口铁门关靠近,铁门关是当时河海联运的重要码头,各路客商船载舶运络绎不绝,萧神庙香火鼎盛、名闻遐迩。

萧神庙中所供萧神为哪路神仙,在民间及文献中有不同的说法。一说为唐代传奇小说《柳毅传》中的洞庭奇人柳毅,一说是江西新干县大洋洲萧公庙所供的萧伯轩,还有说是湖南邵阳水府庙奉祀的萧天任。

柳毅的故事产生较早,是以戏剧形式传播的神话爱情故事,不大可能封侯立庙。萧伯轩和萧天任为其原型,最有实据。萧伯轩与萧天任本是爷孙关系,其祖上萧允康原籍河南开封府祥符县,南宋绍定年间官至金紫光禄大夫。两位萧神情况大致相似,相传死后皆为水神,系因水上扶危救难受封侯位并列为祀神。萧伯轩殁于南宋咸淳年间,元朝至大年间被朝廷封为"五湖显应真人",自此尊冠水部、统驭诸灵,凡客舟商舶逐水利者,莫不炷香祭祷。后又相传萧伯轩的神灵在朱元璋与陈友谅的鄱阳湖之战中保佑了朱元璋,因而被明廷封为"水府侯",之后更大显威灵于江河湖海之上。萧伯轩之孙萧天任殁于明成祖三年(1405),相传其死后十四年,明成祖派使出海赴西洋遇巨风而船翻,赖萧天任英灵搭救得免于难,成祖获悉此讯后便诏封他为"英佑侯"。

从以上资料可以看出,萧神本是江南一带民间相传的地方水神,但因受到朝廷(尤其在明朝)推崇,所以很快就成了全国范围的水神。由此可知,利津北部的这座萧神庙始建于明万历年间,也可以说是时代的产物。关于萧神庙宇遍及各地的问题，赵世瑜在他的民俗著作《狂欢与日常——明清以来的庙会与民间社会》中有清晰的表述，他说："宋元时代产生的、属于江西地方性水神的萧公和晏公，因为被朱元璋视为在关键性的鄱阳湖之战中保佑了他的胜利，分别被封为水府侯和平浪侯，成为几乎遍布全国的大神。"

由于萧神庙临近海口，地碱浸湿，又频浸于水，在明清之际几经废兴。如乾隆朝，利津监生陈洁，家丰好义，曾倡议集资重建萧神庙，共捐白银三百五十两，筑基高达数尺，重构殿宇，历经六年竣工。重建后的萧神庙缭垣绵延，砖壁整齐，殿堂廊庑用油漆涂刷焕然一新，比原来更加壮观。乾隆二十四年（1759）与三十三年（1768）两次海潮大灾中，萧神庙拯救遇灾民众达五百余人。咸丰五年（1855）黄河夺清入海时萧神庙复又倾毁，同治十三年（1874），外省船商与本地铺主、滩户又捐资募料，在原址上照原貌重新修建。光绪《利津文征·重修萧公祠碑记》载："有祠亭亭蠹起，云霄占断，牡蛎之洲，蔚然而特秀者，萧公祠栋宇之嵯峨也。"萧神庙又焕然一新，红灯再次亮起。

萧神是人们心目中的大神，当地人经常尊称他为"老爷"，久而久之，萧神庙就被叫成了"老爷庙"。萧神庙附近后来又来了垦荒者和渔民、灶户等，他们在此地立业生根，并渐成村落，村落因庙得名，称为"老爷庙"。据有关文献记载，最早来此的垦荒户是同治五年（1868）的陈氏五兄弟。到晚清和民国时期，居民渐为增多，老爷庙村已成为黄河口地区近海处的较大村庄。一九四七年黄河回归故道，由于砖、石料极度缺乏，人们不得不扒掉庙宇，

重修蕭公祠碑記

濱海皆廣斥也當潛流東入之區盆覺汗漫而無際向若而歎朝潮夕汐儵忽萬狀一極目而迎接不暇者海氣之奔騰也有祠亭亭蠹起雲霄占斷蜉蝣之洲蔚然而特秀者蕭公祠棟宇之嵯峨也公常故元至大間詔封五湖顯應真人尊冠水部統取諸靈凡客舟商舶逐水利者莫不炷蘸祭禱以求利涉始數百年於茲矣迨來圮於河流殿宇傾墮賴鄉村之名賢與戒持長老募此四方鳩材名匠重加修葺由是基殿恢廓霉飛鳥革金碧交映蓋盛舉也遠邇商人躋其堂者咸而拜拜而祝共立豐碑以誌其事庶後之經其地者不逢鐵錨之怪永蒙呵護之休爾是為記

右同治十三年七月蒲臺邱价藩撰价藩歲貢鄉飲介賓

《利津文征·重修萧公祠碑记》

拆砖石筑堤以防御洪灾。自此，萧神庙不复存在，只剩下了一个空荡荡的高埠庙址。

历经三百多年沧桑的萧神庙，在六十多年前走完了以救人苦难为宗旨的慈善之路，最后以献身的方式回馈了曾对之顶礼膜拜又充满希冀的人民。如今庙宇虽然踪影全无，但萧神庙的故事会永久地保留在黄河口的美丽传说中。

2008年11月15日定稿，见同日"微波龙鳞"新浪博客

回涛溯浪牡蛎嘴

牡蛎嘴也称"牡蛎冈"或"牡蛎墩",早在南宋绍兴元年(1131)即为大清河入海处,被誉为"蛎浦朝宗"。咸丰五年(1855),黄河在河南兰阳北岸铜瓦厢决口,从张秋镇一带穿过运河,漫入大清河,最后由利津铁门关北萧神庙以下二河盖的牡蛎嘴入海,从此牡蛎嘴屡屡为朝廷大员在治河奏疏中提及,因此被载入典籍而名扬天下。

牡蛎嘴,牡蛎堆也,本地人称为"蛤蜊山",在黄河尾闾掘沟挖壕的时候经常见到。河海交汇处牡蛎生长繁殖旺盛,跟蜂窝一样密集,像石头一样坚硬,层层附着,交错重叠,逐渐生成许许多多的牡蛎堆。这些大大小小的牡蛎堆连接而成坨矶,入水为礁,出水为山,潮落时逐渐浮出海面,海市蜃楼般自近而远清晰可辨;潮起时慢慢被海水吞噬,浮光掠影般消失不见,可谓海之神韵。

康熙间利津人刘学渤作《渤海观潮》诗叹曰:"望洋莫辨鲛人室,极目遥迷牡蛎冈。"张铨对牡蛎嘴周边的风景更是赞赏有加:"牡蛎嘴外浪峥嵘,牡蛎嘴边海月升。节过清明近上巳,村村听买蛤蜊声。"

牡蛎嘴距萧神庙五里远近,和铁门关相距四十一里。黄河自此入海的前二十多年里,河门还算通畅。只是黄河挟带的泥沙到此无所归宿,经过风吹潮涌胶结如铁,逐渐形成了一道被称为"铁板沙"的拦门沙坝。铁板沙渐淤渐高,和牡蛎嘴连成一片,让入海处地势高仰,河水到这里像爬坡一样。一旦大水暴涨,激流至此猛然受阻,加之潮汐顶托,势必回涛溯浪,波及上游陡涨漫溢。光绪登基之后,黄河在山东境内一年数决,且年年泛滥成灾、决口林立,病根就在这牡蛎嘴上。

牡蛎嘴

光绪五年(1879),兵部右侍郎夏同善出京考察黄河,回京后写出了《疏治黄河下游奏议》折。他在折子中这样说牡蛎嘴:"加以海口渐淤渐高,牡蛎嘴淤出七八十里,遍生芦苇,昔日海船所出入之处,今已不能行驶,所载货物全用驳船,淤垫情形概可想见。"

时过七年,山东巡抚张曜勘察黄河入海口之后,向朝廷写出《查勘山东黄河情形并酌拟办法疏》,这份奏疏比较详细地描写了牡蛎嘴一带的情形:"窃臣于光绪十一年十二月二十八日,行抵山东武定府境,先赴下游查勘黄河徒骇河两入海之路……由陈家庙查勘至铁门关。该处附近,河宽二百三四十丈,水深一丈七八尺。自铁门关以下二十五里,北有大堤。行四十里至萧神庙以下,二河盖牡蛎嘴以至海口,正溜水深一丈二三尺至一丈五六尺不等。漫滩宽处,一望无际。铁板沙自牡蛎嘴以下,间断有之,尾闾宣泄不能通畅。此现在黄河海口之情形也。"

光绪十三年(1887)郑州十堡决口,山东境内黄河断流,张曜乘时对山东河道分段挑淤疏导。光绪十五年(1889)正月黄河回归故道,正值凌汛时期,如在往年又会漫溢成灾,这次因事前疏通了河道,满河冰水才得

风物篇

以顺利入海。张曜时常到利津观察黄河口门情状,深知牡蛎嘴入海口淤垫难以疏浚。他抓住时机调机器船疏挖新河道,引黄河改由韩家垣入海,从此甩掉无法破除的拦门沙,远离砣矶林立的牡蛎嘴,使河口连年通畅无阻。黄河夺清入海之后,竭心尽力治黄并有成就者,张曜当属第一人。

水涨潮落,河进海退,牡蛎嘴已被厚厚的泥土覆盖。清朝末年,来这里垦荒的人们找不到淡水,在周围挖了几口小井,渗出来的全是咸水。有一天他们挖井挖到五六尺深时,尖镐刨不进,铁锹也插不进,有人还崴了脚,大伙仔细往下看,原来是颜色不同、大大小小密密麻麻、横七竖八层层叠叠,和蛤蜊皮差不多的一些东西积压在一起。人们费了好大劲才挖了一个坑,当时也没有渗出水来。过了两三天,有人见里面渗出了半坑水,用手捧起来尝了一下,竟然甘甜满口。过后大伙才知道,挖出甜水的地方是个牡蛎堆。因为这个坑底有沙子一样的牡蛎碎屑,人们就给它起名叫沙子井。奇怪的是,取水的人接连不断,井水也不见减少,即使没人来取水,井水也不见增多。因此人们把这个沙子井视作神井,每逢初一、十五就来上香烧纸,以求井水不竭。

岁月飘逝,沧海桑田,如今这里已是杨柳依依、人烟稠密的粮棉之乡,不复见牡蛎堆"入水为礁,出水为山"的奇异景象。只有与黄河故堤紧密相连的"大牟里""小牟里"这两个村庄,还能勾起人们的遐想。

2010年5月20日定稿,见同日"微波龙鳞"新浪博客

主要参考文献

1. 《明史》，中华书局 1997 年 3 月版。
2. 咸丰年间《武定府志》。
3. 清光绪年间《利津县志》。
4. 清光绪年间《利津文征》。

Yi Wen Pian

岳镇南三访岳家庄

新中进士第二年，岳镇南即到武定府滨县岳家庄，拜谒同宗兄长，时滨州岳家庄已无岳镇南长辈，只有"天"字辈与之兄弟行，他题写了"南极星辉"四字寿匾，借此恭祝庄中各位宗兄康健高寿；道光十六年（1836）岳镇南出任九江知府，时九江多大盗，世风不淳。他先是严法明纪，擒治盗首，教化党羽，为民除害，后又修葺书院，培养人才，任职三年，九江地方平安，百业渐兴；任都察院御史期间，他曾专程去河南汤阴拜谒岳王祠，题一联云："天章褒臣节，想当年竭力致身，忠孝兼全，万古精诚光日月；祖训衍家传，愿奕叶承先启后，蒸尝勿替，千秋俎豆炳湖山。"

久闻祖上冤案昭雪后回潭州居住，岳镇南早欲认宗续谱，任浙江盐运使期间，曾三访镇江府培棠岳家庄。培棠岳家庄在香草河畔的紫阳渡口，自北宋朝起，每到春秋烧香的旺季，从丹阳到九里、茅山的这段河两岸及河内来往穿梭的香船上，日夜飘散着沁人心脾的香草清香，由此人们就把这段河称作香草河。

岳镇南访岳家庄，前两次被庄主拒之门外，到第三次才得庄主接待。交谈中，庄主感叹道："自我祖鄂王武穆冤案昭雪后，续忠侯霖祖、少司徒肃之祖为官均不得志，此后吾姓鲜有做官者，亦恐出贪庸之吏玷吾祖之清名也。今知汝关注宗族，在老家汤阴祖祠题联，且为官清正，九江任上尤为民称道，始能晤面也。"

岳镇南听了大为惊讶，数十天的工夫，这位庄主竟能历数一外乡族人作为，可见其对宗族支系之谨慎，无怪乎前两番不见，于是愈加恭敬。

岳庄主设宴相待，问及始迁祖名，世系堂号，即知利津岳家为岳雷一脉。

席间镇南殷殷讨教，庄主这才娓娓道来。

岳飞次子岳雷，字发祥，号夏卿，宋靖康元年（1126）三月生于山西平定县军中，绍兴十一年（1141）十月，"莫须有"冤案起，万俟卨严刑逼供，岳飞不伏，欲不食求死，其子岳雷入侍奉看，岳飞始复进食。岳飞被难后，十六岁的岳雷随同母亲李氏夫人被发配流放岭南蛮荒之地，至孝宗改元，才得以奉诏生还，到潭州北裹厢居住。岳雷妻赵氏，生四子二女。冤案昭雪后，岳雷封忠训郎、阁门祗侯，又赠武略郎、翰林院大学士，景定二年（1261）追封绍忠侯。岳雷晚年居丹阳培棠，归岳霖之子岳琛就养，卒于嘉定三年（1210），葬丹阳城东四十里鹤迹寺。岳雷膝下四子，分别以经、纬、纲、纪名之。四子岳纪后裔多居临安、常州，自常州迁出后至明万历年间，岳雷十八世孙岳东常，自山西洪洞县转迁山东利津县北岭庄。

岳镇南怀着无比崇敬的心情说起武穆祖的功绩与厄难，他慨而言道："金人入侵，烧杀奴役汉人，吾祖奋起抗金，救民于水火，敌酋哀叹'撼山易，撼岳家军难！'是吾祖最先提出'文官不爱钱，武官不惜死，不患天下不太平'，此言堪称万世为官箴规。祖上廉洁避功、直言不讳、文采风流、治军严明、战功卓著、精忠报国，功德如大河经天，英名与日月同辉，至今无能出其右者。今我辈虽勉力以继，难及祖上之万一也。然木秀于林，风必摧之，祖上之皎洁人格和绝世才华，如明镜高悬，映照出宵小之徒的卑劣不堪，亦阻碍彼等认贼作父卖国求荣之图。莫说在宋朝受奸佞构陷，便是在当今后世，安能不受宵小之辈污蔑暗算乎？此亦难料者。"

一番交谈，岳庄主十分赞赏岳镇南的人品才学，他命人细阅谱册，详查宗系，分支别院排下来，认定岳镇南乃岳雷二十五世孙。镇南辞别时，庄主将一幅岳飞亲笔卷轴慨然相赠，当下镇南展卷观之，甫读出卷轴开头一句"我有一宝刀"，不由得大吃一惊，急忙打开，赫然正是岳武穆所作《宝刀歌·赠吴将军南行》：

> 我有一宝刀，深藏未出韬。
> 今朝持赠南征使，紫蜺万丈干青霄。
> 指海海腾沸，指山山动摇。
> 蛟鳄潜形百怪伏，虎豹战服万鬼号。

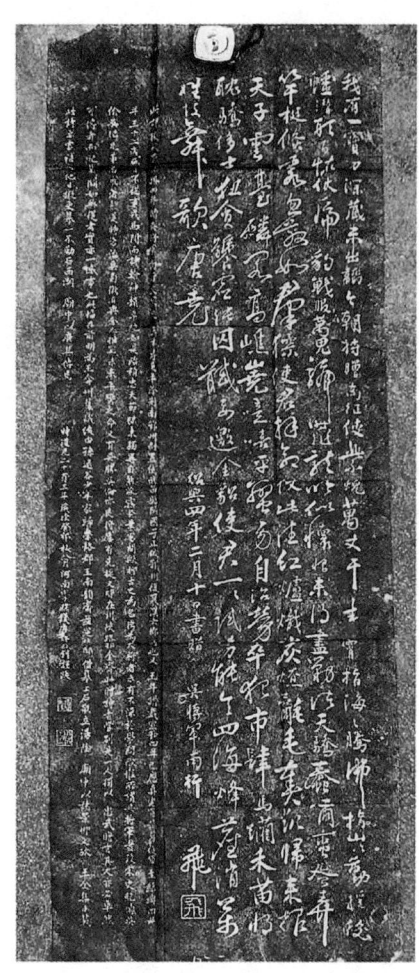

岳飞《宝刀歌·赠吴将军南行》拓片

时作龙吟似怀恨,未得尽剿诸天骄。

蠢尔蛮蜑弄竿梃,倏聚忽散如群猱。

使君拜命仗此往,红炉炽炭燎氄毛。

奏凯归来报天子,云台麟阁高嶕峣。

噫嘻!平蛮易,自治劳,卒犯市肆,马躏禾苗。

将眈骄侈,士狃贪饕。

虚张囚馘,妄邀金貂。

使君————试此刀,能令四海烽尘消,万姓鼓舞歌唐尧。

岳飞此书雄浑峻拔,气势如虹,笔下挟雷掣电,统军帅将破虏灭敌之英雄豪气挥洒得淋漓尽致。岳镇南如谒神灵,如得拱璧,难以言谢,只有肃颜正色接过,恭恭敬敬捧进轿中。后来岳镇南请人摹刻上石,敬立汤阴岳王庙中,以志景仰。此后"宝刀歌·赠吴将军南行"卷轴一直珍藏于利津北岭岳家,族人皆视为传家之宝,不肯轻易示人。

其后人岳朝相为救其父岳光鼐,曾将揭裱之《宝刀歌·赠吴将军南行》送何思源求其说项,未成,后携真迹卷轴去了台湾。

2010年6月25日定稿,见同日"微波龙鳞"新浪博客

赵长龄的马嵬诗

赵长龄任陕西巡抚时，到过兴平城西的马嵬坡。如今的杨贵妃墓在陕西兴平市西北马嵬坡半坡上。墓园大门的顶额上横书"唐杨氏贵妃之墓"，进门正面是一座三间仿古式献殿，殿后即为墓冢，墓高约三米，前立一碑楼。此墓是旧墓还是迁葬后的墓地，或只是"衣冠冢"，都无确证。在墓东、西、北三面有回廊，镶嵌有大小不等的石碑，刻有历史名人的游记和题咏，其中有一首赵长龄的诗，别有一番意味。诗曰：

不信曲江信禄山，渔阳鼙鼓震秦关。
祸端自是君王启，倾国何须怨玉环？

诗中的"曲江"指张九龄，张九龄系韶州曲江人，世称张曲江。他曾在唐玄宗开元年间为相，正直敢谏，后遭权奸李林甫毁谤，被玄宗贬到荆州。唐玄宗对安禄山极为宠信，任为范阳、平卢、河东三节度使。安禄山久谋反叛，张九龄曾说"乱幽州者，必此胡也"，亦有告发者，唐玄宗概不相信，反将告发者送交安禄山处置。开元二十四年（736），安禄山任平卢将军，在讨伐契丹时战败，被执送京师，张九龄主张按军法处安禄山以极刑，玄宗不从。直到安禄山发兵叛乱，唐朝廷毫无防备，士卒不习战斗，甲杖朽不可用，以致叛军长驱直入，直捣长安。唐玄宗在四川逃亡路上，追思张九龄的卓见而痛悔不已，遣使至曲江祭张九龄。

赵长龄这首马嵬诗，文辞平实，朴素遒劲，识解之超，持论之正，不受迂儒笼络，不作名士佻语，切中肯綮，明指安史之乱是唐玄宗贬黜贤臣、

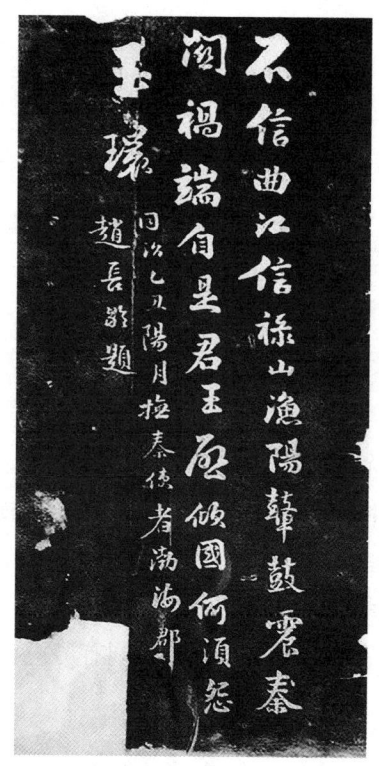

赵长龄马嵬诗拓片

亲信奸邪所酿成。唐玄宗悔之晚矣！杨贵妃虽有倾国之貌，而无倾国之罪，也值得痛定思痛并为之深深惋惜。

2009年3月6日定稿，见同日"微波龙鳞"新浪博客

李佐贤和他的同道好友

李佐贤酷爱金石书画，结识了许多潜心实学的同道好友。

李佐贤与何绍基 何绍基精通金石书画，以书法著称于世，誉为清代第一。他比李佐贤年长八岁，却晚一年会试及第。而成进士后在京的经历，却与李佐贤十分相似：先是进庶常馆，后授翰林院编修，任文渊阁校理，居国史馆。在国史馆期间，李佐贤任总纂，何绍基为提调，两人既是同僚，又是金石翰墨之交，他们同声相应，同气相求，共事八年之久。

李佐贤为诗较晚，早年诗作不多，有些即事抒怀之作，随作随弃，自以为不值得保存。咸丰六年（1856），李佐贤进京闲居，何绍基等人各以诗稿相赠，并鼓励他多出诗作。何绍基这样对他说："吾友有两人焉，皆有诗人之性情，而皆不为诗，何也？两人者，君与郑小山也。"隔了几天又说："海棠无香、鲥鱼多刺、李竹朋不为诗，岂非人间憾事？"

在何绍基等人的勉励下，李佐贤信心大增，他将未丢弃的旧诗作整理出来，自此随作随录，积少成多，最后结集刊印，题为《石泉书屋诗钞》。李佐贤的诗气势浑厚，题材广泛，具有很高的艺术价值和史料价值，是研究地方历史文化的重要文献。

李佐贤与吴式芬 道光十五年（1835），李佐贤与吴式芬会试及第，成为乙未科同榜进士，随之同留庶常馆，散馆后同授翰林院编修，同充国史馆协修。吴式芬祖籍海丰（今无棣），是著名的金石学家和考古学家，两人同乡、同年、同官、同好，交情自不一般。

李佐贤与吴式芬时常参互考证，互相研讨，交换有关古泉的意见，提高确认古泉真赝、品类、时代、文字等的认识。这种学术交流，对于李佐贤扩展视野，提高鉴审功力也极有益处。这在李佐贤所著《石泉书屋尺牍》的两封《复吴子苾同年》信札中，可以得到印证。一曰："前寄拓本内方板中，作古泉形者，乃燕庭所藏。其字'良金四朱'，此品燕庭有二枚。又有一品具体而微，曰'良金一朱'，中间穿孔皆不透，前人谱中所无。然金以铢计，其为泉币无疑。其花纹似云龙状，意者于行天莫如龙之义，有当与？然汉武三品旧说系白金，此系铜质，殊不可解。兹复寄呈二纸，惟高明审定之……"另一封曰："……赐下五铢范榻本，背有年代可珍，汉五铢久无定论，得此可为确据。空首布初疑为商物，今视其字多列国地名，如留即屯留，是即，不但商周吴宋之显而易见，仍属周泉无疑。大者仅一字，世多有之，小品两字者甚少，尊藏数品，俱可珍也。"

咸丰四年（1854）二月，吴式芬由陕赴京，途中患病就医，举步维艰，至闰七月始抵京都。引见后，奉旨以四品京堂候补。是年十月，吴式芬被授浙江学政，大年三十抵杭州上任，临行前仍不忘写信问候辞官归里的李佐贤。

咸丰五年（1855），李佐贤在利津赋闲，目睹了黄河夺清入海带来的巨大灾难；同年夏，吴式芬在学政任上，与他相伴四十二年的刘氏夫人病逝。李佐贤得知后特地修书慰问："今夏嫂夫人仙逝，吾兄情深伉俪，能勿悲悼。但古云：'修短随化，终期于尽'。达人之委心任运与对贤之知命顺受，似异实同，此外更无善处之法。吾兄已逾壮年，幸达观顺变，勿过悼以损贵体，是则故人所切祷者也。"

鉴于浙江地处洪杨之乱的前沿，李佐贤十分关切好友的处境："前逆氛扰及徽郡，地邻浙界，恐未免风鹤之警。今幸一律肃清，然江南盘踞，不动不变，殊令人闷煞。"这封书札还向好友介绍了黄河洪灾以及个人景况，最后还谈及自己的收藏以及《古泉汇》编写事宜，意在抚慰吴式芬丧妻之痛。发妻病逝，吴式芬悲怆难抑，不能自已，以致旧疾屡犯，气虚足软，病体每况愈下。当年十一月向朝廷陈请开缺，得以允准。第二年二月买舟北上，四月抵海丰，不料十月间遽然病逝，年仅六十一岁。李佐贤为好友辞世哀婉不已，并且愈来愈加怀念。越十一年，即同治六年（1867），李佐贤辑成《武定府诗续钞》，内有《吴式芬小传》。这篇文字蕴含着朋友间的真挚情感，对吴式芬的品格与著作给予高度评介。文曰"君鲜荣利之好，而深瀚墨之缘，于金石书画尤为笃嗜。所著《捃古录》，钟鼎碑版文字搜罗靡遗，盖自欧、赵著录，以迄今日考据家，无如是之详尽该博者，洵堪信，今传后无疑也。古诗气清，笔健洒脱，自喜神似坡公，律诗亦工力悉敌。"

李佐贤与鲍康　鲍康（1810—1881），字子年，安徽歙县人。道光十九年（1839）举人，曾任内阁中书，官至四川夔州知府，是清代钱币学家和金石学家。他收藏珍币很多，学识渊博，撰有多种泉学著作，如《观古阁泉说》《大泉图录》等，对后世影响极大。

咸丰九年（1859），李佐贤在京都开始编著《古泉汇》，期间得到鲍康的热情帮助。杨恺龄在《鲍子年先生传》中说："李竹朋与子年，编拓四五千品，暇则断其时代先后，证其笔画之异同，辨其面轮背廓，剖其微厘，至忘暑刻。"

在《古泉汇》的编撰过程中，李佐贤与鲍康互相研讨，参互考证，有时为一个细节，他们再三地推敲，直至满意为止。从咸丰九年（1859）至同治三年（1864），历时六年，在鲍康鼎力相助下，《古泉汇》终于编著成书，偿了李佐贤多年的夙愿。

《古泉汇》是清代以前中国古钱学研究的集大成之作。《古泉汇》共收泉五千零三品，分元、亨、利、贞四集，计元集十四卷，收古布币九百九十四品，亨集十四卷，收古刀币七百零五品，利集十八卷，收圆法正品二千二百九十七品，贞集十四卷，收异泉杂品一千零七品，加上首集四，共六十四卷。其中大量收录了春秋战国时的刀币，战国到明朝的圆钱，不仅有各王朝所铸，还包括农民军和地方割据势力所发行者，并兼收朝鲜、日本、越南等外国钱币。

《古泉汇》刊刻六年之后，李佐贤又有续作《古泉汇》的想法。当时鲍康已辞官回京城，也有新获古泉，并亦有补遗前集之意，于是两人共为《续泉汇》往返札商。为求得与《古泉汇》风格体例一致，《续泉汇》仍由李佐贤一手属稿，初得五百余品，作十二卷。鲍康复加订正，并把自己所得三百余品补入。仍依前集体例，重订为元集三卷、亨集三卷、利集三卷、贞集五卷、补遗二卷，共十六卷。《续泉汇》收泉及泉范九百八十四品，于光绪元年刊刻成书。

李佐贤在光绪二年（1876）去世，是年鲍康已患重病，犹成诗《哭李竹朋三首》，可见二人感情之深。

其一：
三高君最长，五十遽挂冠。
京华偶相遇，有若平生欢。
轩车时过从，剧谈忘夜阑。
廿年称莫逆，挚谊逾金兰。
泉币更同嗜，惠我皆琅玕。
摹拓日开箧，考定宵濡翰。
相期在千古，努力垂不刊。
续编代剞劂，差幸凤诺完。
拙稿亦三续，书来亟索观。
刻成君不见，展卷涕丸澜。

其二：
自君归田来，益觉百事足。
仙俪本刘樊，佳儿尽兰玉。
著作富枣梨，收藏溢箱簏。
金石娱古怀，书画散清馥。
砚谱订新编，泉汇成巨录。
三绝凤擅场，余情到丝竹。
蔗境晚弥甘，海内数君独。
惠我盈案书，添香快披读。
走曾有戏言，欲向阎罗渎。
他生何所求，求似君之福。

其三：
良会嗟易散，小别将十霜。
书问日以密，讵怅天一方。
突传君病发，中夜常傍徨。

那期成永诀,遽恸人琴亡。
知君有来处,骑鹤云水乡。
俯视应大笑,尘世何扰攘。
七旬无一憾,归证宁不臧。
独我失同癖,编订谁与商?
衰年闻噩耗,梁木增悲伤。
短歌聊代哭,凄绝不成章。

李佐贤与京都书画鉴赏家 咸丰元年(1851),李佐贤结束了仕途生涯,时常进京闲居,与李恩庆、李在铣交往密切,成为京都书画收藏界的权威,时称"三李"。世居北京的文选司郎中崇彝在他的《道咸以来朝野杂记》中记载:"咸丰、同治间……收藏书画者,当时有'三李'之目……一经诸公品题,若士之登龙门者。"

就书画鉴赏学识来说,"三李"确实具有优势与自信。李佐贤在国史馆任职九年,饱览古今书画珍品,纵观画坛同好收藏,在书画鉴赏方面经验丰富,功力深厚。《利津县志·文苑列传》说他:"凡金石书画砚石印章,皆能剖析微茫,别其真赝。"不唯如此,他的书画收藏也相当丰富,其中有五代宋初画家巨然的《万壑松风图》(现藏上海博物馆)、元代画家倪瓒的《小山竹树图》等,都是国宝级画作。

李恩庆、李在铣与李佐贤一样博学多才,都是以精鉴别、富收藏著名,咸同间他们已经离开官场,是活跃在北京古玩收藏界的职业鉴赏家。李在铣,字芝陔,号六亩道人,河北涿鹿人,曾为涿州知府,著名收藏家。李恩庆,字季云,直隶遵化(今河北遵化)人。道光十三年(1833)进士,官至两淮盐运使,辑有《爱吾庐书画记》。

汀州案的结果,使李佐贤对官场心灰意冷,因而决计辞官。虽然他平日操守谨严,亦得上官信任,欲调他任职福建首郡。由边远贫瘠之汀郡调首郡,本是一大改善的喜事,但他也力辞不就,他给李恩庆写信道明了缘由:"弟历碌簿书,毫无佳况。秋间因公严明省,拟调首郡。自顾悚慊,不宜繁剧。且闽省首郡与他省异时有发审洋盗巨案,既患言语不通,又无暇亲自鞫讯,简有出入,动关生死罪名,此心可以自解。是以力辞而不敢就,知我者当笑其迂拘也。……惟属吏之疲玩不振，有非药石所能攻者，竟欲赋禁体而搁笔。只好吾尽吾心，相安无事而已。弟于名场素无热念，自出守以来，目击宦场情形，弥觉淡而无味。惟金石书画之好，则仍然不能割舍。"

李庆恩也曾有诗给李佐贤："岂止三秋别，会无一纸裁。清言谁与接，白发各相催。本异冥鸿去，还如老鹤来。故山人尚在，命驾莫徘徊。"

这一时期，朝中重臣潘祖荫、翁同龢等在古玩收藏界也享有盛誉。潘祖荫与李佐贤多有交往，光绪元年（1875），他拿一些古铜器的拓本要书画大家董文灿鉴评，其中就有李佐贤所藏的鼎、尊、匜、爵各一件；而翁同龢与李佐贤长子李贻良是同榜进士，称李佐贤为"年伯"，并在李佐贤六十大寿时写了一篇祝寿的文章，有"龢等谊均犹子，幸际令辰"字样，措辞十分谦恭。

李佐贤与陈介祺　道光十五年（1835），李佐贤会试成进士，这一年生在北京的潍县人陈介祺也乡试中举，两人可称同年，又为同乡，他们同在京城，交往密切，对所得金石书画、古币，以实物或拓片相投赠，即便是稀珍也毫不吝啬。李佐贤《石泉书屋尺牍》收录的一封书札展示了这种友谊："复陈寿卿京师：敝藏古物无多，兹将精拓五十种寄奉请鉴，业已倾筐倒箧，仍撮土无增于泰华，细流无益于江海耳。"

陈介祺，字寿卿，号簠斋，道光二十五年（1845）进士，官至翰林院编修。一生精于金石文字考证及器物辨伪，著述极丰，是清代著名金石家与收藏家。他嗜好收藏文物，举凡铜器、玺印、石刻、陶器砖瓦、造像等无不搜集，其藏品有包括毛公鼎在内的大量重要文物。他精于鉴赏，尤擅墨拓技艺，其手拓铜器、陶、玺、石刻等拓片享有盛名。

咸丰二年（1852）李佐贤辞官回利津，五年后复居京都，他把主要精力集中在古钱币的整理上；而陈介祺于咸丰四年（1854）致仕，归故里潍县后，深居简出，以古为乐，青灯黄卷，潜心于考释、著述，多年不与外界联系。同治九年（1870），陈介祺给李佐贤去信，李佐贤十分惊喜，立即复信曰"廿余年渴别，忽奉手书，如获良觌，为之狂喜者累日"。并在当年秋天专程到潍县访陈介祺，倾诉思念，重叙旧谊。第二年九月，陈介祺之妻李氏病逝，李佐贤即前往吊唁。

咸同时期，陈介祺、李佐贤和鲍康在金石收藏界声名鹊起，被称为"三高士",陈介祺在李佐贤书写的《金刚经》手卷上的题诗也透露了这一信息:"归田卅载岂师陶,不学今衰日月韬。把卷自思增俯仰,惭闻知我拟三高。"

李佐贤撰《续泉说》时,将书稿寄予陈介祺让他审阅,陈介祺则把自己的见解毫无保留地写给李佐贤。后来李佐贤著《古泉汇》六十四卷,刻刊后陈介祺又进行一一批校,并寄给李佐贤以供修改。他们相互研讨切磋,直言而不避短。陈介祺为帮助李佐贤著《古泉汇》,将自己珍藏的稀见泉范拓本相赠,李佐贤致书感谢:"承惠范拓六十四种,不啻百朋之锡,感铭奚似,各种奇品皆前人著录所未见闻者,真可谓集泉范之大观。"陈介祺还赠给李佐贤泉中珍品,这在《续泉说》中也有记载。

李佐贤六十大寿时,陈介祺赋诗祝贺,诗曰:"遂初天许事林泉,六十平头即地仙。蓬岛春风盛桃李,榕城乔木长风烟。爽鸠分职看英嗣,白鹿传经溯昔贤。最喜梧桐雏凤降,好留汤饼祝华筵。"

李佐贤的两个儿子贻良(枚卿)、贻隽(韦卿)也爱好收藏古物,经常与陈介祺书信往来,探讨研究学问。后来,李佐贤的长孙女嫁给了陈介祺的长孙陈阜,两家成为世交至戚。李佐贤病重期间,陈介祺让孙媳妇回籍侍奉。李佐贤卒于光绪二年(1876)闰五月,陈介祺即遣人前往吊唁,并致唁函,表达"不胜悲骇"之情。

2011年7月2日定稿,见同日"微波龙鳞"新浪博客

张铨竹枝词里的永阜大盐场

张铨是清代山东北部优秀诗人,他的诗语言流畅,通俗易懂,别开生面。特别是他的《永门竹枝词》,契合民风而感于哀乐,记载了家乡的社会历史、经济文化诸多方面的真实情况,储存了大量的珍贵史料。

黄河夺清入海之前,永阜大盐场坐落在大清河两岸,南起麻湾,北至徒骇,西依滨州,东临渤海,长宽等距,方圆一百三十里。沟渠纵横,卤汪星列,盐池棋布,滩地袤广,一望无际,到处是白皑皑的盐堆,像连绵起伏的冰山一样。张铨自幼生活在这方土地上,对物阜民丰、获渔盐之利的家乡深感自豪,在他的四十首《永门竹枝词》中,描写永阜大盐场景象与展现盐民生活状况的就有八首之多。

利津北部滨海,滩涂袤广,自古水积浅坑,日晒为卤,风吹是盐,煎海煮盐历史悠久,战国时为管仲相齐图霸之渠展之地,时称齐地龙夏。张铨的《永门竹枝词》中即有此一说:

渠展盐池尚有无,阴王古国莽榛芜。
齐桓一去三千载,谁向寒潮问霸图。

从这首词可以看出,此处是否为渠展之地,当时尚无定论。时至一九七五年开挖褚官河,发现了南望参古窑址,被权威机构认定为东周遗址,挖掘出来的将军盔等出土文物,即古时煮盐器物,由此则可定论矣。

先秦时,这里成为"渠展之盐"的中心地带,金元时已建有永阜、丰国、宁海等几大盐场。《山东盐务志》载,康熙十六年(1677),丰国、宁海并入永阜场，有滩池四百四十六副，这种情况在张铨词中也有生动描述：

  盐滩四百冠山东，棋布星罗广斥中。
  煮海熬波笑多事，今人真比古人工。

  明清时永阜盐场规模及产量为山东第一。作者面对一望无际、纵横密布的盐池，抚今追昔，感慨万千，寥寥四句诗文就把永阜盐场的现状与历史生动地描述出来，其笔力确实令人钦佩。

  读张铨《永门竹枝词》，还能看出清代盐法的利弊与变革。清代盐法，大率因袭明代制度，实行"专商引岸制"，凡列名于纲册的商人，可占据一地为专销食盐之"引岸"。引盐利高，嘉道间盐价每斤不过十文，经盐商运到各地后可买卖到五六十文，赚利数倍之多。盐商是最富之人，常"报效"朝廷，官府遇有大庆典、大军需时，盐商亦要捐输，盐院的开支亦由盐商供给。朝廷则允许引商增加盐价并在引数之外加带无税的盐斤。民制官收则弊端横生，官引滞销致国课大减，盐价上涨，民负加重，私盐充斥，上下交病。从"盐坨万点乱山尖"里，即能窥见永阜盐场当时的混乱情状：

  盐坨万点乱山尖，海泛防兵岁岁添。
  一夜西人席卷去，阳沽滨乐尽私盐。

  天下之赋盐利居半，盐政之弊致使国课锐减，清皇朝岂能等闲视之。但是如何改革盐政，朝中权贵只会固守"以缉私枭为治盐之要"的陈词滥调。独有心系黎庶、痛愤时事的包世臣、魏源有真知灼见，他们主张实行票盐法，轻税裁浮费，赖价格以抑私盐。道光十二年（1832），两江总督陶澍以包世臣、魏源之策奏请朝廷，实行盐纲改票，管辖山东盐政的直隶长芦盐院也随之实行票盐法。这样一来，谁都可以持现银到盐运分司买票，直接到盐场购盐，照章纳税后，自行销往任何地方，不用每次从总商那里买"引单"。改行票盐法后，官盐畅销，走私乱象不禁自止，盐场自然有了新景象。

  永阜盐场在这一时期产销两旺，设有仁、义、礼、智、信五处盐坨。斯时大清河槽深六丈，弯道相连，水流清澈平缓，航运便利，河里舟行如梭，桅杆如林，帆白似云，橹声欸乃。河道内接大运河，南通江、淮、两广，北达京师，外连诸海，东可至蓬莱，北可达天津。永阜盐场所产之盐，大都由大清河运至泺口，再从泺口转运四省六十六州县。

张铨为家乡盐业发展振奋，同时深刻了解"滩夫"清池引卤之劳累，堆盐提抬之艰辛，写出了下面这首高旷清超、天然邃美，令人过目不忘的竹枝词，表现了取消纲盐制改行票盐法后，永阜盐场的繁忙景象，以及"滩夫"在午曦熏蒸中"周而复始无休息"的情形：

熬波煮海令全删，赤日滩夫不放闲。
今夕方池成雪海，明朝平地起冰山。

张铨历经道咸同三朝，阅历丰富，热爱家乡，淡泊名利，对民生尤为关注。尽管当时清王朝内忧外患危机四伏，可还算太平，时利津永阜盐场冠盖山东，境内"车如雷舟如矢，水陆运输终复始"，一派繁荣景象。至咸丰五年（1855）黄河夺清入海，河东大片盐滩渐次毁坏，永阜盐场虽然规模缩小，河西一百六十副盐滩却大都完好，而河道依然畅通无阻，盐价由此成倍上涨，尽管赋税厘金增加了许多，河西滩户照样有金银入柜，盐窝镇的码头上，店铺陡增，货栈林立，好像比过去还繁华了许多，这种情形一直持续到光绪八年（1882）。

张铨的《永门竹枝词》以诗存史，举凡风土民情、地方古迹、社会百业、时尚风俗、历史纪变等皆有所展现，生动描绘了这一时期的家乡风貌，为后世留下了宝贵的精神财富，也形象地体现了黄河口地区深厚的历史文化底蕴。

2009年3月21日定稿，见同日"微波龙鳞"新浪博客

程士范《到任誓告文》

程士范，字作模，号井野，乾隆十六年（1751）进士，陕西渭南人。乾隆二十四年（1759）任利津知县，上任之始即撰《到任誓告文》张贴于县衙等处，文曰："利津知县程士范敢昭告于城隍之神曰：士范遵祖父之遗谋，良心为本，率性情之耿介，不贪是真。如敢刻意剥民，天诛地灭；倘或有心枉法，家破身危。誓非虚文，事求实际，尽其在我，非敢妄拟乎。古之循良，岂敢好名，只求无愧为民之父母。常自警之，幽独敢以质诸神明。神灵有赫，尚其昭鉴，谨告。"

程士范在利津任职九年，清廉自守，体察民情，兴学重农，建石坝御水，捐俸重修多处庙宇，进幻水坨祷雨立碑，主持利津县城大修，为治蝗宵旰怀忧，豁免赋税数千两，深受士民爱戴，他们赞扬他"莅任兹土，百废俱兴""我侯之来抚津，天星一纪矣，民怗于野，士劭于庠，诚欣诚戴"。

在漫长的封建社会中，清官是龌龊官场里难得的良心，是社会道德上罕有之楷模。

这些年来，我们常为一些标新立异的观点所困惑。在如何看待清官上便是这样。不断有一些人责难历史上的清官，以为这些清官不过是封建朝廷的鹰犬，认为清官作为贪官的遮羞布掩盖了社会普遍的弊病，贪官只贪你身边一时之财，而清官却贪你生生世世做皇家和官家的奴隶，甚至认为中国的封建社会能绵延两千多年是清官的功劳等等，似乎清官比起贪官要坏多了，这类观点由来已久，不过总让人觉得太离谱了，莫不成我们该为贪官唱赞歌，为邪恶而欢呼？

这也是我在构写长篇小说《五家湾》时常常思索的问题。光绪十八年（1892）都察院给事中王会英回乡省亲，得知利津县前任知县钱镠纵容利津县汛官王国柱，往临海素无业无主的被潮之地安插灾民，迁民喘息未定，粗成村落，被十月初五日的风暴潮淹毙千余人。王会英返京后查阅邸抄，见山东巡抚福润之奏折云"灾民悉迁大堤外近高阜处"，诬灾民"依恋故土""不安本分"，对淹毙千余人之事件，奏折中仅云淹毙"六七名口"。读罢福润奏折，王会英义愤填膺，拍案而起，奋笔疾书，弹劾山东巡抚福润"纵吏毒民"，一时朝野震动。

若按"清官比贪官更坏"的理论，山东巡抚纵吏毒民是为了加速清朝灭亡，功莫大焉；而王会英为千人惨死拍案而起、向朝廷大声疾呼、制止罪恶蔓延、不怕开罪权贵，则是维护清朝统治，成了封建朝廷的鹰犬——那天理何在，道义焉存？

中国封建社会有两千多年的历史，在新的生产关系尚未产生、封建社会阳数未尽之时，不能苛求古人做今人的事情，若把历史上的正邪忠奸混为一谈，岂不荒谬至极！

历代老百姓久旱盼云霓般地盼清官、拥戴清官自有他们的道理。古今中外不乏忠奸、正邪、清浊之间捉对厮杀的局面，他们的斗争结果甚至还可能关系人民的福祉、国运的兴衰。老百姓对清官的爱戴，每每情深意切，至为感人，绝不是简单的"愚昧"二字所责怪得了的。

我们都知道，不管什么制度统治，那些丧权辱国、荼毒百姓的权贵们迟早会遭到天下人唾弃，而那些兴国爱民、伸张正义的清官一定会受到天下人拥戴；不管什么时候也不可能出现所有的人都成为社会管理者，社会需要管理者，但是不管这些管理者被称为什么名头，都存在着清浊勤懒问题。清官造福一方，贪官祸国殃民，清者自清，浊者自浊，向来如此。

两百四十多年前的一个王朝小官吏程士范，上任之时尚且宣告"良心为本，不贪是真"，"如敢刻意剥民，天诛地灭；倘或有心枉法，家破身危"，这种誓言是难能可贵的，此举应视作光明正大之举。从志书记载看，程士范言行一致，政绩卓然，崇祀贤尹堂，受后人钦敬。

老百姓拥戴程士范这样的清官，一定也会爱戴现在正管理着自己的清官。而且老百姓对清官的爱戴，丝毫不会有损现代民主与法治的"体面"，更不是愚昧，因为历史已经证明，老百姓最终会有能力选择清官而摒弃贪官，并有力量让贪官受到应有的惩治。

2008年12月5日定稿，见同日"微波龙鳞"新浪博客

李神仙传奇

李神仙，真名李登仙（1590—1672），字见田，明末清初利津仁义乡（今利津县城西南）人。据光绪《利津县志》记载：此人自幼喜读《周易》、数学及宋代易学家邵康节的占卜类书籍，曾"逢异人密授真法"，为人占卜每卦必中，极为灵验。明朝时曾做过鸿胪寺序班，是掌管朝廷祭礼的九品小官。明亡后回到家中，从此不慕仕途，访仙问道，四方游历。他能诗会文，出口成章，有仙风道骨，通易擅卜，时人呼为"李神仙"。

据民间传说，李登仙从小就和别的孩子不一样。别的孩子刚出生时只会哇哇地哭，可他却咯咯直笑。等会走路、会说话以后行为就更怪异了，刚刚给他做的新衣服，他会毫不珍惜地扔掉，或者撕成一绺一绺地挂在树上。到了上学的年龄，在学堂里老是调皮捣蛋。老师教的他不听也不看，老师不教的他乱翻一气。虽然看不见他正儿八经地念书，但天文地理、野史杂记、数象易卜等他讲起来却头头是道。

成年后李登仙辞别父母和老师，开始了漫游四方、寻觅仙踪的生活。他游遍各地名山大川、古刹名寺，得到了异人点化，密授法术，最终入于神道，自此世人就称其为"李神仙"。

相传，李登仙入道后做了两件令世人感到神异的事，一件是对田宏遇剿寇的断言，一件是为明朝遗官治病。李登仙入道后在长安结识了长安都督田宏遇，田宏遇刚到长安任职就逢一股流寇进入陕西地界，皇上命他立刻剿灭流寇，无奈流寇个个剽悍奇勇、神出鬼没，田宏遇无从着手，心中为难。李登仙听了田宏遇的述说之后就开始给他占卜掐算，不一会儿就说："都督不必发愁，眼下贼兵北路在洛川，东路在潼关，洛川将被贼兵攻破，潼关之战嘛，官兵将大获全胜。"洛川和潼关都在千里之外，对李登仙的断言，田宏遇半信半疑。可是第二天快骑报来军情，恰与李登仙所言一致。田宏遇这才深信不疑，对李登仙十分敬佩，将他留在府中盛情款待，并在向朝廷报捷时为李神仙奏请封官。李登仙推却说："高官厚禄，非我所愿也。"随后，又云游而去。

李登仙在河北也有不小的名气。当时，河北有一位明朝遗官，回归故里后得了一种怪病，平日什么饭也不愿吃，而在梦中却极想吃东西，但梦的又都是些很难找到的食物。请遍了名医，服用了多种药剂，仍不见好转。他儿子听说利津李登仙能掐会算，有法术，便不远千里来利津请李登仙给他父亲治病。

光绪《利津县志·仙迹列传》

李登仙到了河北，一不把脉，二不问病情；只是一会儿看看墙上的字画，一会儿看看屋檐下的鸟笼，再就是端起茶几上的茶壶嘴对嘴地饮茶。直等得这位病人耐不住劲了，问道："神仙，你看我这病还能不能治？"李登仙头也不抬地说："小病，好治。你告诉我最想吃什么东西吧。"病人说："我现在最想吃鲜橘子。"李登仙毫不惊异地说："好。"

这时正值寒冬腊月，在北方要吃上鲜橘子可真比登天还难。李登仙却说："这个不难，按我说的做就行。"他吩咐病人家人收拾出一间干净的屋子，把自己关屋内，净手焚香，盘腿而坐，嘱咐严守门户，不准打扰，只待半夜以后来取橘子就是。半夜过后，家人推门进来，只见李登仙面前的香案上已摆放着一盘橘子，色泽鲜艳，透着清香，橘柄叶子翠绿，水灵灵的，就像刚从树上摘下来的一般。病人吃了"仙橘"大病痊愈，对李登仙佩服得五体投地。自此，李登仙在河北一带也神名远扬。

李登仙终年八十二岁，死后葬于利津城附近的马家夹河村，后经朝廷恩准，立碑纪念。墓地因无人看管，长久失修，后沉入苇塘之中。二十世纪八十年代，在台湾的李氏后裔李泽浩返乡祭祖，修复先祖茔盘，立碑植树，恢复了墓地原貌。现该墓被东营市列为市级文物保护单位。

  在利津城古迹中，有一处与李登仙相关的文化遗存——李神仙洞。传说是清朝问鼎之后，李登仙回到家中，为防清兵搜捕骚扰，于顺治三年（1646），悄然在自家北屋楼下挖了这一长洞。洞以砖砌四壁，洞道墙厚九十厘米，高一百六十厘米，宽七十二厘米，顶土厚二百四十厘米。顺梯道而下，洞道两旁设有灯穴多处，中部有两个气孔，再往里设有侧室。通道中间有石桌石凳，可供饮茶对弈。洞为东西走向，传说可由县城通往三里庄。因年代久远，此洞大部坍塌，现存洞长三十五点六米。该洞已有三百多年历史，今主体部分仍很坚固，现为利津县重点文物保护单位。

        2011年7月18日定稿，见同日"微波龙鳞"新浪博客

《五家湾》写作感言

我总是不经意地由身边的事物想起我的故乡，一滴清凉的水珠，一棵摇曳的小草，几个嬉戏的儿童，都会拨动心弦，让我的思绪飘荡，悠悠回忆起那个河边的村庄。

说起来很有意思，从记事起，黄河是由西向东流，就在村南大堤外滚滚而去。而一百五十多年前黄河夺清的流向，是借大清河河道由西南向东北流入渤海湾。如今作长篇小说《五家湾》，提笔描述同光年代的事情，怎么也分不清南北东西，写着写着，笔下的东成了南，西成了北，无论如何也调不过向来。情急之下，于纸板上画之标之，照旧抬头即忘乎所之，依然不辨方向。

由此我常想，这挥之不去的鲜活记忆，充实了我的心灵，它和我永远相伴，是滋养我生命的甘泉。奇妙的是，如果以儿时的眼光来看这个世界，这个世界是那样单纯、美好，甚至有一丝神奇，以至于在故事中我迟迟写不出"坏人"来。

是呵，在故乡的摇篮中，睁开眼睛看到的是悠悠的黄河，是灶窟里的烟火，是院落的篱笆，是草垛下觅食的鸡雏，是林间那一声声蝉鸣，是盐碱地上开放的各色野花。襁褓中，故乡的亲情和甘甜的河水融入了母亲的乳汁，从此后，父老乡亲的慈爱面容，黄河人家淳美质朴的民俗风情，故乡村头那一片柳荫，成为我永久寻觅的生命原色。

过去这里的人们住的是能防水淹的台房，穿的是黄河本色的土布，就连小孩子睡的襁褓也是用黄土制成的"土裤"。这里时现英侠俊儒，多有能工巧匠，可见黄河有多粗犷，这里的风习就有多粗犷，黄河有多豪迈，这里的人们就有多豪迈,且多少年来几乎没有改变,因此写起百年来这里的乡土人情,也自觉得心应手。

没有改变并不是好事情,家乡的父老乡亲依然用力气换饭吃,胼手胝足,面黑皮粗,任人宰割,呐呐无语。近年来情况渐好,人心稍慰,我在拙作中写道:"大凡入仕者,漠视黎庶性命,再不心存敬畏,谀上欺下,无法无度,胡作非为,你若如此,那就是祁氏宗族的不肖子孙。"此亦理想主义者之言也。想起这些就生出一些难以排遣的忧郁,不过谁有力量来改变这种现状呢!

还是多为家乡的父老乡亲祝福吧。在这片土地上,听着大河奔流的浪涛声,时而激昂和欢快地跳跃,时而低沉与缓慢地行走,倾注了无数的喜怒哀乐,经历了不少人间沧桑,纷纷扰扰中,故乡的情事如同一支悠长绵邈的回旋曲,又似一幅绚丽的绸缎。如今写这些东西,是从心灵的绸缎上一丝一丝地往外抽,来供我静静地享受回味。这样的享受让我少了轻率浮躁的心性,增添了一点平淡冲和的情怀。

我的身躯从故乡走来,生命的源头在故乡,在这片黄河淤积的土地上。那黄土地上的春种秋收,那成方连片的谷子高粱,那飘散的炊烟,那淘漉的水浪,那生长希望和幻想的衣胞血脉之地,在我心中凝结成无法释然的情怀。我的生命本来就属于这块土地,是大河边沐浴在阳光里的一粒泥尘呵!

前事不忘后事之师,如能把身边的历史比较真实地写给父老乡亲们看,那也是很幸福的。

2008年11月19日定稿,见同日"微波龙鳞"新浪博客

荒洼野兔

今年夏天，我去了河口荒洼，想去看看河海交汇处的黄蓝之线。来到一个叫"大汶流"的地方，离入海口还有十几里路，前面荒草野树密不透风，横挡竖拦，只好停车寻觅前行之路。就在这个时候，突然看见草丛里有一只野兔飞跃而起，眨眼间落下，扑扑棱棱一阵响动，就再也看不到它的踪影。我怔怔站在那儿，不知为什么心里有点失落。

前方已无路可通，回头张望，水流平缓的河面上，也没有船舶的影子。这种境况，就没有办法去看大河入海的情景了，好在甩开了喧嚣的闹市。置身于空旷辽远的荒野，深深呼吸几口新鲜空气，顿时神清气爽，心情舒畅。四下里观察了一番后，我一头扎进黄河岸边的芦苇丛，让清新湿润的绿色紧紧包裹，心底汩汩流淌回归自然的甜蜜，仔细端详着混生恣长的荒草野菜，倍感亲切，有一种久别重逢的激动。

很多年前，我经常在河口荒洼里风餐露宿，为生计忙碌。当时顾不上观赏自然风光，但荒洼中的事物，都清晰地留存在脑海中。尤其是从市行内退的这三年里，脑海中更是常常浮现那莽莽苍苍的景象。

黄河淤积的这片土地，松软湿润，孕育了千姿百态的生命，造就出独特的河口湿地风光。这里荒草无涯，野树丛生，蓬勃着旺盛的生命，尤其是那柽柳和芦苇，更让人感到神奇。柽柳也称观音柳，紫红色的枝条绵软下垂，鳞片状的小叶鲜嫩玲珑，独立成墩，散漫在海滩上，有一种盘龙卧虎的气势，像诸葛武侯排列的八卦阵一样，显露出沧海桑田般的悠远和古战场的悲壮；那轻风里起伏的芦苇，纤腰袅娜，风姿绰约，青翠秀美的苇叶相互摩挲，发出簌簌的声响，此起彼伏，绵延不绝，初冬时节，丝绒般的雪白芦花拥满枝头，

荒洼野兔

在荒原上流淌出朦胧温馨的情调,荡漾起惊心动魄的韵致。

如果说这些荒草野树编织了河口湿地的宁静幽邃之美,那么野兔跃动的身姿,就给这如诗如画的风光增添了无限的灵动和生气。河口荒洼里,草没树掩,是野兔繁衍的风水宝地。在这块宝地上,野兔如鱼跃大海,鹰翔蓝天,它身形矫健,迅捷灵动,宛若一匹匹袖珍骏马,是黄河口最生动、最迷人的小野兽。

这里没有与青山绿水永远相连的鹿狍猴麋,也不见贪恋深山老林的豺狼虎豹,正是这些蹦跳窜跑的野兔,弥补了这一缺憾,恰好让这片荒原丰腴嫩泽,散发出令人心旌摇动的鲜活灵秀之气。

野兔最活跃的季节是秋末冬初,当麦苗绿满田畴,霜色悄悄覆盖大地的时候,在家乡的阡陌田垄上,也时常见到野兔蹦跳。俗语说,"和尚不离庙,兔子不离道",这个胆小怕事的小精灵,有时竟憨态可掬地蹲坐在大路旁,三瓣粉红的嘴唇不停地嚅动,一双淡红色的大眼睛像透明的水晶球,灰褐色的皮毛在阳光下闪闪发亮。支棱起两只大耳朵,把前肢搭落在胸前,像一个施礼问讯的小和尚,殷殷传递友善的信息,频频讨取人们的欢心。

野兔是荒洼的精灵。若是你走进荒洼,登高望远,眼见得秋日萧瑟,草木摇落,很容易生出枯寂惆怅的思绪。这时候,一只野兔突然从身边草丛里蹦出,又像离弦箭似的飞驰而去,你一定会怦然心动,让这伸手可捉的尤物撩拨得浮想联翩，胸臆间鼓荡起"赳赳武夫，公侯干城"的欲望，那些沉郁的情绪，就会一扫而光。

这次黄河口之旅，让我饶有兴趣。回想起来，此行所见好像一幅山水画，那只在草丛中一跃而起的野兔，恰是画中最生动的一笔。

2008年7月9日定稿，见同日"微波龙鳞"新浪博客

鲜香甘腴"石榴黄"

黄河口的梭子蟹让人着迷，只要吃上一口，那难以描述的滋味，就开始在你的脑海里弥漫，甚至会伴随你一生，始终不会消散。我从小喜欢吃螃蟹，虽然那时候的螃蟹只有几毛钱一斤，却从来没有饱饫一顿的机会，以致多少年里，想起"石榴黄"就会垂涎三尺，老是盼望着能在石榴开花以前吃一次没"喷子"的螃蟹，甚至想若能如愿，就是三五天里吃糠咽菜不见荤腥，也十分值得。

三月春暖冰融，蛰居在海底的螃蟹慢慢活跃起来，成群结队地游向黄河口附近的浅滩，在这里举行隆重聚会来延续生命。黄河入海口的泥沙夹裹着鲜活的天然饵料，不到一个月，就把饕餮成性的螃蟹滋养得肥硕无比，一个个身披铁甲，挥舞长戈，大都青面獠牙，雄视阔步，横行无忌，像耀武扬威的大将军似的。"铁甲将军"们不可一世的时候，也就不知不觉地走向了折戟沉沙的险恶境地，若于此时布下天罗地网，不愁众位蟹将不入囊中——人们知道，烹作盘中馐，此物堪称绝伦也。

四月初的螃蟹叫"石榴黄"，这时候雌蟹卵满，蟹黄丰腴，大者斤余重，个个顶盖肥。煮熟了的螃蟹壳红腹白，鲜艳夺目，那两个钳状螯足里的肉，丝短纤细且带些许甜味，能完整地剔出来，含在嘴里仔细咂磨，谁也舍不得一口咽下去；小腿肉丝长细嫩，美如小清河里的面鱼；蟹身肉洁白晶莹，香气扑鼻；团脐上的蟹黄，晶莹欲滴，色艳味香，尤其是那蟹壳里藏着的蟹黄，用蟹螯一点点挑拨出来，再轻轻放入口中，一股奇异芳香沁入脑际，回味无穷。

石榴开花，螃蟹"喷子"，它那紧贴在肚子上的团脐张开，不停地把细

螃蟹"喷子"

密晶莹的蟹子扇出来,这是雌蟹在海水中延续生命的情形。雌蟹"喷子"后蟹肉渐老,就不再那么有滋有味了,可是"喷"出来的蟹子却会给人带来意外的惊喜。这个状如将军盔的团脐一旦张开,积聚在上面的蟹子辄蓬蓬勃勃,鲜活时好似艳丽的石榴花,蒸熟后团脐上膏腻堆积,团结不散,就像一块紫色的蛋糕,咬一口咯吱咯吱响,吞咽间两颊生香,就觉得清新的海腥味后面,还有一股鲜甜的味道,蓦然间会生出一种如食仙丹、似啜甘醪的绝妙感受,那滋味岂止鲜美二字了得!

小时候吃螃蟹只图解馋和痛快,从来不管吃法有什么对与错,过后才知道,南方人吃河蟹要用"蟹八件",吃的是那样精细。尽管黄河尾闾上的人们大大咧咧,可是吃起梭子蟹来并不马虎——会吃螃蟹的人先吃钳与爪,吃蟹爪时,先吃掉两处关节,然后深深一吸,将爪肉吸入口中,这时蟹盖未揭,热气不发散,吃过爪与钳后再揭起蟹盖,慢慢吮食蟹膏蟹黄,最后大快朵颐,把蟹肉统统吃光。这种吃法如同曲径通幽,渐入佳境,可尽情享受这海鲜上品的奇香美味;若是吃螃蟹先急于揭壳吃蟹黄,然后匆忙掰开蟹身,吃完这边吃那边,最后再吃蟹钳和蟹爪,就有虎头蛇尾之嫌,吃到最后,可能会留下不少遗憾。

忆及童年吃螃蟹的情形,除忘不掉那肉嫩黄鲜的滋味之外,还有两桩趣事不能忘怀,一是以蟹螯做燕子,二是向房顶飞蟹壳。鲜红洁白的"横行介士"太让人喜爱了,伙伴们把蟹肉剔刮得干干净净,还舍不得扔掉它们的甲胄,都喜欢把蟹钳做成一只燕子——从螃蟹大腿折叠处断开的蟹钳,极像有头有尾的飞燕,把蟹足插在蟹钳两侧,就成了一只栩栩如生振翅欲飞的燕子,这可是当年缺衣少食的乡下孩子爱不释手的玩具;大伙还喜欢铆足劲,将两头尖尖的蟹壳向屋顶一扔,红色的蟹壳就像飞镖一样,稳稳地插在屋顶苇箔缝隙中,看上去很喜兴,人们还说吊在屋顶上的这个蟹壳,能把室内的蝎子、蚰蜒统统赶走呢。

童年物事留在记忆里,生动鲜活不褪色,永远是那么美好,那么令人向往。"鳌封嫩玉双双满,壳凹红脂块块香",你看吃蟹的乐趣让曹雪芹写得如此生动形象,读来直教人佩服无地,回味无穷。每当读到《红楼梦》里这段藕香榭里把酒持螯、吟诗斗赋的情景,很容易联想起当年吃螃蟹的感受和插螯作燕、飞壳射顶的童年趣事,且浮想联翩,慨叹不已。

2009年2月8日初稿,见同日"微波龙鳞"新浪博客

诗人至情倾翰墨

李建华又名李剑华,亦署梅邨,国家一级作家,中国作家协会会员,曾为山东省作家协会理事,先后任东营市文联副主席、东营市书画院院长、东营市书法家协会主席。早年在《人民文学》《诗刊》《解放军文艺》诸报刊有小说、散文、诗歌及报告文学发表,有《秋之心》《秋之萤》《王杰》等作品出版。其书法作品多次参加并入选全国各类书展。

梅邨先生对文学及书法的痴迷,似乎与生俱来。他生于农家,少小受淳朴乡风熏陶,坦诚无忌,虚心向学,酷爱诗书。及长入伍,才情展露,诗词散文不断发表,有著名军旅作家之誉。他的长篇作品文思隽永,意境清新,其与人合作报告文学《一条大河和一条大河的归宿》,《大众日报》以整版篇幅连载。他的散文清丽淡雅,让人过目难忘,其《凤凰广场赋》脍炙人口,镌刻上碑,为利津人津津乐道。他的诗作更是神思邈远,才华闪耀,如《黄河流水》,"本是清水一泓,弯弯曲曲向东。自从黄沙染指,至今洗濯不清。步步蹈入苦海,一路呜咽之声",读来别有一番滋味在心头。

二十多岁时,梅邨先生已练得一手笔墨功夫。二十世纪七十年代末离开军营,他对书法由喜爱转入痴迷,从而一发不可收。一直以来,他以历代名家、名帖为师,隶书学汉代诸名碑,楷书主学颜,行草主学二王、米芾与王铎,平时书作多为行书、草书。其书法作品清新洒脱,人所乐见,广为公私各家收藏,镌匾勒石者不计其数。

作为朋友,见他天天读帖临碑,少有诗文发表,想到他在文学创作上的辉煌,我曾深深为之惋惜,屡屡直言相劝:矻矻于笔墨纸砚,岂不光阴虚度?若将这番功夫用在文学创作上,您何愁不著作等身。他听了只是淡淡一笑,不做任何解释。

随着韶华流逝,朋友们对世事愈加淡然,以往的一些心思也有了不小的改变。对梅邨先生痴迷书法,亦逐渐认同。我也时常为之开脱似的和朋友们谈论,如纵情山水可视为人生至乐,而醉心于翰墨之间,无日或忘,身心愉悦,则不必再言名利,无所谓光阴虚度矣。不过依然心有不甘,还是愿意他醉心翰墨属于"功夫在诗外"的状态。

研习书法三十余年,梅邨先生有许多真知灼见。他从王、颜书法中窥知笔法奥蕴,从而对米芾、王铎情有独钟,曾评说:"纵览中国书法历史,王、颜以下,米芾、王铎堪称行书双峰。难能之处在于,既是大家之道,又能卓尔不群,故其作品极为后世所重也。"此论虽简而中肯綮。七八年前他在《东营市书家题名展作品集》序言中,也曾论及:"书法,是艺,又是道。求艺,要以工取之;得道,则要以心悟之。澄怀方可观道,只有心静如水,不计名利,抛却杂念,方能入得静境,悟得真机。"对于他的上述见解,欣赏之中我还乐意认为,这不仅是他对书法艺术的深刻感受,也是他对自己多年从事文学创作的真切体味。

作为爱好者,我对书法与文学的领悟,近期也转换到了这样一个角度——从表象上看,书法和文学都是字的艺术;于内涵分析,书法是以视觉美来展示一种神韵、一种心境,文学是用内容来反映一种思想、一种观念。因此尽管书法和文学分属两个范畴,但古往今来,文学和书法都有异曲同工之妙。

仰望先贤,这个理念更为清晰。每当读临古人书帖的时候,除惊叹其艺术形式外,还会深为作品的洗练语言、优美意境和深刻哲理所折服。如读最具真迹神韵的冯承素摹本《兰亭序》的时候,不仅为通幅作品的神韵倾倒,同时也对文章所表现的晋人风度神往;又如读《祭侄稿》,会强烈地感觉到,这是颜真卿哀愤至极的心声,是血泪凝聚成的不朽之作;再如读苏轼的《寒食帖》,会立即为书法的奔放气势所吸引,再读诗句就会多了一重艺术享受;特别是读孙过庭的《书谱》时,总觉其书文奇绝,犹如一曲余音绕梁三日不绝的华美的乐章,往往为其精彩的文笔所震撼,"观夫悬针垂露之异,奔雷坠石之奇,鸿飞兽骇之姿,鸾舞蛇惊之态,绝岸颓峰之势,临危据槁之形;或重若崩云,或轻如蝉翼;导之则泉注,顿之则山安;纤纤乎似初月之出天涯,落落乎犹众星之列河汉。"诵读至此，甚至会情不自禁地为之舞之蹈之。

欣赏梅邨先生的书法，也有相似的感受。作为诗人的梅邨先生，富有文人潇洒多情的性格，他的才情无法掩饰，其诗文足以为证；而作为书法家的梅邨先生，果然是"腹有诗书气自华"，他的作品所产生的震撼力也无法掩饰。他以临古为宗，但临古而化，各体皆能。其楷书平正典雅，书卷味浓；其行草点画精美，笔笔有法却又意态萧散。他简远潇洒的书法，一如他坦荡的胸怀，自有一份撼人的力量。最令人赏心悦目的，是那流转于翰墨之间的生动，处处展现着他不泯的童心与磊落的人格魅力。

经过多年的观察，我的心结也终于消散——虽然梅邨先生整日价如痴如醉地挥毫不止，其实他的文学初衷从未改变，无非是游刃于两者之间，融会贯通，以资进入更高的创作境界罢了。你看他汲汲营营，"不薄今人爱古人"，非常在意自己的书法创作，应酬多却一丝不苟；也见他念兹在兹，"清词丽句必为邻"，十分注重自己的诗文创作，有新作辄反复推敲。正因如此，他的书法才这般日益精进，且在恣意挥洒之中，也传示他文学修持的高度。

有言文如其人，其文前已提及，足证诗人性情；亦曰字如其人，观赏梅邨先生书法作品，方知此言不虚。

载《北方周末报》（副刊），2011年6月20日

一件珍贵的礼物

一九八五年六月,我离开北岭乡到县城工作。临行前,有位长者送给我一件礼物。这件礼物非同寻常,我一直十分珍惜,总觉得它凝结着一段难忘的岁月,还蕴含着一份深厚的情谊。

在生产大队当社员的时候,我就经常写点东西,除去短篇小说以外,也写一些通讯稿给县广播站。到公社文化站工作以后,我还是不断地写一些这样的"豆腐块"。很长时间里,我所报道的内容大都是春种秋收、抗旱防汛等农事活动。因为顾及新闻的时效性,往往来不及仔细修改就把稿子匆匆发了出去。这么一来,不少稿子套话连篇,一溜大水词。即便如此,一旦听到大喇叭里广播自己的作品,我心里也总是美滋滋的,很有成就感。

稿子经常在县里的广播站播出,我在公社院里渐渐有了名气,大家对我都很亲热,连管委会的陈主任见了我也会放慢脚步,昂着头说一声"不错不错"。这位身材魁梧的主任是部队转业干部,为人坦诚豪爽,工作雷厉风行,办事认真负责。陈主任对人要求很严,能得到他的夸奖令我非常感动。那时候人与人之间的关系很单纯,坚信只要把本职工作干好,既能报答上级的知遇之恩,也对得起上上下下所有的人。

在公社文化站的最后两三年,我依旧不断向县广播站投稿。随着社会变革,稿件内容不再那么单一,不再一个劲地赞颂。这一阶段乡下发生了深刻的变化,农民恢复了对土地的热爱,把希望寄托在田野上,庄稼连年丰收,日子开始红火起来。不过一些弊端也日益凸显,譬如卖棉花要排十里长队,走后门才能买到紧俏的化肥,种子混杂且供不应求,等等,这样的事情很容易惹得众怨沸腾,招来一片骂声。

就是因为种子问题,在一九八三年的秋天,北岭公社北部的杂交高粱大面积歉收,受害农户怨声载道。知道这件事情以后,我赶到当地采访,详细了解相关情况,写出了一篇报道,题为《种子不纯,坑了农民》,并且一式两份,分别寄给县广播站和《大众日报·农村版》。很快县广播站就播出了,随后报纸也发表出来。这篇报道引起了不小的轰动,各方面反应强烈,有关部门派出工作组进行调查,积极采取相应的措施补救。

一篇小文章能有这样的效应,出乎我的意料。当时好多人见到我就喊"种子不纯,坑了农民",用以表达他们的赞许;我也觉得自己能为乡亲们说句话,确实值得高兴。正在我暗自得意的时候,陈主任黑着脸走进我的办公室,他大声斥问:"曲德胜你干什么?你不知道我分管种子站吗?你是不是和他们合伙整我?"

那时候我很喜欢篆刻,正拿着刻刀在一块石头章料上比画,听了他的话一下子蒙了,不知道该怎么回答。已过而立之年的我,依然懵懵懂懂,平时不太在意公社院里的人际关系,也不懂得去依附谁或是与谁合起伙来整别人。写这篇稿子的时候,只是对种子不纯造成的损失感到愤怒,没有考虑写这样一篇报道会牵扯到哪个具体的人。陈主任见我一脸茫然的样子,好像不屑于再说什么,咳了一声,兀自悻悻地走了。

把自己钦佩的领导惹得如此恼火,我也觉得有些愧疚,但是我没有向他道歉的想法。因为我知道陈主任一直关心群众疾苦,对坑害农民的这种事情也不会容忍。我想,他这样斥责我可能出于误会,也可能是工作不顺心一时怄气,如果是这样,就没有必要向他解释什么。不过无论怎么想,心里也有了疙瘩,自此不愿意和陈主任见面。有时候在路上相遇,他不吭声,我也不主动搭话,竟然像隔阂很深似的。

两年后即将离开北岭的时候,陈主任又走进了我的办公室,见我起身让座,他沉着脸待了一会儿才缓缓地说:"你就要走了,我也没有好东西送给你做纪念。在福建当兵的时候,人家送了我一块小石头,我看你喜欢刻印章,就把它送给你吧。"他把一个纸团放在桌子上,意味深长地看了我一眼,不等我表示感谢就匆匆离去。

那是一束清澈而又深邃的目光,犹如一湖秋水,碧波荡漾。我喜出望外,心中涌起一股热浪,竟忘了送客的礼节。他走之后,我愣怔了一会儿才回过神来，然后小心翼翼地打开纸团，一块拇指粗细、中指长短的淡黄色石料赫然在目。这块小石头表皮有树枝状暗色筋络，尽管那一点点灰色裂纹有点粗糙，可是无碍于通体清灵润洁的本质，无论从哪个角度观赏都让人心里舒服，难道这是那珍贵的寿山石吗？突然一个想法油然而生——这是对我在文化站工作十年的最好褒奖啊！

我把它捧在手里摩挲，走到门口对着亮光反复瞧看，觉得满屋里流溢着甘美的幽香。我爱不释手，一直带在身上。日后有行家对我说，这是一块寿山石，虽然属于山坑石的边料，也值得好好收藏。

往事如烟，转眼二十六年过去了，我写的那篇报道如风中微尘，早已无影无踪。不过每当拿起这块寿山石把玩的时候，陈主任送别时的目光还在我面前闪烁。那是怎样的眼神呀——应该是一种信任，捎带着一丝愧疚；或许是一种期许，满含着热情鼓励。那的确是男子汉最真挚的情感流露，它胜过千言万语，让人难以忘记。

2011 年 4 月 20 日定稿

遥远的"箍镂子"

许多年前,黄河尾闾上的村庄里,时常见到各式各样的手艺人。他们推车挑担,走街串巷,一路奔波一路吆喝。一声声,或长或短,像在叙说自己的劳碌和渴望;一阵阵,或高或低,如同倾诉人生的悲喜与迷茫。这些深沉悠长的吟唱,不断在乡间街头回荡,让庄稼人觉得岁月不再那么漫长。尤其是"箍镂子"那"锔锅呗、锔碗呗,锔盆子锔缸了"的吆喝声,最能拨动黄河人家的心弦。

"箍镂子"就是小炉匠。有一出陕西眉户剧《箍漏匠招亲》,戏文中有"钉盆子钉碗钉大缸",可能受此影响,有的写作"箍漏子"。窃以为,"镂"有雕刻的意思,且古同"漏"字,就其手艺精细而言,还是"箍镂子"贴切。他们和铁匠一样,下场干活离不开火炉,只是所用火炉大小不同。铁匠串乡铺设临时工场的时候,就地和泥垒灶,铺上"铁篦子"架火,埋上连接风箱的一根铁管,盘成一个大火炉。而"箍镂子"的工具都是袖珍型的,他们的小火炉用生铁做成,内套泥芯,中有铁棱子相隔,上架煤炭,下出炉渣,依此在许多地方被称为小炉匠。

"箍镂子"的挑子上一应俱全。一头是上下三层抽屉组合的小柜子。抽屉里装有各种钻头和钻杆,还装着弓子、锤子、钳子、剪刀、打造"钯锔子"用的铁丝和铜丝;另一头有风箱和火炉,有铁砧子与盛石灰膏的小铁桶,还吊着一面小铜锣。"箍镂子"的挑子颤颤悠悠,走起路来摇摇晃晃,小铜锣叮当作响,乍一看犹如戏台上长袖善舞的仙女一样,是乡村中一道靓丽的风景线。

走进黄河岸边的村庄里,"箍镂子"神采飞扬,一边走一边不停地吆喝,有时候还在波涛声里悠悠地歌唱。他们歌唱的内容有所不同，而使用的曲谱却都一样，就是流行在鲁北沿海地区以"来发拉"为主音的民间小调："锔盆子锔碗锔大缸呀，锔得那尿罐儿不漏汤啊"，或是"箍镂子挑担下四乡，我急急忙忙去串庄，今天不到别处去耶，抬头我来到了王家庄……"

庄稼人崇尚节俭，不舍得花钱。他们把日常使用的锅碗瓢盆和缸瓮罐子也当成宝贝，即使破碎了也舍不得丢弃。听到"箍镂子"的吆喝，好像弹尽粮绝的部队盼来了救兵一样，急忙从炕头席子下抽出一张毛票，小心翼翼地掖进上衣口袋里，捧了那些破破烂烂，笑嘻嘻地把"箍镂子"围将起来，让他看看哪件能补哪个能锔。只要"箍镂子"点了头，无论"铁钯锔子"一分钱一个或是"铜钯锔子"二分多钱一个，他们也能忍得住心疼，舍得花个毛儿八分的，让心灵手巧的"箍镂子"去变废为宝。

他们珍惜时光，怕耽误了庄稼，只是日子枯寂，也愿意寻找欢乐。遇到这样的机会，索性丢下手头的活计，不声不响地蹲在一旁，聚精会神地观赏"箍镂子"变戏法似的操作，以获得一份不可多得的身心愉悦。

乡下的孩子猎奇冲动，好像天生就懂得枯燥的生活换不来多彩的人生一样，对手艺人特别感兴趣，尤其喜欢看"箍镂子"挑子上的那些零零碎碎。他们耳朵灵，只要听到属于"箍镂子"方面的一丁点响动，就会夺门而出，一溜小跑赶到"箍镂子"做活的街头上，挤进围观的人群中，像看万花筒一样，瞪大眼睛仔细"巴瞧"[①]，把"箍镂子"的一招一式都看到眼里，记在了心上。

"箍镂子"坐在自带的"撑子"（马扎子）上，双腿并拢，铺上一块厚厚的帆布当作台面，先将破裂的物件拼拢起来，用细细的麻线捆扎固定。再拿起小指头粗细的锤子，在破损的物件上轻轻地敲那么几下，用手指比量比量，看需要钻几个"眼儿"。紧接着从那个上窄下宽的木柜子上取下一把手钻，插上细小的钻头，一手按着钻帽，一手拉动钻杆。于是吱呦作响，粉末飞扬，不大一会儿，那瓷片或铁片两边，就钻上一排芝麻粒大的小"眼儿"。然后把铁丝或铜丝截成订书针长短，在火炉中烧红，放在砧子上打造出许多枣核形的"钯锔子"，拿几个放在嘴角含着，用小锤一个个钉入这些小"眼儿"里。这时候，"箍镂子"就像京剧司鼓一样，精神饱满，节奏稳练，只听

---

① 巴瞧，方言，意为看过来看过去。

"箍镂子"

得滴滴答答一阵敲打,那些个"钯锔子"就俯首帖耳箍在了裂缝上。最后用右手食指从小桶里蘸了石灰膏,沿着裂缝么一抹,即完事大吉。此时,围观的人们啧啧有声,如同看了一出精彩的折子戏。

一个个破锅碎盆在"箍镂子"手下起死回生,"钯锔子"在上面排列齐整,严丝合缝。这些获得新生的器物滴水不漏且经久耐用,让容易满足的庄稼汉高兴得像捡到了元宝一样。

"箍镂子"手脚不停,就是含着"钯锔子",嘴巴也不肯闲着,一边干活一边向人们絮絮地解说。每当说到瓷器很硬,不用金刚钻是钻不好"眼儿"的时候,周围的人会频频点头,并随即附和:"那是,那是哟,没有金刚钻,别揽瓷器活呀。"

"箍镂子"的活路也有粗有细,锔这些锅碗瓢盆属于粗活,锔瓷壶瓷盏就是细活了。很少在街头上见到"箍镂子"做这种细活,不过有一个细活做出来的物件,我却能天天见到。

那时候,我家只有两间土屋,屋里也没有像样的陈设。可是在那张老旧的方桌上，却摆放着几件稀罕物儿。一个雕花的小木架，上面安放一个相框样的小画屏（画面高山下有位古人面朝流水抚琴，还有一个立在一担柴捆中间的人），一对青花瓷瓶和一对瓷罐儿分别摆放两边。有个瓷罐儿的口沿上，就箍着两个金黄色的"钯锔子"。

有一个通体布满"钯锔子"的紫砂壶，在方桌上的这些摆设中分外引人注目。看来这把"破壶"是父亲的心爱之物，他一有闲暇就捧在手里摩挲，让壶身那些"钯锔子"锃光瓦亮，闪闪放光。有一次我说，"一把破壶有啥稀罕的？"父亲只是笑了笑，摸摸我的脑袋，没有回答。隔了一段时间，他托起那把伤痕累累的紫砂壶对我说，你知道这把"破壶"是怎么"做"①出来的吗？见我摇头，他才慢慢往下说：这是用一把新紫砂壶"做"出来的，"咋周"②"做"呢？就是先在壶里装满黄豆，再灌上清水，用粗布包裹起来。待上一天一夜，壶里的黄豆全都泡涨起来，把新壶撑出横一道竖一道的裂纹，再请来手艺好的"箍镂子"，用金银"钯锔子"顺着裂纹锔上花纹，连壶盖、壶嘴、壶把都镶起来，这就成了我手上这样的稀罕物。说到这里，父亲脸上洋溢了愉悦，眯缝了眼睛，端详着紫砂壶，放低声音对我说："别看他们不稀罕，那是不识货呀，这样的一把壶，过去值不少钱呢。"

父亲没有说这把紫砂壶是怎么得来的，我也一直没有问过这个事情。后来，这把别出心裁"做"出来的紫砂壶，让我越看越顺眼，也让我对"箍镂子"更有兴趣，于是频繁地钻进大人堆里，去看"箍镂子"展示的那些迷人的手艺。

回忆起来，我总觉得家里的这几样古色古香的物件，连同那些在街头上锔好的器物，都镌刻着时代的印记。幸运的是，有许多美好的记忆，让"箍镂子"箍锔得更加清晰，历久弥新，愈发珍贵。

"箍镂子"的身影已渐行渐远，这门手艺也许不再见于乡村，但是"箍镂子"那勤劳智慧的形象却历历在目，如同家乡常年不灭的一盏明灯，时常闪耀在游子对故乡的记忆里。

---

① 做，方言读作俎（zǔ），有制造的意思。
② 咋周，方言，怎么的意思。

这里曾经是大海

黄河从四千五百米的高原上喷涌而下,汇集了七十多条支流的力量,满腔"君不见青海头,古来白骨无人收"的悲壮,穿越高山峡谷,跨过辽阔平原,挟三秦大地的铮铮铁骨,摄内蒙古草原的历史苍凉,披塞外大漠的猎猎西风,抖中原逐鹿的王者之气,万里奔流,所向披靡,来到这入海口,哪容得大海的浪阻涛挡?它横冲直撞,翻摆滚动,泛滥淤积,无所不用其极,以每年造陆近三十平方公里的速度,镇压了渤海,淹没了铁门关,吞噬了永阜大盐场。相邻村庄一夜之间隔河相望,大年三十夜,黄河又决口了,洪水中漂着草垛木头,还漂着摆有白生生饺子的"盖天",人们扶老携幼,逃往高阜处,数九寒天下大雪,一家人缩在苇席搭成的窝棚里,瑟瑟抖成一团,一时间天地无言,只有黄河在咆哮。

河决堤溃

黄河夺大清河从利津入海,大清河岸高水深,河道弯曲狭窄,咆哮的黄河哪能受这等束缚?水涨数丈,横冲直撞,湍急的水头在平地里突然散开,水柱激射,像万箭齐发。那浑黄的浪涛一路卷了过来,把成群的兔子、獾、黄鼬、貔子、刺猬赶得乱跑乱叫,有一种当地人从未见过的长蛇,红黄夹绿,扁头细尾,一蹿数丈高。望着从天上倒下来的滔滔洪水,这里的人们手足无措,大家敬天法祖,规规矩矩做人,为什么老天还是不饶恕,灾难还是老缠着不放呢,去年秋后海啸吞噬了一多半盐滩,今年夏天这浑黄的河水又要淹没田园,这些生活在渔盐丰饶之地的人悲怆地呼喊:"老天爷哟,俺可怎么活呀？"

据史料记载，黄河有五徙，禹王流路从直沽入海，周定王五年一徙，在冀州沧县入海。王莽篡汉后，河决魏郡东流，二徙后进漯川入海，史称东道，流经八百多年，挟裹着甘陕高原与西夏河套的沃土，淤积出脚下这一大片陆地，故这片新生陆地曾被称为漯沃。黄河三徙是在唐景福二年（893），从濮阳北上，经寿张、过齐河、入厌次后东流入海。金明昌五年（1194），南宋东京留守杜充为阻金兵南下，在豫东堵河南流入淮，这是黄河第四徙。从三徙至清咸丰五年（1855），黄河北上南下，近千年很少光顾这片土地。河走海进，大海逞起了威风，像是收复失地似的让海潮轮番侵袭，这片黄河带来的沃土，像失去母亲的孤儿一样，任海浪抽打，海潮凌辱，慢慢地变成了疮痍满目的斥卤之地。元末明初，连续二十年征战，这里"庐舍荡尽，野无行人，百里不闻鸡犬声"。

此处自古以来为煮海熬盐之所，属管仲渠展之地，乃齐桓公称霸之基。滨海滩涂袤广，水积浅坑，日晒为卤，风吹是盐，靠天晒成盐毕竟太慢太少，人们于是挖灶架镬煮之，"烟火三百里，灶煮满天星"，他们日晒火烧，黑皮包骨，煎海成山，仍衣不遮体，食不果腹。

斯时大清河河门通畅，南北商船自渤海驶入河口，在此处卸载装盐。海篷南运，河帆西行，河口处的铁门关乃漕舸经泊处，渐渐成为漕运、海运的咽喉要地。延至康熙朝，这里出现了闻名遐迩的永阜大盐场。

境内土地虽然瘠薄，也能春种谷黍，夏播大豆，秋耩小麦。棉花种植面积逐年增加，这里的女人无论老幼贫富都会纺棉织布，用纺车擘棉为缕，用机杼织成布匹，县境南部还有种桑养蚕之家。旧志甚至有这样的记载："海之滨得地百里，考其四至袤广，村镇毗连，俨然成一都会。其地北枕巨海，东瞰清河，南有枣桑之富，西达舟车之利，虽弹丸实隩区也。"隩区者，意为处处皆是适宜居住的好地方。这样的描述虽有颂圣之嫌，但至少能说明那个时期这里人们的日子还过得去。

清咸丰五年（1855），黄河在河南蓝阳县铜瓦厢决口，穿运而东，夺大清河入渤海，离开这里九百七十二年的黄河回来了。

黄河夺清入海的情形，像神龙摆尾一样，从千里之外的江苏淮阴，一下子甩了过来。这千年一甩，淹没了五府二十余州县，截断了贯通南北的大运河，扫荡了山东的利津县——那个树木葱茏，流水潺潺，滩池雪海，盐堆冰山的美好家园，一下子淹没在洪流之中，转眼之间，天翻地覆，乾坤挪移，成为一片茫茫泽国。从此，河漫海潮，灾祸连连。

斯时李佐贤辞官回乡归隐利津永门，永门地处高阜，大雨方歇，在撼城摇郭的轰鸣声中，他登上城楼，目睹了黄河奔涌到县城的这一情状，心潮难平。全境灾情尚未目睹，他被水从天降的磅礴气势所震撼，急忙握笔挥毫，以《雨后观河涨》为题，赋诗一首，描绘出当时那一瞬间的真实画面：

银潢倒泄九天上，水深门外屋如舫。沈河顿作钱塘潮，奇观斗觉心怀放。

涛头遥望奔一线，迅驰风霆疾掣电。人立苍茫银海眩，力撼城郭摇石堰。

奋威鼓怒似项王，喑噁叱咤来酣战。盘涡湍急万马旋，浪花喷涌飞弩箭。

似有鼋鼍蛟龙鱼，洪涛出没时隐见。一波未平一波起，瞬息情状已千变……

李佐贤，字仲敏，号竹朋，道光八年（1828）山东乡试中解元，十五年（1835）进士。他博学多才、诗文书画无所不精，喜钟鼎丰碑，尤爱古币收藏，一部《古泉汇》名动朝野，流芳后世。李佐贤官至汀州知府，清廉正直，谁料仕途蹭蹬，因审一命案，被权贵诬陷，竟至罢黜，虽朝廷觉察后开复原职，但如就原任，同僚已势同水火，他坚辞不就，愤而回乡。有诗《辞官后戏作》曰，"剩有热肠谁视我，全无媚骨不宜官"，李竹朋位不足以配其才，遇不足以称其志。曾有人叹息：古往今来，多少豪杰才俊，一生潦倒，甚而湮没无闻，说起来归结于"时、运、命"这三个字，可是，人尽其才、物尽其用的世道，什么时候见过呢。

后来李佐贤目睹洪祸惨象，心急如焚，深悔"奇观斗觉心怀放"句，他不忍在父老乡亲倒悬于水火时袖手旁观，毅然甩下个人的恩怨，挺身而出，全力协助利津县令王世荣治河数年，深得家乡父老爱戴，并受到朝廷一个花翎道衔的嘉奖。

铁板梗沙

"跳进黄河也洗不清",这句话的本意是说受了很大冤枉,就算跳进黄河也洗刷不清了。其实,不论是谁,跳进黄河就别想一下子洗清。我的童年与黄河有不解之缘,也知道伏天里的河水浑得像泥汤一样,跳进去会挂一身淤泥,可是我和小伙伴们都不在乎这些,管他泥不泥的,在河里一泡就是半天,你摔过一个酥瓜去,他扔回一个甜瓜来,扯开嗓子喊口号,齐刷刷地扎猛子。那口号很响亮:"酥瓜,甜瓜,不吃,馋煞!"喊出最后两个字,河面上的几颗小脑袋,就同时沉进浑黄的河水里去了。等爬上岸让太阳一晒,浑身裹了一层鱼鳞似的黄泥片片,皱巴巴的周身发紧。

黄河以泥沙多而闻名于世。古人常以"黄水一石,含泥六斗""黄河斗水,泥居其七"等来描述黄河的多沙状况,早在两千年前,西汉大司马史张戎就说黄河"一石水而六斗泥"。黄河的平均含沙量为三十五公斤每立方米,其沙量之多为世界江河之冠。同时,黄河的泥沙颗粒很细,有时河水甚至成泥浆状态,沾在身体上确实不易洗净。

黄河入海时受海潮顶托,河水溜势趋缓,淡咸交汇后,水走沙停,泥沙絮凝如粥,团团搅翻,深达数丈,沉积河口,形成一个新月形沙坝,凝结细密,坚硬如铁,无法疏通。清代把它称为"铁板梗沙",这铁板梗沙堵在黄河口门上,水流不畅,迫使黄河在尾闾上摇摆翻滚,不断改道。治黄先治沙,清代以为最有效的是治河能臣靳辅的"束水攻沙,舒畅尾闾"之法。

光绪五年(1879),兵部右侍郎夏同善出京考察黄河,来到山东利津县黄河尾闾,得知铁板梗沙阻河入海情状,也了解到地坍河中,州县官吏仍逼民缴赋事,写出了治河治贪的《疏治黄河下游奏议》。

斯其时也,铁门关灶坝以下直至海口,一百数十里,一片苇荡,弥望无边,苇荡里是流沙、铁板梗沙、胶泥混成的烂泥,束水攻沙确为治河良方,可于漫水中筑堤,却无从下手。河门分东西两溜,各宽八九十丈,其中间铁板梗沙凸起,坚结如石,凝积似铁,此沙坝乃多年形成,冰冻三尺非一日之寒也。每当汛落潮平,沙面上水高仅尺半,伏秋两汛,水高也不过三尺,混江龙、铁篦子轻者无功,重则拽之不动,小火轮陷入烂泥中,只是突突冒烟,进退不得。即使大马力火轮能拽过去,所铲之沙仅能送出海门,即遇潮汐顶托,复回堵河门,此时人已无能为力矣。铁板梗沙之难除,直比清末吏治之腐败也。

退海之地的黄河口人家,是河海泛滥的重灾区。《利津县志》曰:"黄河之患莫甚于山东,山东之为患莫甚于利津,利津之为患莫甚于下游滨海之地。"光绪十五年(1889)三月,黄河在利津境内第一次改道,韩家垣处大堤被冲毁,新河东移,改由毛丝坨入海。巡抚衙门拨款筑新堤,下令在两岸各筑堤三十里,可是这筑堤所用白银像黄河落淤似的,一层没一层,最后不知用到哪里,经过一番折腾,最后南岸修堤十余里,北岸却在旧河东岸的故堤上敷了一层新土充作新堤,两条大堤呈"L"形,出现了东西河南北堤的奇观。

当年东岸故堤从南岭村北行数十里,一直到虎滩乡小牡蛎村,从现有的规模看,还能说得过去。而这条十余里的南大堤,如今在利津境内的北岭二村东边,蜿蜒东去十数里,上下已是绿树掩映的村落,堤身低矮窄小,体积如现在黄河大堤上的"土牛子",很难想象这就是当年的"官堤",除去多年风蚀水毁的因素,充其量也不过是条土坎子而已。且不说这样的豆腐渣工程根本无法阻挡洪水,从坐落方位上看也不成体统。今番也,石人应下千行泪,写作断肠文。河口堤防就是这样犬牙交错,一到汛期哪能不河决堤溃,黄河不一年数决才怪呢!

黎民百姓向来无话可说,其实说出话来也没有搭理的,到了这个份上,说什么也没用了,那就自认倒霉,等大水来了束手待毙吧。

黄河口一带,至今流传着一个不死于河则死于海的真实故事。光绪十七年(1891),山东巡抚福润为治理河患,决定拓展河身,弃埝守堤。藩司拨出三十二万两白银作为河滩村庄迁出堤外的安置费。虽然须动迁数万户人家,也算治理黄河下游的一项主动措施。利津知县钱镠匆忙做好预案上呈,并请来巡抚衙门官员,由他陪同实地勘察,将割草窝以北弥望无边的苇荡定为迁徙之地。芦花千顷水微茫,秋色满河乡,山河影转,今古照凄凉。

在搬迁过程中,钱镠把汛官王国柱收为心腹,私下里商量好了谋财害命的毒计。王国柱行伍出身,其实就是个匪类恶棍,他依计率兵勇出面恐吓,驱民进海滩,安插在素无业主的被潮之地,而将距海较远、已有业主的黄河淤积的可耕之地划为迁民地，据为己有，租给有钱大户，强逼迁民未种地先交租，每亩滩涂按两吊或吊余不等强行收取，共得两万余吊，填在自己腰包里，不言而喻，其中大半当然会归入钱鑅囊中。

在办理滩区二十九个村庄迁出的过程中，他们领到藩库银两万余两，本为迁民构房买牛之用，但王某等只将零头发下去，余尽肥己，又恐难以报销，就让迁民出具甘结，硬教人按手印，威胁势迫，以少报多，以假混真。钱鑅与王某沆瀣一气，无耻无惧，肆无忌惮到了这个程度。

土地本是衣食之源，百姓依土地而生存；土地又是权势象征，国君为土地而征战，功臣以分封成王侯，造反以土地为旗号；而官吏以土地为财源，横征暴敛，欲壑难填。钱鑅之辈以海唇之地残害百姓，攫取金钱，发挥至极致矣。而山东巡抚福润不但不斥革之，反而超擢为历城知县，并以治河有功之名报奏朝廷请赏。

看到前任因迁民有方受到福润赏识而官升一级，继任知县吴兆鑅更加卖力，在光绪十八年（1892）的十冬腊月，就迫不及待地派遣如狼似虎的衙役，将滩区之民尽驱海边，百姓挽车牵牛，扶老携幼，结队而行，儿啼妇哭，怨声载道。巡抚福润还指斥这些百姓"依恋故土，不安本分"，王会英后来在弹章中愤怒地驳斥道："福润所谓依恋故土，非依恋故土也，畏死耳；所谓不安本分，非不安本分也，求生耳！安土重迁，人之常情，矧去虎得狼乎！"

安土重迁意为安于本乡本土，不愿意轻易迁移，出自《汉书·元帝纪》，"安土重迁，黎民之性，骨肉相附，人情所愿也"，况且是离开虎口又进狼群啊！而福润与吴某人等为了邀功请赏升官发财，已泯灭了人性，只剩下兽性了。

在官呵吏骂声中，在鞭笞交加之下，大批迁民喘息不定，惶惶不安，在怒号的东南风里，无可奈何地于茫茫海滩上搭棚挖坑，草草成村。十月初五，东南风突然转成东北风，狂风大作，飞沙走石，遮天蔽日，把海潮卷到了天上。

飞潮卷天而来，悬泄下裹，猝不及防，简陋的村舍顿时化作废墟，人们四顾茫然，无处可逃，尽管滩涂无边，亦是束手待毙，二十九村被海啸吞噬，淹毙人口一千多名。

潮退尸横，海滩伏尸如丘，附近苇荡里也有无数尸体漂起来。利津知县吴兆鏴坐视不救，哭声遍野，惨不忍闻。

死难者皆为被逼进海唇者，有不少人是昨天刚刚被驱赶而来，他们不是死在迁徙前，而是死在赴海后，他们不是死在黄河波浪里，而是死在海啸狂涛中，他们不是死在故乡田园，而是死在茫茫海滩，他们不是死在异族统治者的铮铮铁蹄下，而是死在贪官酷吏们的沽名钓誉中。他们向来辛勤耕耘，衣食不足，他们一直忍气吞声，默默无言。几分天灾？几分人祸？无辜百姓，惟死而已！

一千多人惨死海滩的时候，清廷在干什么？俄军侵入帕米尔，强占了萨雷阔勒岭以西两万多平方公里的中国领土，热河金丹道起义，清廷镇压，杀人两万。江南教案四起。

山东巡抚在干什么？福润向朝廷陈奏："历城等八州县滨河村庄迁徙完竣，并请酌保出力各员"，其中就有钱鏴，他同时入奏——"死于海潮者六七名口"。

利津知县在干什么？被灾之民有把尸体运到大堂喊冤的，有忍气吞声不敢见官的，有全家皆死无人控告的，而我们这位吴大人没有时间过问这样的事情——"犹为其母庆贺祝寿，大排筵宴，令民送万民衣伞"。

条状聚落

黄河三角洲的顶点，新老河道套叠，淤积着深厚的土层，每一座村庄的聚落，每一条街道的曲直，每一道沟渠的走向，每一方土地的凸凹，都与大河大海有密切的联系，甚至居民的性情及乡间的风俗，也打上了黄河填海造陆的烙印，贯穿着执着的气魄，积淀了厚重的色彩，滋养浓郁深厚的人文气息。

村庄聚落具有不同的平面形态，呈现的是历史和地理诸方面的影响，年代久远的村落多数是团聚型，开发较晚的移民村落往往是散漫型，而这里大大小小的沿黄村落，无论年代久远与否，大都坐落在高低错落的黄河故堤上，属于团聚型的条状聚落。

一方水土养育一方人，无论贫富贵贱，无论声名大小，哪一个人的生命原版上，不涂满了家乡水土的本色，哪一个人的气质血液里，不洋溢着家乡水土的神韵，哪一个人的情感魂灵中，不激荡着家乡水土的风骨？这一方水土养育的儿女，骨子里都带着耿直坚毅的气魄。

清乾隆朝武举人季元方，字叔度，利津县盐窝镇人，后因湖北襄阳府游击任上有功于朝，祖父兄皆受封赠。他先后任陕西秦州营都司、阶州高台营都司，治军有功，衔为从三品，实授游击职，乾隆十六年（1751）调往新疆，领兵驻守叶尔羌城。

叶尔羌意为广阔土地，明时田地肥广，草木饶衍，商贾如鲫，百货交汇。叶尔羌回部是察哈台汗的后裔，自东汉始即为中华版图中的子民，有"维吾尔族音乐之母"美誉的大型套曲《十二木卡姆》就出自这里。清乾隆朝擒杀大小霍加后，叶尔羌一直由游击衔武将领兵屯守。

季元方将军在叶尔羌驻守六年，严禁清军扰民，有淫回部妇女者即杀之，他遍巡叶尔羌各地，传扬儒家礼仪，劝导回人耕作。季元方将军在叶尔羌设立了一处铁木作坊，以黄河下游的部卒为主，制作了大批耧子、犁、耧、耙、锄、镰、锨、镐，遍推叶尔羌回部。先进的劳动工具得以广泛使用，迅速提高了当地种粮植棉耕作水平，季元方为叶尔羌地区的草原游牧与绿洲农耕结合立下了汗马功劳。

当时叶尔羌二十一城村，三万余户，回部十万人。回部人以游牧为生，不识耕种，春播时用群牛践踏，将草地践踏成泥，撒种其上，任其自生自长，收获甚少。农耕工具之使用，当为此地社会发展之历史性变化。

乾隆二十二年（1757），季元方将军离职转守襄阳，叶尔羌回部民众为其立生祠祀之，祠有匾二，一曰"正直永垂"，一曰"功垂百代"，至光绪年间尚存。有志赞曰："季元方善服回民，功在镇抚，蒸尝俎豆非徒然矣。"《左传》有云："大上有立德，其次有立功，其次有立言，虽久不废，此之谓不朽。"人生三立，季元方将军施惠于回部民众、建功于叶尔羌，有此一立，为家乡赢得了荣誉，亦不朽矣。

黄河夺清入海前后一个时期，这里的黎民百姓默默耕耘，在河海交汇带来的福祉与苦难中磨炼，本土文化有了突出展现，代表人物有岳镇南、赵长龄、张铨、李佐贤，他们为官清廉，博学多才，对家乡多有义举，被奉为四大乡贤。

岳镇南字文峰，利津北岭村人，祖籍汤阴，岳飞后裔。道光二年（1822）进士，先后任翰林院编修、都察院御史、九江知府、甘肃及直隶按察使、云南布政使等职，以政绩卓著、清正廉洁、机敏谙练名闻天下。道光帝曾有联赞岳镇南曰："父子观察方伯第，兄弟翰林进士家。"岳镇南十一年任湖南乡试主考，识拔曾国藩于布衣。至今北岭岳家还自豪地说："没有岳镇南，哪有曾国藩！"正是在这次主考湖南期间，他展现了鸿学博识，妙辞应对，一语压倒曾国藩等江南众才子，说出了那句让山东人引以为荣的话："一山一水一圣人。"岳镇南在云南任职期间，对属下贿赂舞弊者，严惩不贷，无一宽容，所到之处体恤民情，兴利除弊，深得民心。

赵长龄伟抱匡时，遇事奋发无所避，官至山西巡抚，与德、意等多国交涉，大义凛然，终使舟山群岛复归中华版图；张铨笔妙墨精，心力专在诗文，以诗名贯鲁北，其诗百年传诵不衰；李佐贤博通群籍，事事皆工，是利津四贤中的佼佼者，事略已见于前文。

从光绪九年（1883）算起，到一九三七年，利津境内河段实际行水四十六年，有二十一个年份发生决口，从南到北十七处地方筑坝堵口，沿河大堤屡筑屡废，成了横一条竖一道的土坝子。每当村庄被淹，人们就逃到这些坝子上，临时搭起席棚避难，春天河东，冬天河西，逃河水逃得晕晕乎乎，一大早拱出窝棚，还以为日头从西边出来了呢。

大水退下去，村庄里墙倒屋塌，再也无法住进去了，就是能住进去，说不定哪天又让大水冲出来，权衡再三，人们索性在这些坝子上住了下来，箔障子变为泥糊墙皮，拱形草顶起个屋脊，墙角木棒改成砖垛子，里里外外渐渐棱角分明，进进出出不再低头弯腰，原址没变，房舍改观。现在仔细看这些房舍院落的排列，还能依稀分辨出席棚旧址的演变痕迹。

进入民国，滔滔不绝的洪水，好像也不忍心再给灾难深重的人们雪上加霜，一路下行，还算驯顺。谁知后来却由不得它了，一九二九年，也不知那伙土匪有什么不顺心的事情，在宁海附近的纪家庄扒开了一个大口子，河水东行，流路散乱，毁房坍地，祸害了不少人家。

日寇进中原的第二年，滔天大祸降临。为阻日寇南下，国军统帅部仿效三国时期蜀国大将关云长水淹七军故事，下令掘堤决河。河南郑州北郊花园口，是一个栽满四季花木终年花开不谢的渡口，新八师的八百名精兵，轮番苦干两昼夜，六月九日八时挖开了花园口关帝庙西侧一段河堤，形成约二十丈宽的大口子，黄河怒吼，向东南喷涌而出，洪水到处，日寇惊恐万状，东奔西突，人马践踏，仅第二军死于洪水人数便达到七千四百五十二名之多。花园口决堤，逼退了日寇，淹没了河南、安徽、江苏三省的四十四个县，一千二百五十万人受灾，八十九万人死于非命。

黄河满腔愤恨，横扫淮河入长江，整整十年不回头。

祖祖辈辈沿河而居，年年岁岁河决水淹，无论如何颠沛流离，最后还是回到故土，日子也得过下去。黄河岸边的人们，渐渐适应了这种生存环境，吃糠咽菜有填肚子的就行，破衣烂衫遮住身子也没啥，知足常乐，凑合着活吧。

天天面对悠久的大河，他们都很自信，黄河是自己在地里掘出的一口井，黄河是放在屋门后的一个瓮，有啥稀奇的？问起黄河汛期的情况，他们直瞅自己的胳膊，好像黄河的事情，就是他们胳膊上的脉络。

七八月间，上游连降暴雨，涌下了大洪水，伏汛来了。河水不断上涨，大水漫滩，锣声哐哐地响起来。水势浩大，小村成了河岸上的孤岛，堤上的人们急得直跺脚，派来大船营救，挨家挨户动员，村里的人们就是不上船。年轻人放个大笸箩在水上漂，捞了高粱穗捞谷穗，还能捞个大西瓜，在笸箩沿上砸开就啃，恣得哈哈笑。

老年人在屋里端坐不动，慢悠悠地吐烟圈。几辈子下来，洪水漫滩已成寻常事，他们不愿意接受过多的关爱，平静地对急如风火的公社干部说："急个啥呀，俺这宅基比大堤还高，河水能漫上来吗？"说完了还要补上一句，"伏水落大淤，明年又是一茬好麦子！"

一日三餐，窝头饼子黏粥，瓜子咸菜大葱蘸虾酱，秋后还能喝上小米绿豆稀饭，黄河岸边人家，日子过得还算滋润。

农家年年种白萝卜，秋后拔回家，削掉缨子洗干净，在咸菜缸里腌起来，吃饭时，取出来切成薄片或细丝，称之为"瓜子"，齁咸生脆，一日三餐，顿顿不离。

遇到喜庆日子，全家"上犒劳"，包上一"盖天"饺子，吃上一碗，老老少少其乐融融，和和谐谐好几天。

黄河口一带方言，称锅盖为"盖天"。盖天用高粱穗下的莛秆做成，圆圆的，大小不等，除了盖锅，还做摆放食物的底盘，过年包的饺子，大都用它来盛放。尽管天天这么叫，盖天典出何处，却很少有人知晓。还是乡下一位人称大先生的读书人说得明白,有一回子侄辈逗他,就用这个话题诘难,其实大先生知道,"盖天"应为"盖屉",是方言讹音,孰料大先生偏偏另有解释:"民以食为天,食从锅出,故盖锅即'盖天'也。"

乡风民俗不断变化,尤其在语言、行动、心意传承三个方面,而后者变化不大。黄河口一带,乡俗淳厚朴实,乡民谦恭知礼,以清白为荣,以奸猾为耻,以助人为乐。过去入仕为官者,回家进村下轿,见父老乡亲敬礼有加,从不炫耀衣服的华贵和权势的大小,规规矩矩按乡俗办事。这种风气延续至今不变,当今在外任职和经商者,无论职位高低,钱有多少,从不敢在乡亲面前显摆,也是进村下车,步行回家,见尊长面带笑容,亲切握手寒暄,主动敬烟奉茶。如果端架子,马上会被全村人嗤笑。

传统民间娱乐形式多种多样,其中说书、唱戏、扭秧歌普及性最高。大概从清末民初开始,这一带就流行扬琴戏,乡亲们叫"唱老扬琴"。这个剧种以坠琴为主乐器,可能是吕剧的前身,有四平调、快慢板、娃娃腔,唱腔平缓悠长,高亢嘹亮,深受大众喜爱。

抗日战争最残酷的时期,在北岭北边的台子庄、盖家庄一带,以抗日干部学校"耀南中学"学生陈戈、王恺为主,组织三十余名知识青年,建立了抗日文艺团体"双拥剧社",编演了许多新戏剧,培养了不少文艺人才,对附近村庄有不小的影响。

经过多年流行,在春节期间这里沿黄各村几乎都要搭台演扬琴戏,如果哪个村过年不演几场戏,就好像年气不旺一样。主要剧目有《王天宝下苏州》《王定保借当》《小姑贤》《红鸾禧》和连台大戏《刘公案》等。

村里排演戏剧没有任何费用和报酬,但是一进腊月,业余演员就会自带秫秸,聚到一处闲屋里烧水取暖,开始日夜排练。还有众多戏迷自愿赶来为之服务,演员叫谁去跑腿办事,谁就像受到皇封一样有面子,风风火火、跑前跑后,兀自欢乐无比。

乡下人不计名利、乐而忘忧、喜聚不喜散的那种氛围和状态,如今很难见到了。商品经济的兴起,带来了物质丰富,让人感到欣喜,却轻而易举地让一些令人怀念的美好事物随风飘去。

一家有事,全村帮忙。每逢婚丧嫁娶,修房盖屋,邻里亲戚便会齐聚一堂。尤其是盖屋,最能看出人气来,有品德的人,人缘最好,遇到盖屋这样的大事，不必上门相请，砌墙上梁这一天，大家会自带工具，纷纷赶来相助，三五十人组成队伍，各司其职，埋头苦干，直至新房封顶方罢手，劳累一天仅用主家三餐而已。而奸猾者盖房，则情景迥异，尽管挨门求告，前去帮工者除至亲外也寥寥无几，再好的饭菜也吸引不了人来，只好拖延时日，靡费钱粮。奸猾者经此惨痛教训，自觉颜面无光，会收敛许多。如今，乡下有钱人居豪宅，贫穷者住坯屋，无偿相助的情形已不多见矣。

四十年代末，花园口堵决合龙，黄河抽身回归故道，发了一次脾气后，一如受到了改朝换代的震慑，一泓黄水泱泱东流，不再惹是生非，好像是在默默地观察世道变化似的。

黄河岸边人家，过了几年窝头饼子、瓜子咸菜的安生日子。打了棉花柴以后，人们袖着手凑在墙根晒太阳，眯着眼不出声，各自想着过去的事情和今后的日子。晒够了太阳，总想找点事干——蒸上锅馍馍回娘家，提上串馃子走亲戚，请上媒人说媳妇，叫来接生婆生孩子，人们感叹，这人啊，不可一日无事啊！

闺女媳妇聚在一处，一边纳着鞋底一边打闹，张家长李家短说个没完。憋闷的时间长了，婆婆站在自己的大门口，舞动着胳膊高声骂媳妇，嘴里不干不净，话里不少调侃，那声音抑扬顿挫，时而哀怨悠长，时而激愤高昂，经久不歇，全村响彻，听的时间长了，人们开始纳闷，这是骂媳妇吗，怎么像唱扬琴戏的四平腔。

到了腊月初，村里又要排戏了，年轻人都愿意上台演个角色，等给他装扮好要上台了，开场锣鼓一响，他的腿又哆嗦了，气得主事一脚把他踹到台上，看到台下黑压压的人群，戏词全忘光了，叫一声"俺娘啊"，捂着脸钻回后台去了。各村文化人也不少，动不动就编上一段顺口溜，把可笑的人和事当作主要内容，让口齿清楚的人到处讲说。

评说起谁有能耐，这里的人们是轻易不会把谁夸过头的，因为人的能耐要从一数到十："一手好字，二黄好戏，三指切脉，四季衣服，五色丹青，六爻八卦，七言绝句，八行书扎，九九算盘，十分人才。"

谁也不是天才，不可能样样都能来。说归说，事归事，只要有一个这样的能耐，就能让乡亲们另眼相待。

三色土地

　　黄河三角洲的土地，大体有褐、白、黑三种颜色，这三种颜色，是黄河冲击与渤海侵蚀造就。黄河故道是连绵不断的褐色黏土，黄河决口处是起伏不平的白色沙滩，渤海侵蚀的低洼地带，大都是黑色的碱场。一场小雨过后，黑色的盐碱地上泛起白茫茫的盐渍，好像大海并没有认输，还在坚守阵地似的。

　　河海百年战争，毕竟黄河占了上风，且不说这一片新大陆，只从中间隆起、两边低平的地貌上看，也完全是黄河意志的体现。黄河往来奔突，泥沙俱下，分路入海，河口陆地不断延伸，从卫星影像图上，还能依稀看到那十几条呈放射状的故河道痕迹，像扇骨一样撑开了三角洲这把扇子。

　　一九七六年罗家屋子截流，黄河尾闾上一万八千人苦干一个多月，在清水沟两岸修筑大堤束水，截留成功后，大河改道南下清水沟入海，清代治黄能臣靳辅之"束水攻沙，舒畅尾闾"主张由此展现，只不过如今的河口形状像个巨鸟长喙一样了。

　　三色土地上有不同的景象。黄河故道褐色的土地抗旱耐涝，地身子肥壮。大旱之年地表不龟裂，深藏了湿润哺育庄稼，酷暑中满地禾苗让毒日头晒蔫拉了叶子，看似活不成了，待到太阳西沉，刮来一阵凉风，又伸枝展叶，现出一派生机。大雨滂沱，地里明晃晃一片积水，眼瞅着一地庄稼全泡汤了，人们在地里掘了几条毛沟，一夜之间水渗地下，庄稼黄了一阵，蔫了几天，又慢慢地变绿了。遇上风调雨顺的年头，庄稼更旺，玉米棒斜刺里翘出来，谷子穗垂下沉甸甸的脑袋，全都籽粒饱满，收获喜人，乡亲们把河身地称为"粮食囤"。

　　一到正午时分，太阳直射地面之时，阳光就会在庄稼缨穗上呈现出爆炸似的灿烂，白光迸射，层层涌动的阳光上下翻滚着，让人觉得这些亮丽异常的阳光，是与大地酝酿收获的欢乐。这时你走进田间小路，庄稼的气息扑面而来。灌浆期的植株间蜂飞蝶舞，米黄色的花粉在田垄中飘飘洒洒，一股浓郁的奶香始终紧紧地包裹着你，这浓得化不开的香气会让你迷迷糊糊，眼前不断幻化出成堆的金灿灿的粮食粒。

河滩里的"莲花土"呈淡褐色，是黄河伏汛落下的淤，属于种高粱的好地茬。白高粱间苗时有句口诀，说"老鸹大旋窝，一步留三棵"。高粱苗出土的时候，纤细弱小，间苗后让坷垃一挡，田间几乎和白地一样。谁知春雷一炸，细雨一淋，那小苗就呼呼啦啦往上钻，舒根展叶，满地葱茏，经春历夏，长成一片迷人的青纱帐。

七月的太阳转到西边的时候，像个火球似的，把满坡庄稼抹成一团金黄。这时独自一人钻进青纱帐里，会见到一地斑驳陆离的阳光。高粱叶子密密麻麻，随风飘舞，像波浪起伏，和着黄河流水的哗哗声响成一片。叶片上的阳光干净、轻盈、活泼，它们随波逐流，尽享青纱帐深处旖旎风光。阳光窜动的地面上，长满了狗尾草、罗布麻、马绊子和蓼香棵，躲在挺拔的高粱棵缝隙中各显风姿。要是你仔细寻觅，很容易摘到琥珀色的野茄子，佛珠样的"马虎铃铛"，菱角似的"老鸹枕头"和熟透了的雨生甜瓜。这些奇香异味的野生瓜果，让你饱尝甜蜜的滋味和猎获的喜悦。

深山老林般的青纱帐深处，像藏匿着无穷的奥秘和诱惑，让人心里的欲望不断膨胀，会情不自禁地揪下几片高粱叶，铺在松软的地面上，舒舒服服躺下去，一会儿就进入梦乡。梦里没有金银珠宝，也没有宝马香车，只有满地青枝绿叶的好庄稼。

白色的沙地很好耕耘，适宜种瓜栽树建果园，只要得到河水浇灌，也是疏木朗林，瓜果飘香。产自沙地上的西瓜蜜一样甜，结出的葡萄外销走俏，近年培植的冬枣，个大肉脆味香，透出一股绵长的故乡滋味，咬一口很容易勾起儿时美好的回忆。

河坝之间是当年沿河人家安土重迁的泪洒之地，如今是连绵不断的一片白色沙土，成方连片的庄稼，高粱、玉米和大豆，摆出了高低错落的方阵，让人心迷神往的瓜园就藏在这些方阵里。瓜园平整如镜，大都在庄稼地里的幽静低洼处。河滩里的低洼处是沙壤土，沙壤土松软肥沃，耕耘轻松，不起硬坷垃，长出的瓜秧格外水灵，结出的瓜果沙脆香甜，韵味别致。种园人在地角上搭起个上下两层能遮风避雨的草棚，就日夜守望，精心呵护起来。

园地上那一丛丛瓜秧，在种园人的瓜铲培抚下，让一桶桶浑黄的河水浇灌得伸枝展蔓，很快成了蓬蓬勃勃一团，扬花结瓜，连成了绿油油的一片。

几天的工夫，白生生的酥瓜长足了个儿，绿莹莹的甜瓜透出清香，长长的西瓜蔓子上，结出了毛茸茸的瓜伢儿。一阵轻风吹过，满园的瓜叶就簌簌地响成一片，露出了一个个瓜毽儿，在太阳底下闪闪发亮，就像一湾碧绿的荷叶上面滚动着的水珠。

儿时对瓜园的迷恋，不亚于长大后对心上人的追求。不单是贪恋那清新香脆的滋味，最为钟情的是瓜园里那无法形容的馥郁气息和神奇的氛围。走进瓜园，充塞天地的暑热像是一下子消散了，顿时风清日朗，神清气爽，分明是另一个洞天福地。孩子们进了瓜园，就像丢了通灵玉的宝哥哥，痴痴地不知如何是好，朦胧中觉得那一个个玲珑的瓜儿，不断地与自己传递神秘的生命信息，欢畅地和自己交流对大自然的理解与尊崇。

黑色的盐碱地上，风光独特，荒草野树之中，有不少植物的生长状态，让人感到生命之神奇，无处不在的柽柳，尤其引人瞩目。柽柳有许多好听的名字，有称观音柳的，有叫三春柳的，还有人称西河柳、山川柳等。我倒愿意把它叫作红荆树，从颜色到形状，从认知到习惯，这样的名称，能让家乡的人一听就知道是什么植物。

柽柳紫红色的枝条绵软下垂，鳞片状的小叶鲜嫩玲珑，一年三次花谢花开，淡红色的小花合成圆锥花序。那紫红柔软的枝干能织筐编篮，嫩枝与小叶还能入药，有透疹和祛风湿的功效。大片的柽柳在海边生长，独立成墩，散漫在近海滩涂上，有一种盘龙卧虎的气势，显露出沧海桑田般的悠远和古战场的悲壮。

抗日战争时期，渤海部队的几名八路军文工队队员藏进这片柽柳林中，迷失了方向，几天几夜没走出来，渴舔露水，饥餐"豆虫"，最后尾随一只猎犬钻出了柽柳林，躲过了日寇那次拉网式的"扫荡"。

站在茫茫海滩上张望，近海滩涂上柽柳的姿容，让人生出许多遐想。这河进海退的千年古战场，埋藏了多少历史的苍凉与悲壮，蕴藏了多少动天地泣鬼神的凄美篇章？是不是这一片斑斓的新生陆地以柽柳这顽强的生命状态，来警示世人牢记不忘呢？

农历三月，春意正浓，而黑色海滩上难见春天的景色，柽柳却满身粉红的花串，袅袅娜娜，孑然独立在悠悠苍天下，茫茫海滩上。当你在潮涨潮落的海滩上痴痴凝视着一棵柽柳的时候，心里会生出古怪的念头——这棵棵柽柳生长在海水里，吸吮着苦涩的卤汁，还展现了这么蓬勃的生命，若是生长在肥沃的壤土里，一定会长成参天大树吧。不过转念一想，生于世间的万物，各有各的用场，不必去分什么高低贵贱，那茫茫海滩上孑然独立的柽柳，和扣蟹泥螺一起，让枯寂的海滩有了无限生机，倒也不必去羡慕那参天大树。

临海稍远的低洼地带，是弥望无际的芦苇荡。芦苇有粗壮匍匐的根茎，在河海"两交水"中繁衍力极强。芦苇是河海的恩泽，乡亲们饲牛喂羊、织席编篓、修屋建房都能派上用场。

夏日的芦苇墨绿一片，不断摇曳晃动的一棵棵芦苇，有一层层叶片整齐地舒展开来，密不透风拥成一团，如波浪起伏般一浪送一浪直送到远方，荡漾到遥远的天边。放眼眺望，芦苇已长到了天上，与浩瀚的大海连接在一起，一朵朵白云擦着那一抹浓绿飞渡，恰似大海上一片片白帆似的飘荡。

炎炎烈日下，那坦荡无垠的芦苇是碧绿的屏障，是纤尘不染的清凉界。地面的积水，闪着幽幽的光亮。那光在青翠中颤动着，像生命的密码，一路蹿动，从洪荒岁月一直连绵到今。

芦苇荡里流淌着鲜活到极致的碧绿，包裹着清澈见底的水的内核，清爽而宁静。在芦苇荡的东边，更加遥远的地方，是横无际涯的三角洲荒原，是不断扩大的年轻的土地。而这漫长酷暑的炽热，注定只能以被想象的姿态停留在一个人对芦苇荡记忆的尽头。

深秋草木凋零的旷野上，芦苇荡茫茫一片丝绒般的银白缨穗随风飘荡，米黄色的芦苇丛中波光闪烁，蓝天白云下，流淌出惊心动魄的韵致。仔细观赏那一株株亭亭玉立的芦苇，才能领略到浑然天成是一种什么状态，才知道成熟美是怎样震撼人心。

一九八六年，我从公社文化站转干后，被调到县政府办公室当秘书，当年初春，就到世界粮食计划署"2771项目"利津指挥部任宣传科科长，驻地利北。

黄河第九次改道，从刁口河入海，行水十二年，淤积了大片陆地，就是利北，若是在这里住上一段时间，你会有不少感慨。天边云卷云舒，像莽苍苍的崇山峻岭，眼前潮起潮落，大海连接着深邃蓝天，初始的心情，很有些山川悠远般的愉悦。

闲云野鹤似的日子过不了多久，就会觉得空虚无聊，四顾茫茫，没有亲友相伴的时光流逝得极为缓慢，好像那无边无际的海滩、无穷无尽的宇宙，一齐聚拢过来压迫在心头，一天到晚无法排遣压抑的情绪。

心情变化，天地也为之变色，再看那潮涨潮落的滩涂，茫茫一片黑灰色淤泥，找不到一点诗情画意，甚至恍恍惚惚：出现在面前的到底是沙漠似的海洋呢，还是海洋似的沙漠？天空没有一丝云彩，地上不见一点绿色，洁净得让人失望。登上防潮坝向北眺望，有一种地老天荒似的孤独与寂寞，对人与自然的关系，对人生在世、世事纷扰到底有什么意义，都生出些怀疑。

为了排遣这些思绪，我们经常去海滩寻找刺激。难以忘记的就是在茫茫海滩上趟进浅水里踩蛤喇，很快就有融入大自然的美妙感觉。待到享受到蛤喇的鲜美滋味，积聚的烦闷会一扫而光，甚至会为自己那些不着边际的思绪感到羞愧。

行文至此，禁不住哑然失笑，无怪乎郦食其说"民以食为天"，一道美餐，就有可能改变人的世界观。

故乡的阡陌田垄上，处处都有黄荼菜生长。春风一吹，松软的黄土中钻出一个个粉红的丫杈，几度朝露晚霜，丫杈上挑起几枝青翠欲滴的针叶，像荷尖的蜻蜓，如枝头的露珠。

黄荼菜与碱蓬同属藜科，是碱蓬的小弟弟，学名碱蓬草。乡亲们管碱蓬叫卤蓬，把碱蓬草叫黄须菜或黄荼菜。荒碱地里的黄荼菜，更是须密根长，叶肥枝壮，不经意间已是蓬勃一团，遮住了荒碱地丑陋的面容，翘翘楚楚地展现着春意的盎然。

说起黄荼菜，难忘的是儿时的依恋和生活的酸楚。村东是一片长着黄荼菜的碱场，碱地上浮荡着诱人的腥味，我和小伙伴们经常在这片荒碱地上翻滚呼叫。直玩到饥肠辘辘，才跑回家捧起黄荼菜做成的菜团子，狼吞虎咽，瘪塌塌的肚子很快就鼓了起来。当时哪里知道，亏了这些无处不在的黄荼菜，才让许多生在乡下的小生命得以延续。

仔细观察这些纤纤细草，我经常为它们奇特的生存状态所震撼，我在城里生活了二十几年，内心状态依然是乡村的，每当置身荒野，总是被这些玲珑清丽的小草深深吸引，沉迷于它那恬静自然的生命状态。

海滩上的碱蓬草蔚为大观。这里的海滩，是黄河裹带泥沙淤积而成，没有悬崖峭壁，不见椰林沙滩，只是一望无际的荒草野树和大面积生长的碱蓬草。正是这些生性奇特的小草，赋予这里的海滩一种独具魅力的景观。

黄茎菜的根柔韧细长，细如发丝的根须紧紧抓住盐碱的土地，不停地吸吮苦涩的卤汁，淡黄色的茎秆上挂满圆鼓鼓的针叶，星状的小花洁白无瑕。黄茎菜植根于盐碱地，无病无灾，虫蚁不侵。蝗虫满天飞，不啃它一片叶子。兔子遍地跑，不肯用它来果腹。风狂雨骤，黄茎菜簇拥在一起，默默地忍受，风雨过后，它更加清丽动人。无论是大海汹涌澎湃，还是黄河惊涛骇浪，它都是紧贴在土地上，待海潮退去，大水落下，它继续从容宁静地显露出自己的晶莹，自由自在地舒枝展叶，张扬着自己顽强的生命色彩。

黄茎菜晶莹的叶片随季节变换颜色，春天嫩黄，夏日碧绿，一到深秋，突然大红大紫，火一样灿烂，霞一样绚丽。自古深秋萧瑟，草木摇落，登高望远，临流叹息，易感别离之怀，最动故人之思。而这大海滩涂上的黄茎菜，红透天涯，无论是谁，在深秋时节，见到这湛蓝天幕之下的一片石榴红，定会一扫悲秋的郁闷之情，顿时生出对平凡生命的由衷赞美。

在这片连绵红色的尽头，有黄河奔腾入海的壮美景观，有大海浪涛排空的澎湃激荡，而这一切，在这些平凡淡泊的纤纤细草衬托下，显得如此大气磅礴。

2008年8月4日定稿，见同日"微波龙鳞"新浪博客

跋

刘汝彬

十二年前，同学曲德胜的散文集《跟着黄河走》和长篇小说《五家湾》出版，之后他好像不愿意再写书了，天天练字绘画，优哉游哉的样子。其实他的心思一直在写作上，并未有停歇，陆陆续续写出了一篇又一篇佳作。即将出版的这部文史随笔集《这里曾经是大海》，就是他这一时期的作品汇编。作为同学和朋友，我为之自豪，在此，给予真诚的祝贺。

德兄自幼爱读书，爱学习，爱思考，爱写作。我们是利津二中初十五级的学生，他是三班，我是二班。马炳泉老师是我们的语文老师，他经常带着德兄的作文上讲台，当作范文读上一段。老师赞赏，同学羡慕。那时候就觉得他身上已经有"文化味"。

后来他在利津的"文化乡"北岭公社，做了大约十年之久的群众文化工作。再后来转干，一开始在文化局参加《利津县文化志》的编写，不久调到县政府办公室，也是从事或分管文字方面的工作。长期以来，读书写作不曾间断，经常有作品发表。尤其退出工作岗位后，德兄对本地历史文化产生了浓厚的兴趣，并写出不少作品，其中有多篇文史稿件，发表于省内《春秋》等报刊上。二〇〇八年被聘为市政协文史专员，这期间作为特邀编辑，还协助市政协文史委出版了《东营文史资料》。

二〇一〇年四月，省政协组织编纂《山东区域文化通览》一书，省里有总卷，各市有分卷。根据领导安排，《山东区域文化通览（东营卷）》的具体组织承办工作，由市政协文史资料委员会负责。当时我担任文史资料委员会主任，但缺乏文稿写作、编辑出版方面的经验。编纂工作时间短、任务重，要求很高。在制定筹备方案前,我就先与德兄做了一些交流。在学术主编的选聘、编审和作者的选拔、资料征集等方面,他都提出了一些很好的建议,为以后各项工作的顺利开展,打下了基础。

《山东区域文化通览(东营卷)》编纂工作,历时两年。编纂体例、过程、质量及时间要求,都由省政协统一把关,所编内容的时间跨度上下五千年,要求把此书写成有传世价值的学术精品。德兄担任副主编,并在编纂办公室"坐长桩"。从资料征集、提纲制定、内容撰写到集中审稿,全程参与。为写好本地历史事件和著名历史人物,他到乡下借阅名门望族老牒旧谱,进农家寻故老座谈陈年往事,去北京请学者撰写李长之事迹,赴台湾访老乡收集石敬亭资料。为编纂工作,德兄可谓尽心竭力。

《山东区域文化通览(东营卷)》分上下编,共十五章,学术主编杨秋泽先生负责全稿统编工作,德兄负责书稿的后期修改工作。按照省里的要求,精益求精,几易其稿,将八十万字的初稿,修改为五十五万字的定稿。两年中,省里在审稿调度会和定期印发的《情况简报》上,多次对东营给予通报表扬。全书出版后,在全省总结会议上东营市政协做了典型发言。就在这次会议上,德兄也被山东省政协委员会表彰为《山东区域文化通览》编纂工作先进个人,并颁发证书和奖牌以示褒奖。

今年七月初,德兄送来《这里曾经是大海》的修改本,请我为之撰写跋文,虽自觉学识浅陋,但谊厚难辞。我喜欢德兄的文章,为了写这篇跋文,仔细阅读了书中的每一篇作品,有许多感触,愿意在这里多说几句。

展卷读来,比较深刻的印象是,这本书内容涉猎广泛,资料翔实可靠,做到了言所有依,论所有据。不少文章对本地发生的一些重大历史事件进行了深入探讨,在许多方面都有新思想、新观点。比如"渠展之盐"生产地域演变之说、鲁北沿海地区明初移民之说,均有全新的论述,打破了一些习惯的认知和片面的说法。

这本书所记述的是我们身边的历史,但他不是板着脸说话,而是挥洒自如,议论风生。比如开篇《济漯并行入海》,读起来让人会心一笑:

> 于是大禹在这里抖擞精神,将大河一分为二,一为正流,一为漯川。……此即《史记·河渠书》所载"乃厮二渠以引其河"也——

谁能料到，这一远古的大河分流壮举，影响无比深远，历经四千年之后，终于让渤海西南岸上出现了一个生机盎然的黄河三角洲……

河口地区的三角洲，首先是济水、漯水、徒骇诸河乱流入海养育的一个嗷嗷待哺的婴儿，然后是黄河裹泥携沙，频频摆尾，把它装扮成一位风姿绰约、在河之洲的窈窕淑女。

进入创作状态，德兄好像奇思异想不断，竟然说黄河是物质之河，而济水是精神之河。在河渠篇《济漯并行入海》中，他这样写："如果说黄河给我们带来的是赖以生存的坚实土地，那么济水送给我们的就是不可或缺的清新空气。所以这条早已消失的涓涓细流，将会永远在人们心中流淌不息。"仔细琢磨，还真有道理。

德兄的文章具有独特的风格，无论讲故事还是写人物，从来不搞资料堆砌、照本宣科那一套。他的笔触好像裹风携雨，时而情意绵长，温润细腻，时而慷慨激昂，淋漓酣畅，让人感到耳目一新。

譬如《古之遗直岳镇南》《伟抱匡时赵长龄》《古泉巨匠李佐贤》《海岱大诗人张铨》，单从题目上看，就与众不同。而上述文章中对相关人物命运的解读，更是激情四溢，真实而又生动。对于山西巡抚赵长龄的遭遇，他有许多感慨，写起来尤其令人感动：

时任刑部尚书的桑春荣得知赵长龄殒世，深深为之叹息，并慨然为这位同年撰写墓志铭，颂扬赵长龄雄才大略，遇事奋发不避难。一是无论在朝做官还是外任郡守督抚，都是尽心于民，果断地兴利除弊；二是折狱断案明晰准确，远近都称之为神君；三是最让人痛心的——山西巡抚任上他的防守部署完善，却得不到落实。总之赵长龄功不可没，而才不尽用。其文句凝练，持论公允。尤其论赵长龄"神明内断，智深勇沉，进退绰绰然"句，更是言之凿凿，发人深思。

长期以来，德兄非常关注本地的历史遗迹和自然风物，对大清河更是一往情深，写起来笔下生风，看上去令人神往：

渐行渐远的大清河，曾经承载了黎民百姓太多的痛苦和欢乐，托起了山东八大盐场之冠的永阜大盐场，建造了瞰海锁浪的铁门关，见证了无数仁人志士的成就与辉煌，演绎了黄河三角洲的灿烂文化。眺望早已远逝的点点白帆，水面蜿蜒流过的是河海交汇的千年沧桑，河底沉淀的则是一部黄河儿女的凝重历史。

　　读到这么动情的评说，会让人生出一种久远的历史苍凉感。

　　对黄河尾闾的描述中，能看出德兄对新淤地有特殊感情。我的老家割草窝村，就坐落在光绪年间形成的黄河新淤地上，只要说到这片年轻陆地，就会让我格外关切而容易产生共鸣。在移民篇中，我发现有一段描写十分精彩：

　　新淤地肥得流油，全是麸子一样的褐色壤土，人们得意地说，在上面插根筷子也能长成大树。……"河口一场风，从春刮到冬"，在这刮不完的四季风中，新淤地慢慢变了样，前几日杂草丛生，转眼野豆遍地；今朝花蛇盘树，过不几天就成了狐狸、獾和野兔的乐园；秋天野地里有很多水洼，巴掌大的鲤鱼在水洼里活蹦乱跳，伸手就能抓到；草地上有毛螃蟹，夜间毛螃蟹出洞觅食，夜深人静的时候，毛螃蟹爬进地窝子，有的攀爬到吊着食物的筐沿上，有的钻进被窝里，那毛茸茸的钳爪挠得你在睡梦里也会笑出声来。

　　读来如临其境，如触其物。如果没有对新淤地的深刻了解，这种生动的景象，恐怕难以写出。

　　类似的生动描写还有许多，在这里就不一一列举了。对于文学创作，我是门外汉，写序跋类的文章，也是第一回，不管水平高低，但说的都是实话。愿德兄的这部大作，能得到广大读者的热爱，为本地人文历史的研究，注入一股清新的活力，增添更多鲜明的色彩。

2022 年 7 月 30 日